# 話題を生み出す「しくみ」のつくり方

## 情報拡散構造から読み解くヒットのルール

西山守◉著
濱窪大洋◉編集協力

宣伝会議

# 話題を生み出す「しくみ」のつくり方

# はじめに

20年近く勤めた東京の会社を辞め、沖縄に移住して3年半が過ぎました。新型コロナ禍になるまでは、東京には仕事やプライベートで頻繁に来ていたのですが、そのたびに沖縄とのギャップに驚かされていました。

沖縄では全く放映されていない企業、例えば、東京電力や東京ガスのCMが地上波やトレインチャンネルで大量に流されていたり、アクションカメラのプロモーションが行われていたり――実は、沖縄の人たちは意外にもアウトドアスポーツをあまりやらないのです――そのことに目を奪われます。

逆に、沖縄に戻ってみると、東京では見かけない広告や商品を至るところで見かけ、「ああ、これは全国どこでもあるものではないんだ」と改めて気づかされます。メディアについても同様で、沖縄では新聞は全国紙を見かけることはあまりなく、ビジネスマンでも日経を読んでいない人もたくさんいます（最近は都心部でも若者はあまり日経を読んでいないようですが）。

2つの地域を行ったり来たりしていると、自分がこれまで当たり前のように接している情報が、実は当たり前のものではなく、「別の人は自分とは全く別の世界を見ているんだ！」ということを改めて自覚させられます。

振り返ってみると、こうしたギャップは、住む地域の違いだけではなく、世代の違いや興味・関心の違いなど、様々な要素から生み出されるようになってきています。自分自身、様々なギャップを意識する機会も、急激に増えてきています。

例えば、近くに住んでいる友人の自宅にはテレビがなく、彼が得る情報はニュースからエンターテインメントまでネットだけで完結しています。また、私の中学生の甥っ子は暇さえあればスマートフォンで無料動画を見ていますが、彼が見ているのは、私が全く知らないユーチューバーの動画だったりします。世代による違いはもちろん、同じ世代でも接触している情報が全く異なり、彼らと共通の話題を見出すのも難しくなっています。いまや、同じ電車の同じ車両でスマホを見ていても、みんな違う情報に接している――という時代が来ているのです。

一方で、こうしたトレンドと一見逆行するような現象も見られています。例えば、上映当初は東京都内のミニシアター2館でしか上映されていなかったインディーズ映画『カメラを止めるな!』が空前のロングランヒットになったり、小中学生をメインターゲットとした、〈ＮＨＫ〉２０２０応援ソングの『パプリカ』は、その下の幼児間でも歌い踊られ、大人の間でも広く聴かれ、歌われたり――と、世代を超えて幅広く話題になり、大ヒットに至りました。

２０２０年7月に新シリーズが始まったテレビドラマ『半沢直樹』は、前シリーズ同様に、社会現象となるほどの大ヒットを記録しました。既存のテレビドラマのコアターゲットの大半は女性でしたが、本作はビジネスパーソン層をコアターゲットとするドラマでした。にもかかわらず、初回から視聴率は20%を超え、最終回には32・7%という驚異的な数値をたたき出しています。

また、ツイッタージャパンの発表によると、最終回当日には放送直前の20時半から22時までの90分で43万件という膨大なツイートがあったそうです。

また、これまで「年寄りの娯楽」と見られがちだった落語や講談、相撲観戦が、若い女性の間でブームになったり——と、既存のものがこれまで想定していなかった層でヒットするという現象も起こっています。

人々の接触する情報や、消費行動が細分化されている一方で、意外なところから大ヒットが生まれるという、一見矛盾するような現象が同時に起こっているのです。

どうして、このようなことが起こるのでしょうか？

情報の多様化、細分化、パーソナル化が急速に進む一方で、ＳＮＳ上で情報が拡散したり、多種多様なメディアで取り上げられたりすることで話題化し、それによってブームが生まれる——という循環構造が、大きな要因としてあるように思えます。

一見、こうしたケースは偶然に起きているようにも見えます。

たまたま買った宝くじが当選したのと同じように、「運がよかった」と解釈せざるを得ないように思える事例もたくさんあります。しかしながら、こうした偶然に思えるヒット事例においても、データを丁寧に読み解いていくと、一定の「構造」が見られることが分かってきました。偶然に起きたように見えるブームも、その裏側では決して偶然とは言えないメカニズムが働いているのです。

逆に言えば、データを読み解き、「構造」を理解し、それに基づいて企画を立てることができれば、運や才能に頼らずとも、話題化させ、成功に導くような企画を立てることが可能になると言っていいでしょう。

本書では、いまの時代ならではの「話題化の構造」と、それに基づいたデータ活用型のプランニング術を紹介したいと思います。といっても、論じるのはＳＮＳマーケティングの話題に限定されません。議論は（デジタルに限らない）広告やキャンペーン、戦略ＰＲ、ひいては商品やサービス開発など、言ってみればマーケティング全般に及びます。

本書が広告・マーケティング担当者をはじめ、現代のすべてのビジネスパーソンにとって、成功する企画・戦略を構築するための武器となれば幸いです。

目次

話題を生み出す「しくみ」のつくり方

はじめに 2

Part 1 いま、いかなる変化が起きているのか？ 11

1-1 トレンド変化と新たな「話題の構造」 12
平和から令和へ。その間に何が変わったのか？／ヒットの背景には「話題化」がある／「話題化」を実現するための3要素

1-2 生活者の変化とマーケティングの進化 24
「パーソナル化」と「ネットワーク化」が同時に起きている／マスマーケティングから、人を起点とした「個別最適化」へ

1-3 なぜ、「What」、「Who」、「How」が必要なのか？ 28
どうして「話題」が広がるのか？～「What」、「Who」が大切になる理由／時系列を使った「話題」の仕掛け方～「HOW」をいかにつくるのか？～

Part 2 「話題の構造」を活用して、話題を起こすための方法論 39

2・1 ヒットした映画を読み解けば、「話題の構造」が見えてくる 40
大作映画に典型的な『アベンジャーズ／エンドゲーム』の情報拡散／「話題化」の視点からも異例ずくめの『カメラを止めるな！』／ネタが自走した『翔んで埼玉』／ファン化と視野の拡大でロングテール化した『ボヘミアン・ラプソディ』／映画作品から見えてくる、ヒットを生み出す「構造」

2・2 話題になる商品、キャンペーンはどこが違うのか？ 67
コンテンツビジネス以外にも当てはまる「話題の構造」／多様なユーザーを捉えて業績回復を実現した吉野家／スモールスタートで大きな話題化に成功した『うんこ漢字ドリル』／緻密にコミュニケーション設計された「アタックZERO」

2・3 どうやれば予想を超えて話題を広げることができるのか？ 87
「ヒットの構造」はどう変わったか／「話題の構造」から成功事例を俯瞰する

Part3 話題を生み出すための新しい方法論 99

3・1 「普通の人」でもできる表現開発（Ｗｈａｔの要素） 100
「ネタ」は至るところに転がっている／話題になる「ネタ」をどうつくるか？／人々の「欲求」を捉える広告表現／キャンペーンも原点回帰へ

3・2 「誰が語るのが最も効果的か？」を考える（Ｗｈｏの要素） 119
同じことでも、「誰が言ったか？」で反応は全く異なる／「自分の言葉で語る」のが一番思いが伝わる／外部インフルエンサーを「内部的」に活用する／広告起用時にも「インフルエンサー」の視点／発信力のあるタレントが顧客との仲介役に／芸能人を超える？個人インフルエンサーの影響力／激変する「インフルエンサー」の勢力図

3・3 「情報流通構造」を設計する（Ｈｏｗの要素） 146

「Ｈｏｗの設計」がプランナーの腕の見せどころ／「情報流通」を創り出す方法／「強いコンテンツ」があれば話題は自走する（Ⅰ・コンテンツ起爆型）／複数の情報源から相乗的に話題を広げる（Ⅱ・複数ソース増幅型）／インフルエンサーの「話題力」に乗る（Ⅲ・インフルエンサー起点型）／トレンドに乗って、最小限のコストで最大限の効果を上げる（Ⅳ・話題あいのり型）／継続的に情報発信して、話題を維持し続ける（Ⅴ・継続ネタ投入型）／「話題化」から顧客の「囲い込み」へ

Part4 新しい時代のコミュニケーションプランニング
〜アフターコロナ時代にプランナーは何をすべきか〜 175

4・1 アフターコロナ時代のトレンド 176

加速する「インフォデミック」／「支え合い」、「応援し合う」関係へ／「距離感」が問われる時代へ

4・2 「聞き」、「語る」コミュニケーションを 182

「聞く」と「語る」のサイクルを繰り返す／「聞く」ことの効用／情報発信の鍵は「応える」、「語りかける」こと

4・3 リスクを減らしてリターンを最大化させる 191

「炎上させない」ことが、最善の「炎上対策」／「炎上した！」と思ったら／炎上対応の方法

### 4・4 ポジティブな話題をつくり、「信用」を形成する 205
現代こそ「信用第一」の時代／「有言実行」が大切！でも、「他の人に言ってもらうこと」も大切／メディアの「お墨付き」を得る／ＳＮＳ上に仲間をつくる

### 4・5 人々の「キモチ」を捉えて、継続的に話題をつくり出す 219
「意味のある話題」をつくる／人々の「関心」を構造的に把握する／インフルエンサーを特定し、深堀りする／タピオカブームに見る「話題の継続」の秘訣

### 4・6 「話題のきっかけ」をつくり出す 241
広告を起点に情報拡散を狙う／マスメディアでも進む「広告の課題化」／コラボレーションは「話題化」の有効策

### 4・7 「話題」をマーケティング戦略の立案に活用する 259
目的は「話題化」だけではない／ＳＮＳの声を商品（Ｐｒｏｄｕｃｔ）戦略に活用する

### 4・8 「短期」と「長期」の合わせ技 264
理想的な話題のつくられ方とは？／「フロー」を「ストック化」するコミュニケーションを／「長期」から「短期」まで一貫した視野を持つ

おわりに 276

謝辞 278

脚注・参考文献および記事 280

カバーイラスト　平田利之
ブックデザイン　トサカデザイン（戸倉 巌、小酒保子）
ＤＴＰ　システムタンク（白石知美、安田浩也）
図版　山﨑潤子

# Part 1

# いま、いかなる変化が起きているのか？

# 1-1 トレンド変化と新たな「話題の構造」

## 平成から令和へ。その間に何が変わったのか？

具体的なケーススタディーや、データ活用術、プランニングのノウハウを考える前に、まずは、その前提となる「時代の変化」について考えてみましょう。

元号が平成から令和に変わり、新たな時代が始まりました。振り返ってみると、平成初頭と比べると、われわれを取り巻く環境が劇的に変化したことに驚かされます。

平成時代の日本は、大きな災害や事件はいくつも起きましたが、戦争や革命のような社会構造や人々の価値観が根本から覆されるような出来事はありませんでした。まさに「平成」の名にふさわしい時代だったと言えるでしょう。

一方、平成初頭と比べると、人々の生活環境は根本から変化してしまいました。平成に入った当時は、商用インターネットが開始されたばかりで、いまだ利用者はほとんどいない状況でした。もちろん、スマートフォンやタブレット端末はまだ存在していません。携帯電話はあったのですが、一般消費者の実用に耐えうるものではありませんでした。「モバイル通信」と言えば、ポケベルが普及していたにすぎないという状況でした。

いまや、モバイル端末が広く普及し、人々はどこにいても、ネットワークに接続し、あらゆる情報を取得することができるし、多種多様なエンターテインメントを楽しむこともできます。SNSを通じて友達や、同じ趣味を持つ人たちとつながり合うこともできるようになりました。さらに、ネットワーク上で商品の売買やサービスの予約も可能になっており、消費行動まですべてワンストップで完結できるようになりました。

新型コロナ禍以降は、こうしたトレンドはさらに加速しており、オンラインで会議をしたり、飲み会をしたりすることも一般的になってきました。また、コンサートや演劇の公演、新作映画がオンラインでライブ配信され、それを自宅でリアルタイムに楽しめるようにもなりました。好むと好まざるとにかかわらず、これまでリアルでないとできない、あるいはオンラインでは完全に代替することができないと思われていたことが、オンラインで完結するようになったのです。

私は学生時代からバックパッカーをしており、かつては現地でガイドブックを片手に、行きあたりばったりで旅をしていました。しかし、ガイドブックに出ている宿泊施設や飲食店が潰れていることも多く、目星を付けていた宿に行ってみると、満室で泊まれず、途方に暮れてしまったことも何度かありました。現在は、その場でスマホを使って情報を調べ、口コミ評価をチェックして、予約まで行えるようになりました。安宿でもネットで予約できるので、その日の宿にあぶれる恐れもなくなりましたし、他の宿泊者の評価を参考にするので選択に失敗することもなくなりました。

また、ＳＮＳに近況をアップしたり、質問を投げかけたりすると、旅仲間がアドバイスを返してくれます。以前と比べて、トラブルは大幅に減り、スムーズに旅を楽しむことができるようになりました（トラブルは旅の醍醐味でもあるので、物足りなさを感じることもあるのですが――）。旅のスタイルは全く変わり、そのせいか同じ場所を訪問しても、旅先での体験も大きく変わりました。

また、私は東京を拠点とする旅行サークルに所属していますが、コロナ以降は会合とオンラインを併用するようになり、沖縄にいても参加できるようになりました。私以外に、地方在住の方も参加したり、旅行先から参加した人がリアルタイムで現地レポートをしたりと、リアルにはない副産物も得られるようになっています。

情報への接触、人々の交流が容易になったことで、世の中は飛躍的に便利になり、効率的に物事を進めることができるようになりました。こうしたネットワーク化と並行して、「はじめに」で述べたような、多様化、細分化、パーソナル化といった現象も同時に起こっています。

そうした変化の中で、企業、ブランド、商品にも変革が求められるようになりました。

消費者向けの商品・サービスの市場を見ていると、以前に増して二極化が加速していることを実感させられます。例えば、ＧＡＦＡ[1]をはじめとするグローバルの大手企業が提供しているサービス、あるいはハリウッド映画などを見ても、国境を越え、グローバル的な大ヒットを生み出しています。ごく少数の勝者が市場を独占する中で、その他は「負け組」として市場から淘汰されてしまうか、ニッチな市場で細々とビジネスチャンスを確保していくしかないケースも多々あります。

市場を独占している成功者から学ぼうとするビジネスパーソンは多く、実際にそうした内容の書籍や雑誌は多数出版されていますし、そうしたテーマのセミナーもたくさん開催されています。しかしながら、こうした「大成功」の事例は、グローバル市場をターゲットとし、巨大な資本を投じて、傑出した人材を集積することで成立しているものであり、誰もが容易に真似できるものではありません。

その一方で、大成功、メガヒットには至らないながらも、一定規模で着実に成功を収めるような事例も数多く存在します。巨大なものはさらに巨大になり、市場を席巻していく中で、あえてマス市場をターゲットにせず、小規模ながらも手堅く顧客を獲得し、そこで賢く成功を収めるやり方も依然として存在します。また、ファンやリピーターのような既存顧客を大切にし、彼らとしっかりと向き合うマーケティング活動も拡大しています。[2]

こうしたトレンドの中で、多額の予算を投じなかったにもかかわらず、SNS等を通じて、話題がじわじわと広がっていき、最終的に大ヒットに至るような事例も生まれています。

超低予算映画の『カメラを止めるな!』が異例の大ヒットを記録したことはもちろん、テレビ番組でも『おっさんずラブ』のような深夜ドラマが社会現象になるほどの話題になりました。小学生向けの学習教材『うんこ漢字ドリル』や、コロナ禍で注目を浴びた疫病封じの妖怪「アマビエ」も当初は、大々的な宣伝を行ったわけでも、メディアで大きく取り上げられたわけでもありませんが、生活者起点で大反響がもたらされた事例と言えるでしょう。

キャンペーンで言えば、ＺＯＺＯの前澤友作前社長が自身のＳＮＳ上で告知した「総額一億円のお年玉」企画のように、広告やメディアを活用しなくても大きな話題になり（結果的には多くのメディアで報道されるに至りましたが）、参加者が殺到するものも見られるようになりました。

もちろん、過去にもマス市場を対象としていないニッチ（すき間）な商品が、大ヒットに至った例は数多く見られます。しかし、それらの事例は偶発的に成功したものが多く、必然的な事例、つまり、事前に仕組まれてヒットに至った事例は、これまではさほど多くはなかったように思えます。最近では、こうした事例が増えているだけでなく、こうしたヒットを計画的に作り出すことができるようになっている――という特徴があると言えるでしょう。

さらに言えば、偶発的に成功しているように見える事例でも、計画的に作られたヒットと同様な「構造」を見出すことができます。つまり、成功は偶発的なものではなく、何らかの「必然」によってもたらされたものなのです。

## ヒットの背景には「話題化」がある

こうした現代型のヒットが生まれるようになった背景には「話題化」という現象があります。ＳＮＳや多種多様なメディアから情報が広がっていき、話題が伝播していくことで、いわゆるブーム化していく現象が起きるわけです。

タピオカブームを例に取ってみましょう。タピオカブームは１９９２年、２００８年、２０１

8年以降と、断続的に何度も起きています。しかしながら、直近のブームのあり方は、過去2つとは多く異なっています。直近のブームにおいては、多種多様な店舗で、多種多様なタピオカ商品が販売されていますが、ユーザーはそれを画像つきでSNSに投稿することで、話題化し、ブームが加速される――という現象が起きています。「タピる」、「タピ活」といった流行語も生まれ、それが広く流通するようにもなりました。なお、SNS上では、これらのワードがハッシュタグとして活用されました。そして、こうしたトレンドが後押しとなって、新規参入が加速し、さらにその情報が話題化にドライブをかけ、タピオカの話題が雪だるま式に拡大していく――という循環が起きることでブームが加速していきました。実際、各店舗の展開を見ていても、「インスタ映え」するメニューやパッケージを開発したり、話題になりそうな面白い商品を新規投入したりと、「話題化」を狙っていることがうかがえます。なお、タピオカブームに関しては、Part4で詳しく分析していますので、そちらをご参照ください。

このように、現代においては「話題化」がブームやヒットを生むための第一歩になっていると言っていいでしょう。

ただし、話題になることと、実際に売れることは、必ずしもイコールではないのも事実です。実際に「SNSでは話題になったけど、売り上げ増には結びつかなかった」という意見も少なからず聞かれます。

SNSで口コミが広がることは「バズる」と表現されることも多いですが、英語における「バズ（buzz）」とは、虫や機械などが発するブンブン唸る音や、人がワイワイ話す声のことを指します。また、英語では話題の拡散に対して「バイラル（viral）」という言葉が使われることもあります。この語源は「ウイルス（virus）」で、「ウイルスのように拡散する」という意味があります。つまり、ウイルスがどんどん広がっていくように、何もしなくても勝手に話題が広がっていくようなイメージです。

新型コロナウイルスの蔓延を経験した私たちからしてみると、この言葉からは否定的なイメージを喚起しがちですが、マーケティングの世界では「バイラル（viral）」という言葉は「ポジティブな声を、ユーザー自身が自主的に広げる」というニュアンスが強いのです。

マーケティング活動においては「バズる」ということだけでは不十分で、「バイラルする」ということが重要です。商品とあまり関係のない面白ネタを発信したり、フォロー&リツイートキャンペーンを行ったりすると、話題が一時的に急増することはありますが、必ずしもそれが売上に直結するわけではありません。また、最近ではちょっとしたことでネガティブな話題が広がったり、それが加速して「炎上」も起こってしまったりすることもありますが、そうした例では、「バズる」ことはマイナスの影響をもたらしてしまいます。

「話題化」を考える上では、「いかに企業、ブランド、商品と結びついたポジティブな話題を広げていくのか?」ということが重要になるのです。

商品やブランドと直結した口コミが、人々の購入行動に少なからず影響を与えるようになっていることは紛れもない事実ですし、近年、その関係性が論じられる機会も多くなってきています。[3]

映画を例に、SNSでの話題量と興行収入の相関を見てみましょう。前ページの図（図1－1）

図 1-1　映画作品の興行収入とツイート数の相関（日本）

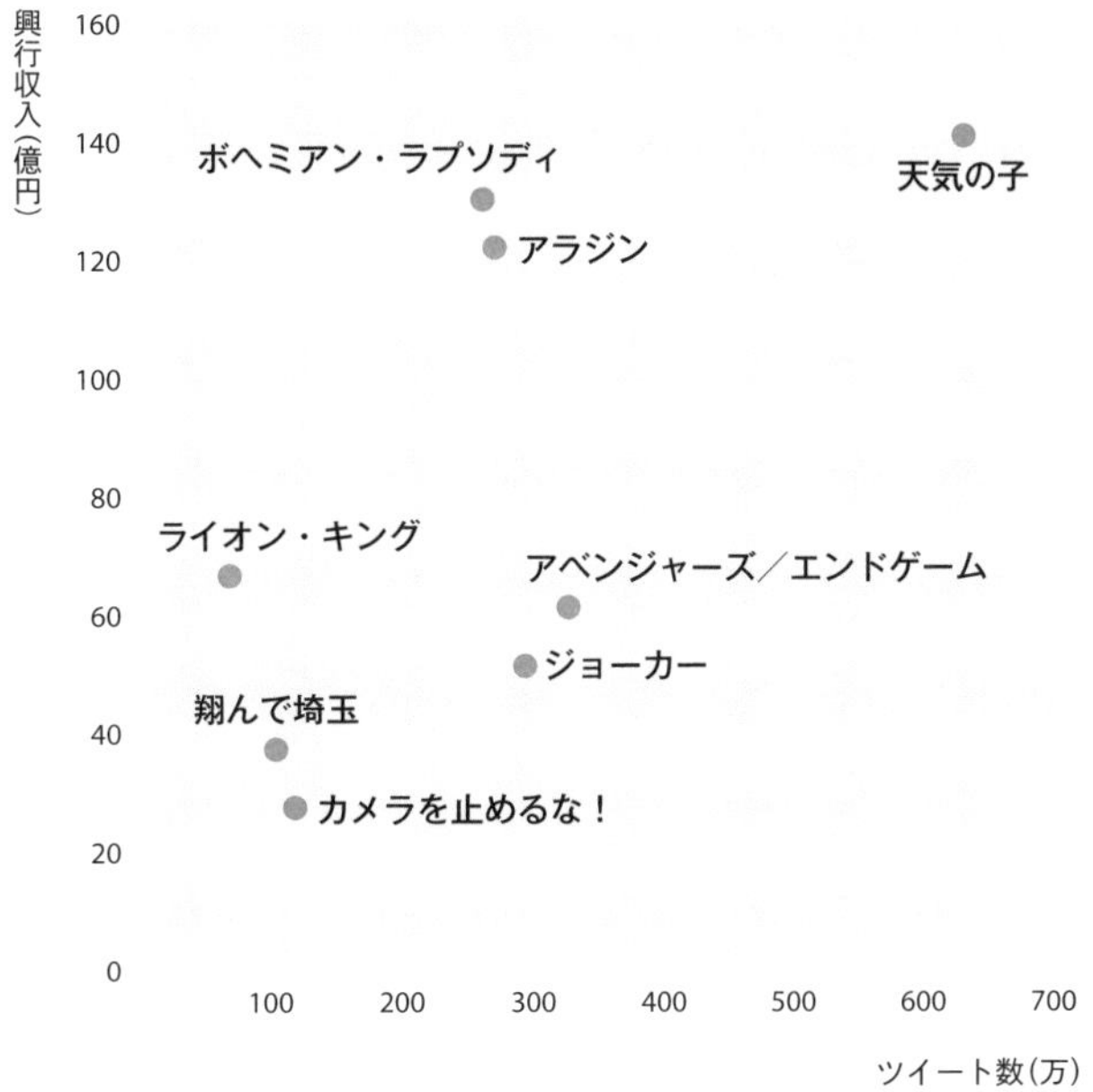


調査方法:Meltwaterのソーシャルメディアモニタリング、および公式発表資料

は、２０１８年〜２０１９年にかけて公開され、ヒットを記録した映画作品のツイッターの話題量（ツイート数）と、興行収入の関係を示したもの[4]です。

　分布にはバラツキがあり、明確な線形の（直線的な）関係は確認できませんが、興行収入とツイート数の間には、正の相関があることは事実のようです。『ライオン・キング』や『アラジン』は、小中学生も多数鑑賞して興行収入に貢献しているものの、彼らのツイッター利用率は低いため、ツイート量は相対的に少ないと思われます。その影響も考慮すると、興行収入とツイート量の間には、一定の相関があります。

「口コミで話題になったからヒットしたのか？」、あるいは「ヒットしたから多数の口コミがされたのか？」という因果関係は明確ではありませんが、相関関係がある以上、ＳＮＳ上の話題はやはり無視することはできません。

　私自身、最近は映画を鑑賞する前に、レビューサイトの口コミ評価は必ずチェックして、行くか行かないかの判断材料にしています。また、映画好きの友人や信頼できる専門家がＳＮＳで推奨している作品は、鑑賞候補としての優先順位が上がります。実際、最近は「絶対に見よう」と思っていた作品でも、口コミの評判が悪いと観るのを諦めることも多くなり、逆に、興味・関心のなかった作品でも、口コミ評価が高かったら観に行きます。そうすることで、失敗する機会もかなり減りました（前評判を知ってから鑑賞することで、意外性や驚きを味わう機会も減ってしまうというデメリットもありますが）。

## 「話題化」を実現するための3要素

それでは、「話題化」が実現されるには、どういったことが必要なのでしょうか？

私は、数多くのケーススタディーを積み重ねつつ、実際にプランニングにも携わる中で、「話題の構造」は次の3つの要素から成立していることに気づきました。

①　Ｗｈａｔの要素＝何を発信するのか？（ネタ、メッセージ）
②　Ｗｈｏの要素＝誰が発信するか？（メディア、インフルエンサー）
③　Ｈｏｗの要素＝いかに発信するか？（情報流通構造）

それぞれについて、簡単に見ておきましょう。

１つ目の「Ｗｈａｔの要素」は、「何を発信するのか？」という「情報の中身」のことを示します。つまり、人々を惹きつける要素、つまりは特徴的なプロダクトそれ自体や、その特徴を伝えるメッセージのことです。より噛み砕いて言えば、「ネタ」とも言い換えられるでしょう。それを受けた人々が魅力的に思い、興味を持って人に伝えたくなるようなものであることが、話題を生むための必要条件となります。

２つ目の「Ｗｈｏの要素」は、「誰がプロダクトを提供しているのか？」あるいは「誰が情報を発信するのか?」という視点です。SNS時代には「何を言うか?」以上に、「誰が言うか?」がより大切になると言われています。異なる人が同じ言動を取っても、その人が信頼されているかどうか、その人に強い影響力があるかどうかによって、人々の反応には雲泥の差があり、その言動は全く違った効果をもたらします。この要素は、言い換えると「インフルエンサーをどう活用するか」という視点と言っていいでしょう。ただし、ここでの「インフルエンサー」とは、影響力のある人物のみでなく、企業やメディア等も含めて、世の中一般、あるいは特定の層に対して強い影響力を及ぼすことができる情報の発信者という広義の捉え方をしたいと思います。近年は、ユーチューバーやインスタグラマーのように、個人でもメディアと同等、あるいはそれ以上の影響力を持つようになっていますし、人々は、個人、企業、メディアを問わず、フラットにこれら(インフルエンサー)の言動や振る舞いに接し、影響を受けています。

3つ目の「Howの要素」は、「情報流通構造」、すなわち「情報を広く伝達させる仕組み」を示します。具体的には上記2つの「What」と「Who」の2つの要素を受けて、それらをどのように組み合わせて、どのようなタイミングで展開すれば効果を最大化できるのか?を検討し、プランを構築します。この要素は、メディアの多様化やデジタル化の進展による双方向化によって飛躍的に重要性を増してきていますが、これまではさほど注目されてきませんでした。ただし、現代では企業コミュニケーションの成否を分ける要素であり、本書でも、この「Howの要素」については、重点的に語っていきたいと思います。

以上、「話題の構造」を構成する3つの要素について簡単に説明しましたが、売れている商品やサービス、あるいは成功しているＣＭやキャンペーンを見ていくと、これら３つが巧妙に設計されていることに気づかされます。もちろん、この３つの要素すべては満たされておらず、いずれかが不十分な場合もありますが、その場合は、その他の強い要素が欠けている要素を補完することによって、成功が担保されます。

つまり、これら３つの要素をポイント化した際に、それらの総量が高まれば高まるほど、成功する確率は上がっていくことになります。これらの要素を意識しながら商品・サービス開発、あるいはコミュニケーション戦略の構築を行うことで、傑出したアイデア発想力を持たない「凡人」でも、話題を作り出し、そして売れる企画を作り出すことが可能になるのです。

これから、３つの要素の詳細と、それらを軸としていかに「話題の構造」を作り出すのかについて詳しく論じたいと思いますが、その前に、少し話を戻して、「こうした構造変化が起きている背景で、何が起こっているのか？」、「なぜ３つの要素が重要になっているのか？」という点について考えたいと思います。

## 1・2 生活者の変化とマーケティングの進化

### 「パーソナル化」と「ネットワーク化」が同時に起きている

人々は今、膨大な量の情報にさらされています。人間が処理できる情報量を遥かに超えた情報の中に置かれた人々が、何かについて積極的に話題にする際に、意識的・無意識的に情報を取捨選択しているのは言うまでもありません。

では、人々はどのように情報に触れ、その中から話題にしたくなる情報を選んでいるのでしょう?

マスメディア中心の時代、あるいは固定回線主体のネット接続の時代とは異なり、人々の情報接触の多くはスマートフォンの中で行われています。

ここで注意しなければならないのは、人々がスマートフォンから得ている情報は、極めてパーソナライズされているものであり、「みんなが同じ情報に触れている」という状態ではないということです。インターネットを介して、WEBブラウザや、スマートフォンのアプリ上に表示される情報は、まず個々人の好みに応じたお気に入りのものにカスタマイズされています。また、ユーザーは日々の生活の中でも無意識的なものも含めて様々な行動を取っていますが、その行動履歴はデータとして記録されており、端末側はアルゴリズムを読み解くことで自動的に個々のユーザーに最適化されています。いまでは、同じような属性の人でも、実際のスマートフォン上に表示されている情報は全く異なっているかもしれません。

極端な話になりますが、例えば漫画『タッチ』の同じ家庭に暮らす高校生の双子の兄弟、上杉達也と上杉和也が仮に同じ機種のスマホを持っていたとしても、それぞれの端末には異なるアプリがダウンロードされています。たとえ、ツイッターやＴｉｋＴｏｋなどの同じアプリがあったとしても、それぞれのアプリ上で見ている情報は異なっているでしょう。

皆さんには、家族や知人に自分のスマホの画面を見せながら、情報を調べようとして、個人的な情報が表示されて、焦ったり、恥ずかしい思いをした経験はないでしょうか?あるいは、そうした情報が表示されることを恐れて、画面を人に見せることを躊躇したことはないでしょうか?こうした思いが生じてしまうのは、スマートフォンが極めてパーソナルな端末であり、実際にパーソナライズ化もされているからなのです。

さて、パーソナライズが進み、人々が接触する情報が多様化していると言っても、決して個々人は孤立した状態で存在しているわけではありません。自らが意識するかしないかにかかわらず、彼らは必ず何らかの形でネットワークされています。むしろ、ネットワークされているからこそ、無意識の行動であっても、その行動が解析されてアルゴリズムによる情報の出し分けが可能になっているとも言えるのです。意識の面でも、人々は積極的に「つながり」を求めています。それは単に「同い年」とか「地元が同じ」ということとは関係なく、年代や地域、さらには国や人種が違っても「同じ趣味嗜好」、「同じ興味関心」などであれば、そのことに関して部分的に、しかし深く、つながろうとします。いわば、物理的なリアルな世界とは別に、スマホの中には自分の「お気に入り」に囲まれたデジタル上でネットワークされた世界が広がっています。

また、より個人志向が強まり、多様性が高まっていくことの反作用として、人々自身が「つながり」を求めようとする意識も並行して高まっています。そうした中、他者からの承認を求めたり、「自分をアピールしたい」という要求が顕在化したりすることによって、人々は、自分から進んで自分の意見、自分が見つけた価値ある情報や面白ネタをSNSに投稿したり、「インスタ映え写真」をインスタグラムにアップしたりするようになるのです。

## マスマーケティングから、人を起点とした「個別最適化」へ

情報環境の変化に伴って、ビジネスも大きく変化しています。特に、一般消費者向け、すなわちBtoCのビジネスにおいては、やみくもな拡大、成長を追い求めることよりは、適正規模や継続性が重視されるようになってきています。つまり、大量消費を前提としたマスマーケティングから、人を起点とした個別最適化、さらにはライフタイムバリュー（顧客生涯価値のこと。LTVと略称されることもある）が重視されるマーケティングへと変化しています。

例えば、GAFAのような巨大IT企業が行っている、ターゲティング型の広告配信やレコメ

ンドサービスは、膨大な個々人の情報と、それを集計し、解析する高度なアルゴリズムに下支えされています。これらは個別最適化が追求されたものですが、それが集積されて巨大なビジネスとして成立していることは、まさに象徴的です。

また、動画配信やカーシェアなどのサブスクリプションサービスや、ＵｂｅｒやＡｉｒｂｎｂ[5]等のシェアリングエコノミー[6]の普及も、限られたリソースを最適化するのと同時に、利用者のライフタイムバリューを高めていこうとする動きと言えるでしょう。

一方で、上記のようなＩＴプラットフォーマー以外の事業者にとってみると、特定顧客へのアプローチや囲い込みが効率的にできるようになった反面、顧客層の広がりが限定されてしまうというジレンマも生まれています。

マーケターにとっては、個別最適化の追求と並行して、同時にそれを超えた市場を作っていくことも考えなければならないというジレンマを抱えた困難な時代が来ているとも言えます。

## 1-3 なぜ、「What」、「Who」、「How」が重要なのか？

### どうして「話題」が広がるのか？
### ～「What」、「Who」が大切になる理由～

パーソナライズ化と同時にネットワーク化が進んでいる世界において、「話題になる」ということは、趣味嗜好や興味関心によってつながっている世界の中で、取り上げるにふさわしい情報が選択されているということを意味します。

選択される情報が、「何についての話題なのか？（What）」は、そのつながりのテーマによります。テレビなどのマスメディアにより大量の情報投下をしても、自分の趣味嗜好や興味関心と関係がなければ、「話題にしたくなる情報」としては扱われません。一方で、一部の人しか接触しない小さな情報発信であっても、つながっている人々にとって重要な情報であれば、局所的なものかもしれませんが、話題にはなるでしょう。

例えば、さほど高視聴率とは言えない深夜のアニメ枠であっても、シリーズ化の決定やキャラクターボイスの声優発表はアニメ好きの中で瞬く間に広がりますし、地上波では一回しか放映されないＣＭが、出演タレントのファンによって拡散され、ＳＮＳ上では何度もＣＭ動画が再生されることもあります。

自分の「お気に入り」に属する情報は、「積極的に発掘したい」、「同じ関心を持つ人にも教えたい」と、より拡散されやすくなります。

一方で、情報が拡散されやすい時代であるからこそ、人々は情報の扱いに慎重になるという側面もあります。発信した情報は不特定多数の人に触れるため、いつどこで炎上するか分からないというリスクがありますし、実際に思いもよらぬことから炎上するケースも多数見られます。そうした環境下では、人々も自然と「失敗したくない」という心理が働いて、自らの意見を発信するよりも、信頼できる誰かの情報発信を支持・賛同する方を好むようになるのです。その時、そもそもの情報ソースや発信元が「誰（＝Ｗｈｏ）か？」ということが重要になります。

信頼できる情報ソース・発信元は、いわゆるネット上の「インフルエンサー」だけとは限りません。もちろん、ネット上で臆せず自らの意見を発信して賛否を問わず話題となる人物も多くいますが、情報ソースの元をたどると、メディアによる報道であったり、テレビの情報番組でのコメントだったりすることが多いのです。例えば、ビートたけし氏は自らがツイッターで意見を発信することはなくとも、氏のコメントがツイッター上で話題になることはたびたびあります。また、些細なことで炎上することがある一方で、ビートたけし氏やマツコ・デラックス氏などのように、多少表現が過激だったり、極端だったりすることはあっても、本人の姿勢に筋が通っていると人々から認められれば、批判よりも支持の方が大勢を占めるケースもあります。

企業や商品の話題に関しては、話題となる情報ソースや発信元は企業自身であることが多いのですが、特に最近では従来のような広告、キャンペーン、記者発表といったものに限りません。また企業の様々な話題は、商品そのものやお客様窓口の対応、企業、あるいは一般消費者のSNSアカウントからの発信など、多種多様な情報源から発信されるようになっています。

SNS上でたびたび拡散されてきた、「#任天堂を許すな」などはその好例と言えるでしょう。このハッシュタグは、2018年にコロプラ社がスマートフォン用ゲーム「白猫プロジェクト」を巡って任天堂に訴訟を起こされたことをきっかけに使われるようになったもので、元々は任天堂に対する怒りの声や不満を吐き出すための、いわば「炎上用」のハッシュタグでした。しかしながら、徐々に任天堂製品との良い思い出や、任天堂の「神対応」に対する感謝のツイートに使われるようになりました。最終的には、任天堂を称賛する大喜利のようなネタ投稿のハッシュタグとなっています。私が印象に残ったエピソードは、「自分でシールをたくさん貼ってあったゲーム機が壊れ、本体交換するしかなくなった時、任天堂はわざわざ貼ってあったシールと同じものを探して同じ位置に貼られた状態で新品を送ってくれた」というものです。このようなツイートはまとめサイトでもまとめられ、任天堂のサポートやカスタマーサービスの質の高さと、それに裏付けられた企業ブランドの強さをユーザー自身が物語る場となっており、同社に対するポジティブイメージの形成にも寄与しています。

このように、いまの時代は、企業自身が情報発信をするしないにかかわらず、企業の行動は、良い点も悪い点も、すべて含めて話題にされるようになっているのです。

また、昨今ではツイッターやＴｉｋＴｏｋなどを中心に、特にフォロワー数が多いわけでもない一般の人のアカウントが情報の発信源となり、大きな話題の拡散が実現される場合も出てきています。

２０１９年夏に大ヒットした新海誠監督のアニメ映画『天気の子』はＳＮＳでも大きな話題となりましたが、大きく拡散した話題の多くはインフルエンサーとは言えない「一般の人」が発信したものでした。例えば、公開時に一般の人がツイッターに「天気の子、理想（左）と現実（右）」というテキストとともにヒロインの画像と元プロテニス選手の松岡修造氏の写真を並べて投稿しました。このアカウントのフォロワー数は７００名程度だったにもかかわらず、７万以上のリツイート、25万以上の「いいね」を集め、大きく話題となりました。念のために補足しておきますと、松岡修造氏はその濃い熱血キャラクターから、ＳＮＳでよくネタにされています。特に「松岡修造氏が行く場所は気温が上がる」という都市伝説（？）は、何度も話題にされ、拡散もしています。上記の投稿も、それと絡めたネタでした。

これは注目を集めるニュース（ネタ）に一般の人が面白い文脈を付加することによって、その話題を取り上げたい人々に支持され、瞬間風速的に話題が拡散されたと思われます。この文脈を付加した一般の人のアカウントは、必ずしもインフルエンサーとして育っていくわけではありません。裏を返せば、宣伝を目的としない一般の人の投稿だからこそ、安心して他の人たちも話題にできたとも言えるのではないでしょうか。

## 時系列を使った「話題」の仕掛け方～「How」をいかにつくるのか？～

ここまでは、話題が取り上げられ、広がっていくには、「何を（＝Ｗｈａｔ）」、「誰が（＝Ｗｈｏ）」取り上げるかが重要であることを述べました。しかし、より意図的に話題を生み出すには、さらにもう一歩踏み込んだ「仕掛け（＝Ｈｏｗ）」が必要になります。というのも、「Ｗｈａｔ」にあたる元ネタはそれ自体に一定の興味を持つ人がいるのは事実ですが、裏を返せばそのネタに関心がない人にとってはスルーされてしまい、一部の限定的な範囲でしか話題になりません。また「Ｗｈｏ」の要素も個々のインフルエンサー単位ではフォローしている人が限られるため、話題を広げるには複数の要素を組み合わせる必要があります。つまり、「Ｗｈａｔ」と「Ｗｈｏ」を、時系列も考えながら、複数組み合わせる「仕掛け（＝Ｈｏｗ）」こそが、話題を生み出し拡大させるコミュニケーション設計のカギとなるのです。

少し古い事例になりますが、２０１６年に世界中で爆発的なブームを起こした、ピコ太郎の『ＰＰＡＰ（Pen-Pineapple-Apple-Pen）』のユーチューブ動画は「仕掛け（＝Ｈｏｗ）」がいかに重要であるかを示した象徴的な事例です。当時、ピコ太郎の存在は、海外はもちろん、日本でも無名でした。動画コンテンツの質、内容に関しても「なぜこれがヒットしたのか分からない」という人も多く、「誰もが認める圧倒的に優れたコンテンツ」と言うこともできません。つまり、ブーム本コンテンツの大ヒットは、「Ｗｈａｔ」や「Ｗｈｏ」だけでは説明ができないのです。ブームの引き金となったのは、世界的なミュージシャンのジャスティン・ビーバーが自身のツイッターアカウントで「お気に入り」とツイートしたことによります。そして、国内外の多くの有名人がシェアしたり、CNN、BBCなどの海外大手メディアが取り上げたことで、多くの人がその存在を知り、動画が世界中で再生され、大ヒットに至ったのです。もしジャスティン・ビーバーの紹介がなければ、本作品の世界的な大ヒットは起きなかったでしょう。もちろん、この事例では、連鎖反応が起きたのは、偶然に負うところも大きかったとは思われますが、いずれにしても「How」の要素が重要な役割を果たす時代になっていることは、この事例からもよくわかります。

もう少し一般的な視点から、「話題」が発生し、広がるまでの流れはどうなっているか？に関して、映画やアニメなどのエンターテインメントコンテンツを例に取って、時系列的に見てみましょう（図1―2を参照）。

エンターテインメントコンテンツにおいては、まずは企業側（配給会社やテレビ局など）の「①公式発表（リリース）」から情報発信が始まることが多いのです。リークや噂が先行することもありますが、基本的には情報発信元が公式にリリースすることで、話題の元ネタが生み出されます。リリースを行うのは、何らかのメディアに取り上げられるためなので、当然ながらこの次に来るのは「②メディアによる報道」となります。リリースされたネタが最初から多くの人にとって関心が高い内容であれば、いきなりテレビの情報番組などマスメディアで取り上げられることもありますが、そこまでいかなくとも、一部の興味関心層（例えば映画ファン／アニメファン）に受け入れられる内容であれば、それらのファン向けのニッチメディア（エンタメ専門メディア

図 1-2　エンターテインメントコンテンツにおける
一般的な情報発信、話題化のプロセス

① 公式発表（リリース）

↓

② メディアによる報道

↓

③ 関係者による情報発信

↓

④ ファンによる文脈ごとの情報の深掘り

↓

⑤ ニッチメディアによる文脈ごとの報道

↓

⑥ 一般の人々の文脈転換

↓

⑦ 本来のターゲット以外の人々への波及

等）に取り上げられるのは難しいことではありません。

公式にリリースされ、メディアに取り上げられると、続いて「③関係者による情報発信」もはじまります。このあたりから、元ネタが様々な文脈に分解されて話題のバリエーションが生まれます。というのも、「関係者」には様々な種類の人々がいるからです。映画／アニメであれば、監督や脚本家、出演者（声優）もいれば、音楽に関わるミュージシャンもいますし、原作がある場合は原作者も含まれます。そして「関係者」それぞれにファンや関心を持つ人が一定数おり、最近ではSNSなどを通じて直接つながっているため、それぞれの文脈で話題となる可能性があります。すると、「④ファンによる文脈ごとの深掘り」、「⑤ニッチメディアによる文脈ごとの報道」で、よりマニアックな情報の深掘りが起こり、少数でも熱量の高い話題で盛り上がります。

さらに、話題をより大きなものにするためには「⑥一般の人々の文脈転換」がカギとなります。これは、前述の『天気の子』の例のように文脈ごとに派生した熱量の高い話題から自然発生することもあり、注意深く「話題の広がり」を見ていくことが必要となります。そして、ネタが自走し始めると「⑦本来のターゲット以外の人々」にも話題の輪が広がり、当初に想定していたターゲット以外の人々からも広く注目を集めるようになるのです。

このように「Ｗｈａｔ」と「Ｗｈｏ」を時系列で有効に組み合わせて展開することで、話題を最大限に広げることができ、これが「仕掛け（＝Ｈｏｗ）」の要素となります。

話題になることを目指すマーケターやクリエイターにとっては、「Ｗｈａｔ」や「Ｗｈｏ」を正しく捉えるのはもちろんですが、この「仕掛け（＝Ｈｏｗ）」をうまく作り出すことこそが腕の見せ所となります。

　この「仕掛け（＝Ｈｏｗ）」の要素は、マスメディアが中心だった時代には、さほど重視されてきませんでした。というのも、企業側が情報発信できるツールは物理的に限られていて、複数のメディアを組み合わせてコミュニケーションを展開するためには、それなりの規模の予算も必要だったからです。いまは工夫次第で、様々な展開ができるようになっていますし、やり方によっては、労力とコストに比べて大きな効果を上げることも可能になります。

「仕掛け」と言うと、少し大げさに思えるかもしれませんが、実はちょっとした工夫だけでできることもたくさんありますし、「Ｗｈａｔ」と「Ｗｈｏ」が単一の場合でも、「仕掛け」をつくることは可能なのです。

　例えば、マクドナルドは２０２０年２月に同社初の「ごはんバーガー」を発売しましたが、新メニュー発表に先立つ1月25日に、同社の公式ツイッターアカウントから「あぁー、、、お米たべたい」という投稿がなされました。米を使ったメニューのないマクドナルドの公式アカウントからの意味深なツイートは、フォロワーをはじめ、多くの人々の憶測を呼び、「米を使った新メニューが出るのではないか？」という話題が広がりました。その後、正式に発売の発表が出されたわけですが、この「匂わせツイート」がひとつ加わっただけで、単純に商品発表をするだけよりも、より多くの人の関心を呼び、より多くの人々の間で話題にしてもらうことが可能になっていくのです。

本パートでは、「いまどのような変化が起きているのか？」という点、そうした変化の中でマーケティング活動において「話題化」が重要な役割を果たすようになっていること、そして「話題化」には一定の構造があり、「Ｗｈａｔ」、「Ｗｈｏ」、「Ｈｏｗ」の３つの要素が重要な役割を果たすということを論じてきました。

これらの点については、これからより深く論じていきますが、続いては、実際に「話題化」に成功した複数のケースから、話題を起こすための秘訣を考えてみたいと思います。

# Part 2

# 「話題の構造」を活用して、話題を起こすための方法論

## 2・1 ヒットした映画を読み解けば、「話題の構造」が見えてくる

いよいよここからは具体例を取り上げながら、「話題の構造」について、データで裏付けて詳しくひもといていきたいと思います。

世の中で話題になり、ヒットを起こしている事例には、いくつかのパターンがありつつも、共通した「構造」が見られます。まずは、ヒットした映画の事例を、続いてはいくつかのヒット商品の事例について、データを見ながら「話題の構造」を読み解いていきたいと思います。

まずは映画の事例をいくつか紹介しますが、最初に映画を取り上げるのには理由があります。まずは、作品別に興行収入のデータが公開されており、他の業種では難しい売上情報を分析データとして活用することが可能な点です。もうひとつは、２０１８年から２０１９年にかけて、「話題化」という点で映画界に大きな動きがあり、トレンド変化を見る上で最適の業種と言える点です。

映画業界に限らず、企業のＳＮＳの活用はすでに進んでいますし、口コミ拡散を狙うキャンペーンやプロモーションも多数行われています。しかしながら、ＳＮＳが売上に及ぼす影響、あるい

は因果関係については、いまだ十分な検証がなされているとは言い難い状況です。そうした中でも、映画やテレビなどのコンテンツの世界においては、ＳＮＳの存在が観客動員数や視聴率に明確に影響を及ぼしている例も出てきています。特に、映画の世界では、近年、その傾向が顕著に見られるようになってきており、話題と売上の相関を見る上で適しているジャンルと言えるのです。

こうした視点から、２０１８年、２０１９年にヒットした劇場映画作品の事例をいくつか見ていきましょう。

最初に取り上げるのは、ハリウッド映画の超大作『アベンジャーズ／エンドゲーム』と、低予算のインディペンデント映画ながら異例のヒットを記録した『カメラを止めるな！』です。この2作品は、同じ劇場用映画でありながら、あらゆる点で対照的です。逆に言えば、これらを比較することで、「話題の構造」の多様性が鮮明に見えてきます。

## 大作映画に典型的な『アベンジャーズ／エンドゲーム』の情報拡散

『アベンジャーズ／エンドゲーム』は米マーベル・コミックの同名の作品の実写映画化シリーズの4作目で、映画作品としてはシリーズの最終作となります。本作の世界での興行収入は、『アバター』を抜き歴代一位を記録、日本においても興行収入60億円を超える大ヒットを記録しました。

一方の『カメラを止めるな！』は、制作費３００万円という低予算のインディーズ映画で、公開当初は東京都内のミニシアター2館での上映でしたが、ＳＮＳの口コミ効果で全国公開へと拡大し、興行収入は30億円を超えるヒット（２０１８年の邦画興行収入ランキング7位）となり、国内外の映画賞を多数受賞するという異例の快挙を成し遂げました。

あらゆる点で対照的な2作品ですが、これを「話題化」という切り口から比較してみると、何が見えてくるのでしょうか？

まず『アベンジャーズ／エンドゲーム』（以下『アベンジャーズ』）について見てみましょう。本作の日本公開１週間前から４ヶ月間の話題量の推移は図２－１のようになっています。

本作では、公開初日にツイート数、記事数ともに最大の話題量を記録しています。その後、徐々に話題量は減っていっていますが、本作の監督であるアンソニー・ルッソ氏自身が設定した、公開２週間後の「ネタバレ解禁日」に話題が盛り返したり、『アベンジャーズ』の公式ツイッターアカウントによるツイート型キャンペーンに話題が再急増したりと、ＳＮＳ時代ならではの展開も見られています。

なお、『アベンジャーズ』の日本語の公式ツイッターアカウントには30万近いフォロワーがおり、本アカウントからのツイートは多数リツイートされています。公式アカウントはＳＮＳにおける最強の「インフルエンサー」として機能しているのです。

なお、対象期間である４ヶ月間における作品に関連する総ツイート数は３００万件を超えてい

図 2-1 『アベンジャーズ／エンドゲーム』の話題量推移
（日本：2019 年）

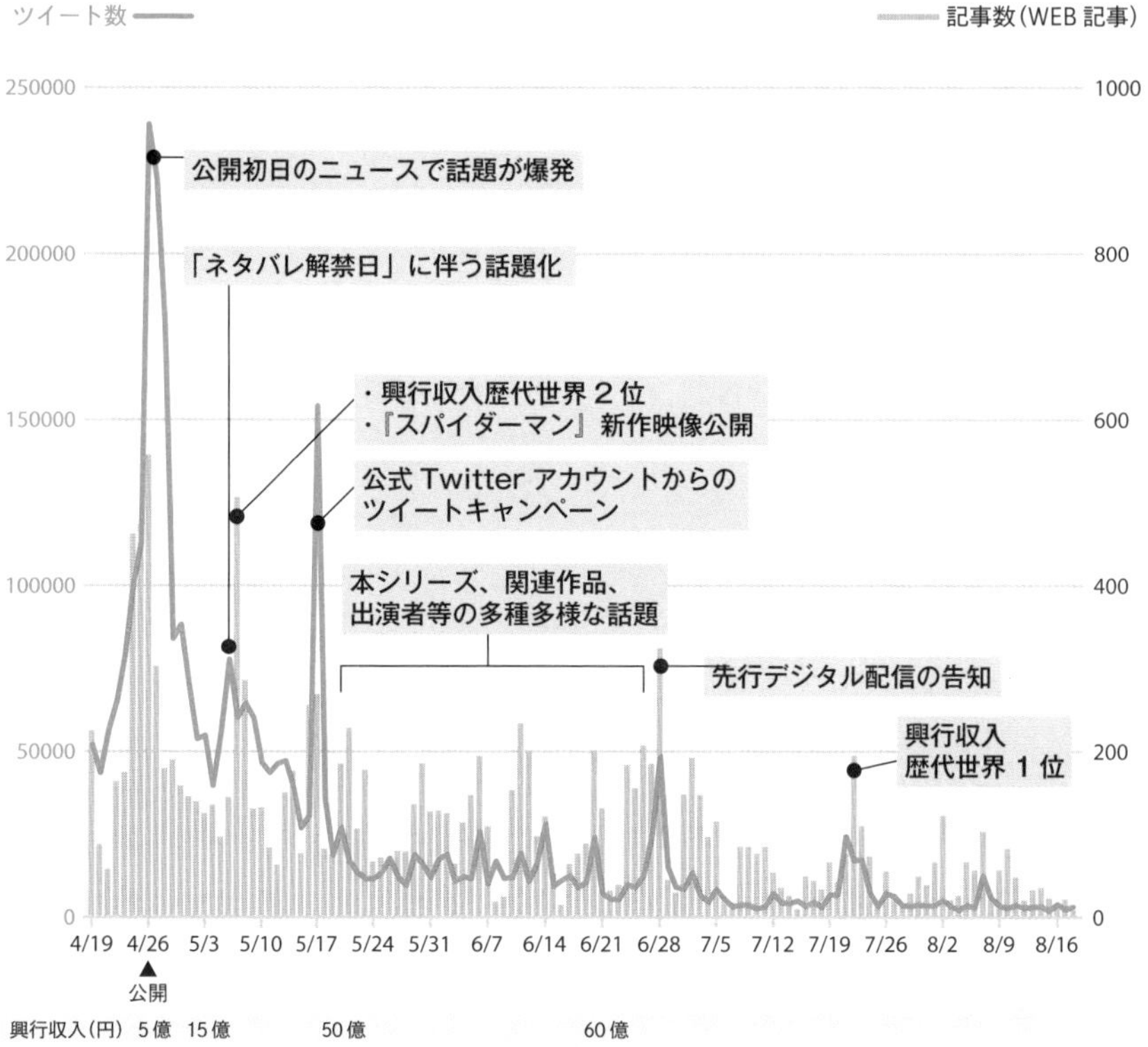


調査方法:Meltwaterのソーシャルメディアモニタリング

ますが、その中の約3分の1、すなわち200万件程度がリツイートとなっています。また、ツイート数と記事数の相関性は高く、ツイート数が増えている時は記事量も増えるという傾向が見られます。

もちろん、作品を見た人の感想や、ファンの作品世界に関するネタなどのオーガニックな（一般ユーザーの自発的な）投稿も少なからず見られます。特に、本シリーズは同シリーズの過去作品、他のマーベル・コミックシリーズの周辺作品ともストーリーや世界観がリンクしているため、それらとの相関など、ファンにとっては語るべき話題はたくさんあり、実際にそうした口コミも多数見られています。しかしながら、コアなファン以外も対象とした超大作だけに、やはり個人を起点とする情報よりは、公式情報に関する話題量が圧倒的に多いという傾向が見られます。

『アベンジャーズ』シリーズに限らず、大半のメジャー作品は本作と同様の話題推移を示します。つまり、公開前後に話題量のピークが来て、その後、話題量は減少を辿りつつ、新たなニュースが出たり、キャンペーンが展開されたりすると一時的な盛り上がりを見せる――という流れです。また、当初から知名度、注目度の高いメガコンテンツに関しては、公式情報がSNSやメディアでも話題の中心となることが多く、公式情報の発信をいかに行い、いかに話題を広げていくかが、最大の工夫のしどころとなります。特に初動（つまり公開日前後）での話題化が鍵になるため、多くのケースで初速が最大化されるような情報発信の手法が取られることになります。

## 「話題化」の視点からも異例ずくめの『カメラを止めるな!』

続いて、『カメラを止めるな!』を見てみましょう。

本作の公開1週間前から4ヶ月間の話題量の推移は図2－2のようになっています。『アベンジャーズ／エンドゲーム』とは対照的に、本作は公開前後の段階ではあまり盛り上がっておらず、公開後4週間以上も経ってから、ようやく話題が沸騰してきています。

著作権を巡るトラブルの報道で最大の話題量を記録した2018年8月21日を除くと、最も話題量が多かったのが、公開から32日後の2018年7月25日です。大半の劇場映画が、公開初日前後に話題量のピークを示すことを考えると、これは異例のことと言っていいでしょう。さて、この7月25日の盛り上がりは、『ZIP!』、『めざましテレビ』という2つの情報番組で取り上げられたことが引き金になっています。

ここに至るまでも、実際に作品を見た観客のポジティブな口コミがSNS上に多数投稿され、それが伝播していき、徐々に話題量が増加していました。その中には、声優の花江夏樹さん、アイドルの指原莉乃さんなどの有名人もいました。これらの人たちが「インフルエンサー」となって、話題の拡散に貢献しました。人々の「上映館が連日満席になっている」という事実に関する口コミに加えて、実際に本作を鑑賞した映画ファンやインフルエンサーが作品を絶賛するポジティブな口コミがマスメディアを動かすに至ったと言ってもいいでしょう。

図 2-2 『カメラを止めるな！』の話題量推移（2018 年）

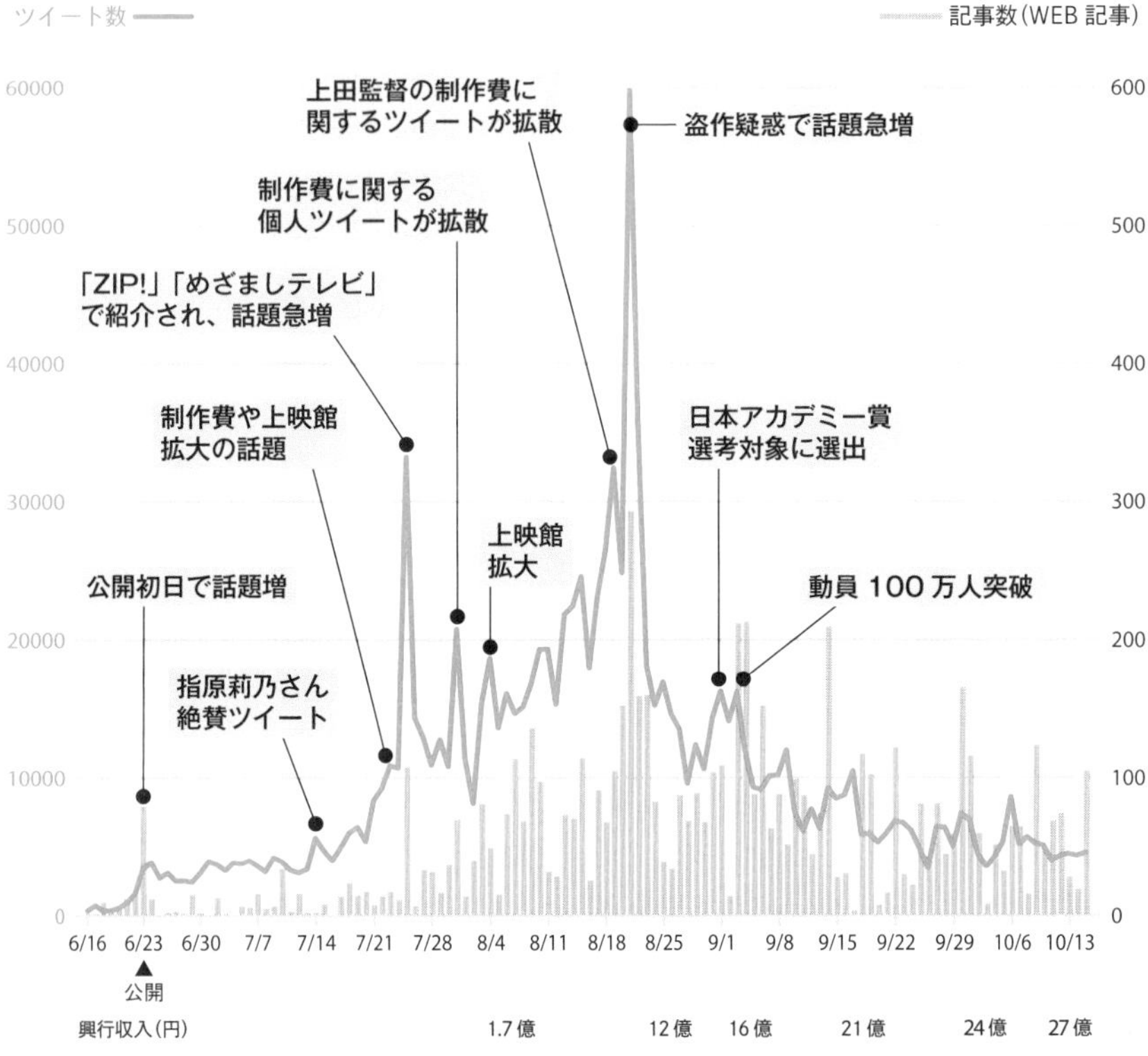


調査方法:Meltwaterのソーシャルメディアモニタリング

ただし、本作の成功は、第三者の力によって偶発的に起こったものだ——と見なすのは正しくありません。宣伝予算のない中、関係者を総動員して、公開前にはビラを配り、公開後は１００日間連続で監督やキャストが舞台挨拶に登壇したり[7]、ＳＮＳを活用して情報発信したりと、人海戦術で様々なプロモーション活動が行われました。

監督の上田慎一郎氏は、本作のプロモーションに関して、次のようなポイントを語っています[8]。

・宣伝費を掛けずに勝つとしたら個人の発信に頼るしかない。

・インディーズ映画なので、テレビＣＭといった（大々的な）宣伝はできない。口コミを利用したり、ツイッターで情報を発信したりするしかなかった。

・ツイッターをしていなかったキャストにも、始めてもらった。『リツイートって何？』というところから教えて、今はほぼ全員がツイッターで発信している。

もちろん、本作の成功は、制作費の低さにもかかわらず作品の質が非常に高かったこと、作品の内容が実際に観た人が他に伝えたり、推奨したりしたくなるようなものであったことが大前提ではありますが、宣伝費がない中で、制作者やキャストなど、関係者の個人の情報発信力を最大限に活用することによって、話題化の「種」が仕込まれたことが、成功のきっかけを作ったと言えるでしょう。
なお、上田慎一郎監督自身のＳＮＳアカウントでの投稿は多数のリツイートを集めています。他の著名人以上に、上田監督その人が「最も影響力のあるインフルエンサー」と言ってよいほどの存在感を示しています。監督のツイッターへの投稿内容を見ていると、それも十分に納得できます。上田監督の投稿は、単純な告知ではなく、その情熱が読者の感動や共感が呼び起こすものになっているからです。

例えば、上田監督の「『カメラを止めるな！』の上映時間は何分？って話になって、小沢さんが『今も俺の中で上映は続いている』って言って笑いが起きてたけど俺は一人泣きそうだった。ずっとそういう映画を創りたかった」[9]というツイート（抜粋）は、それぞれ２０００リツイート、７０００件超の「いいね」を集めています。

また、上田監督がイタリアの映画祭に向かう飛行機で偶然隣になった映画好きのおばさんに「インディーズ映画なのでご存じないと思うんですが…」とチラシを渡したところ、「そのおばちゃんからＳＮＳでメッセージがきた」というツイートは、１３００超のリツイート、５０００件の「いいね」を集めています。

心温まるようなエピソードと、上田監督の映画に込める情熱が盛り込まれて、思わずリツイートや「いいね」をしたくなります。自称「ＳＮＳの専門家」の私も、上田監督の情報発信のやり方には感心させられるところも多く、非常に勉強にもなっています。

さて、実際に『カメラを止めるな！』の興行収入が急増したのは、上映館が全国に拡大した8月以降のことですが、コピーライター／メディアコンサルタントの境治氏は、本作のヒットの要因として上映館の拡大を挙げています。[10] 当然のことながら、ここから興行収入は急速に伸びていますし、「話題」という視点から見ても、『ＺＩＰ！』、『めざましテレビ』の2番組での放映、そして上映館拡大をきっかけに、ツイート量、報道量ともに、話題量のベースが上がっています。

すでに十分な話題の盛り上がりがあり、期待も高まる中、「全国で公開された」という情報が人々の足を劇場に運ばせ、実際に見た感想を投稿し合うという現象が起き、話題化を加速させています。前掲の境氏は、別のコラムで本作が「コアな映画ファンから普通の人びとに広がった」と述べられていますが、[11] このタイミングから「普通の人びと」も多数参入し、ＳＮＳに投稿し合うことで、世の中一般の話題へと位相が変化していきました。

話題が盛り上がり続けるさなかの２０１８年8月21日、本作の盗作疑惑が浮上したことで、ツイート、報道ともに話題量はピークに達しました。本件は不測の事態であり、作品にとっては歓迎すべきでない出来事ではありましたが、本作品の要であるストーリー展開に関わる事件であったために、結果的には、人々の作品への関心をより高める効果があった点は否定できないと思います。

話題が爆発した以降も観客動員数は好調に推移しており、興行収入も伸びていますが、その一方で、ＳＮＳ上の話題量はむしろ減少を辿っています。メディア報道量が高い水準で推移しているのとは対照的です。

『カメラを止めるな！』を個人が話題にしたくなる要素は、「面白いのでぜひ見てほしい」、「ネタバレしたいけどできない」、「予算がない中、頑張っている関係者を応援したい」といったところで、実際の個人のツイートはこうした要素を含むものが多くを占めました。

本作品に関して「話題にしたい」と思う最大のモチベーションは、「まだ本作を知らない／観ていない人に、存在を知らせてあげたい／お勧めしたい」というところにありました。だから、人気が爆発してメジャー作品と同等のヒットを記録した後は、人々の「話題にしたい」というモチベーションも低下していったのです。そのことは、話題量の変化からもうかがえます。

長くなったので、この辺で要点をまとめましょう。

本作品は、「口コミでヒットした」とよく言われますが、口コミが広がる背景には、作品のテーマや内容に話題性があったこと、制作側が地道な情報発信を行ったことも大きく寄与しています し、本当に「ヒット」となったのは、マスメディアで取り上げられ、さらに上映館が急拡大して以降のことです。そういう意味では、より正確には「口コミが〝起点となって〟ヒットした」と言うべきなのです。

本作品に限らず、ある一定規模以上のヒットを生み出すためには、口コミの力だけでは不十分ですし、実際にある一定の規模まで行けば、各種のメディアで紹介されたり、予算がついて新たなＰＲやプロモーションを行うことができたりするため、口コミを超えた情報伝播が生まれます。

逆に言えば、そうした情報伝播を生み出し、話題を拡散させていくことが成功の秘訣と言っていいでしょう。

さて、『カメラを止めるな！』の事例には、マーケターにとって参考になるヒントが多々あることは紛れもない事実です。しかし、製作費も宣伝費も極小の中で、本来はヒットなど見込めなかっただろう作品が、口コミで徐々に火が付き大ヒットを生んだ、つまり従来型の広告・宣伝によらずにヒットを生み出した、かなり特殊な事例であることも否定できません。実際、上田慎一郎監督も、自身のアカウントで「カメ止めは『低予算だから、無名の監督と俳優だから』できた映画。《無知×無名×無謀＝無敵》を生かして繰り出した一回限りの大技」というツイートをされています。

『カメラを止めるな！』は低予算かつ無名で「あるにもかかわらず」成功したというのは事実ですが、低予算かつ無名で「あるからこそ」できるような方法論を取ったことが功を奏しました。実際、「超低予算で作られた映画」、「制作費がたった300万円」といったことは、SNSで何度も話題になっています。ちなみに、本作品に関するツイートで最多数のリツイートを集めたのは、前記の上田監督のツイートです（約1万件のリツイート）。また、「制作費の少なさを売りにすることは、日本の映画界に悪影響を与えるのではないか」ということを懸念した小説家のツイートも6000件のリツイートがなされています。ハリウッド映画をはじめ「多額の制作費をかけた」ということは、売り文句としてよく活用されますが、本作は「制作費の安さ」がネタになり、宣伝の要素となっています。

『アベンジャーズ／エンドゲーム』、『カメラを止めるな！』という対照的な事例を見ると、普遍的な成功法則は存在せず、自身が置かれた状況を冷静に把握しつつ、その状況に適合した、あらゆる打ち手を講じていくことに尽きる——ということがわかります。

続いて、話題化という点から見て、『アベンジャーズ／エンドゲーム』と『カメラを止めるな！』の間にあるような、中間的な事例、つまり、超メガコンテンツでもなく、ミニマムスタートでもない中で、プロモーションを効果的に行って話題化に成功し、ロングラン上映を実現し、興行的にも予想を上回るヒットを記録した事例を紹介したいと思います。

そうした事例に当てはまるのが、『翔んで埼玉』と『ボヘミアン・ラプソディ』です。両者ともに、当初の想定を超えるヒットを記録しており、話題という点でも「現代ならでは」の盛り上がりと広がりを見せており、ヒットの要因を考える上でも参考になる事例です。

## ネタが自走した『翔んで埼玉』

まずは『翔んで埼玉』から見てみましょう。本作の公開1週間前から4ヶ月間の話題量の推移は図2－3の通りです。

対象期間において、ツイート量は100万件強、報道量は9000件弱となっており、『カメラを止めるな！』とほぼ同水準になっています。

では、話題量の時系列推移はどうなっているでしょう？『翔んで埼玉』においては、公開直後に話題のピークが来ており、その後は緩やかに減少しながらも、断続的に盛り上がりを見せています。その点において、話題量推移の波形は『カメラを止めるな！』よりは『アベンジャーズ／エンドゲーム』と似ています

しかしながら、よく見てみると、『アベンジャーズ』とは相違点も多いことがわかります。『アベンジャーズ』では話題のピークが口コミ（ツイート）、報道（WEB記事）ともに公開初日に来ています。一方の『翔んで埼玉』については、報道量は公開初日にピークが見られるものの、ツイート量は公開3日後の2月25日（月）に最大量を示しています。この時、本作が「週末興行収入で1位発進した」というニュースが話題化したのですが、「都道府県別興収シェアで埼玉県が東京をおさえて全国1位を記録した」、「ハリウッド大作の『アリータ：バトル・エンジェル』を抑えて埼玉が舞台の作品がトップに立った」という話題が拡散しました。つまり、公開直後の週末時点でネタ化され、それが拡散していくという本作品の特徴がすでにあらわれていたといえます。

その後も、SNS上では、本作にまつわるネタや、本作に触発された埼玉に関する話題（多くはネタツイート）が多数投稿され、拡散されていきます。

『翔んで埼玉』は上映前に流れる本編とシームレスにつながった企業とのコラボCM、本編、エンディングソングに至るまで、人々が話題にしたくなるようなネタが豊富で、まさに「ネタの宝庫」と言って良い作品です。劇場に足を運んだ人たちは「面白かった」、「笑えた」といった感想に加えて、作品中の各シーンに関するネタ、ロケ地の話題、「埼玉ディスり」に関する投稿など、

図 2-3 『翔んで埼玉』の話題量推移（2019 年）

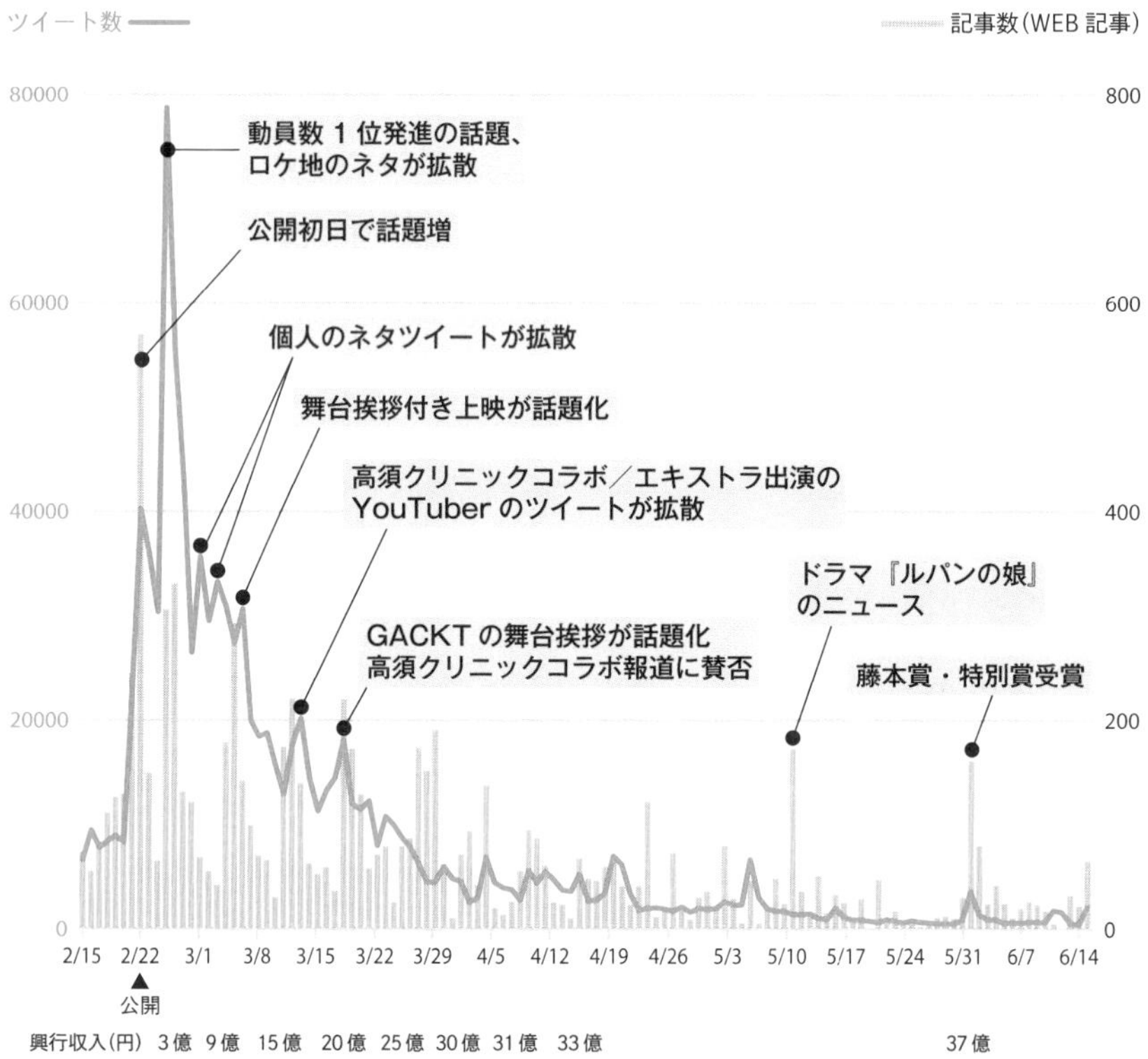


調査方法:Meltwaterのソーシャルメディアモニタリング

多様な口コミが発生し、ツイートを見た人たちの興味を駆り立てました。

本作品に関する情報拡散の特徴は、フォロワー数の多いインフルエンサーのツイートよりも、一般の人たちの「面白ネタ」を投稿したツイートが拡散しているという点にあります。事実、数万件のリツイートを集めたツイートの投稿者が、フォロワー数は100から数百程度に過ぎない一般の人ということもあります。有名人やインフルエンサーではない人の投稿でも、内容が面白ければ、話題は大きく拡散しているのです。

本作品のSNS上の話題の特徴を一言でまとめると、「ひたすらネタ化された」ということに尽きます。

そうしたことを事前に想定してか、プロモーションも「話題を広げる」という点をかなり重視して企画、実施されていたように見受けられます。

埼玉県知事選挙や高須クリニックとのコラボレーション、全国の地方飲食店20店舗以上と協力し、劇中の名台詞と名物料理をコラボした地方別「埼玉扱い」コラボポスターなど、意外性のある多様なプロモーションが展開され、この点でも話題が尽きませんでした。舞台挨拶でも趣向が盛りだくさんで、16回も鑑賞したファンに対して、主役のGACKTが「何か心に病があるんですか?」といじったことや、試写会の参加者に深谷ネギが配られたことが話題になりました。

『カメラを止めるな!』がネタばれできない、つまり作品の中身を語れないことで話題化した事例だとすると、『翔んで埼玉』は作品の中身やそこから派生したネタ、奇抜なプロモーションが自走した事例であり、「SNSで口コミが広がった」という点は同じでも、実際に話題にされた内容は大きく異なっています。また、『カメラを止めるな!』と『翔んで埼玉』は、ＳＮＳ（ツイッター）での話題量も、報道数もほぼ拮抗していますが、前者が公開後しばらくして徐々に盛り上がっていったのに対し、後者は公開直後に盛り上がって、その後は徐々に収束しています。盛り上がりのタイミングもかなり異なっているのです。

なお、本作品は２０２０年2月８日に地上波で完全ノーカット版が初放送されましたが、この日だけで、本作に関して70万件を超える膨大なツイートが発生しました。かくいう私自身もスマホでツイートを見ながら放送を視聴していたのですが、他の視聴者の感想や突っ込みをリアルタイムで見ながら作品を鑑賞するのは、劇場で見るのとはまた違った楽しい体験でした。劇場では上映中にツイートできませんが、劇場公開中にそれができるような企画があれば話題量はもっと増加したのではないかと思われます。内容面から言っても、本作はＳＮＳと非常に相性の良い、現代的な作品といえるでしょう。

## ファン化と裾野の拡大でロングテール化した『ボヘミアン・ラプソディ』

最後に、『ボヘミアン・ラプソディ』を見てみましょう。最初に断っておきますが、本作品は映画やコンテンツ関連に限らず、これからの話題化施策、さらにはマーケティング戦略を考える上で重要な視点が含まれているため、解説が長くなってしまいます。この点は事前にご了承ください。

さて、本作は英国のバンド、クイーンのボーカルであるフレディ・マーキュリーの生涯を描いた作品で、2018年11月9日に公開されました。翌年の米アカデミー賞では、フレディ・マーキュリーを演じたラミ・マレックが主演男優賞を受賞するなど、最多4部門を獲得しました。この点からも、質は高い作品として評価が得られていたことがわかりますが、日本での興行収入は当初の目標は20億円だったのに対して、実績は130億円を突破、歴代実写洋画ランキングでは9位という結果をたたき出しました。実在のミュージシャンの伝記映画としては、「異例のヒット」と言ってもいいですし、本作は「社会現象を巻き起こした」と言われるほどの熱狂を生み出しました。

本作の成功要因に関しては、様々なところで考察されていますが、ここでは「話題化」という視点から読み解いてみたいと思います。この視点に基づくと、本作のヒットは、「話題が話題を生む」という、雪だるま的な構造が生み出されたことによって実現されたことが理解できます。

さて、本作の公開1週間前から4ヶ月間の話題量の推移は図2－4のようになっています。話題量は対象期間において、ツイート量は260万件強、報道量は2万件超となっています。

本作においても、他の大多数の映画と同様に、公開初日に話題量は急増しています。ところが、本作においては、その後の話題量の落ち込みが少なく、一定の話題数を維持し続けていました。そして、2019年1月6日（日本時間7日）のゴールデングローブ賞の受賞と、同年2月24日（日本時間25日）のアカデミー賞の受賞によって、再び話題は急増しています。もちろん他の作品においても、アカデミー賞のような著名な映画賞を受賞した際は、話題は盛り上がりを見せるものですが、アカデミー賞受賞時には、ツイッター、報道ともに話題量が公開初日を上回っており、本作での盛り上がり方は「異常」と言っていいレベルです。

詳細については後で述べますが、本作品では、公開後に観客が「ファン化」するという現象が起こっており、ファンが映画賞の受賞を喜ぶ投稿を相次いで行ったことが、盛り上がりのひとつの要因だったと言えるでしょう。

さて、本作の話題量の推移グラフを見てみると、ツイート数においても、記事数においても、ノコギリのようなギザギザの波形を示しており、話題は減衰してきたかに見えた段階で、再び盛り上がりを見せるという構造を示しています。むしろ、記事数においては、時間が経過した後の方が増加しているという傾向さえうかがえます。本作品は数ヶ月の長期間にわたって話題が継続し、何度も大きな盛り上がりを見せました。

「SNSでの口コミがヒットを生んだ」と言われている『カメラを止めるな！』においても、ツイッター上で話題が本当に盛り上がった期間は、マスメディアで取り上げられた後の1ヶ月間強である（図2－2）ことを考えると、『ボヘミアン・ラプソディ』がいかに長期的に話題を維持し続けたかがわかります。

本作の大きな盛り上がりは、公開初日、ゴールデングローブ賞受賞、アカデミー賞ノミネートおよび受賞のタイミングですが、注目すべきなのは、公開後からゴールデングローブ賞受賞の間においても、何度も話題の盛り上がりを見せており、話題の減衰も緩やかである点です。

公開後も、実際に劇場に足を運んだ人たちの「感動しました」、「素晴らしかった」と絶賛する

図 2-4 『ボヘミアン・ラプソディ』の話題量推移
(日本：2018 年〜2019 年)

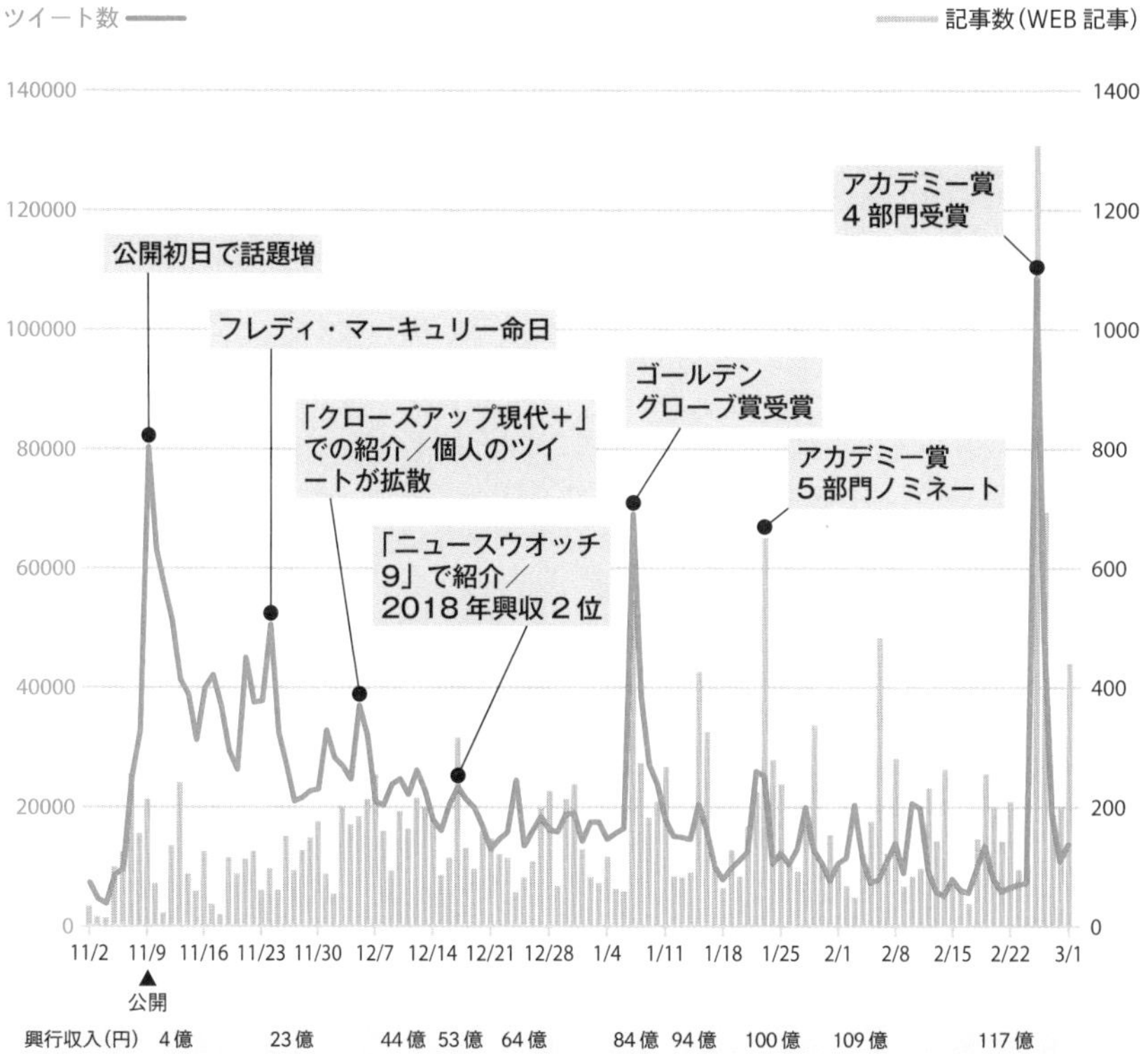


調査方法:Meltwaterのソーシャルメディアモニタリング

ＳＮＳへの投稿や、「大ヒットを記録した」という報道と、そうした報道のリツイートによって、話題は長らく沈静化せず、11月24日のフレディ・マーキュリーの命日には、追悼ツイートやクイーンの思い出に関する投稿に加えて、実際にクイーンや本作のファンが映画館に足を運んで映画を鑑賞する投稿がＳＮＳ上に多数上がりました。また、映画館側も同日にプレゼント企画を行うなどの施策を取り、この点も話題になりました。その後も、テレビ番組で取り上げられたり、大ヒットの報道が出るたびに話題が再燃しています。

土日の興行収入を見ても、公開直後の週末よりも、２週目、３週目と、時間が経つほどに右肩上がりで上昇していくという現象が起きました。[12] 大半の映画作品が、時間を経るごとに客足は減少していく中、本作は動員面でも異例の現象が起きていました。

集客という点でも、話題化という点でも、大成功を収めた『ボヘミアン・ラプソディ』ですが、その背景には綿密なマーケティング戦略があったことで知られています。

本作の興行収入は予想を超えるものになりましたが、その成功は決して偶然もたらされたものではなく、計画されたものであったと言えます。[13]

前述の通り、『ボヘミアン・ラプソディ』は、アカデミー賞にノミネートされ、実際に受賞もしており、作品の質の高さは十分担保されていますから、映画ファン、あるいはクイーンやロックミュージックのファンが劇場に赴くことは想定でき、一定のヒットは見込むことができました。逆に言うと、そこを超えた大ヒットを生み出すためには、それに対応した「しかるべき戦略」が求められるということになります。

本作の日本における大ヒットの要因はどこにあったのでしょう?まず、日本においては、米国本国のような「伝記映画」としてではなく「感動物語」として訴求した点にあります。クイーンは世界的なロックバンドで、現在でもよく聴く楽曲は多数ありますが、若い世代はクイーンをリアルタイムで体験していませんし、映画館に足を運ぶようなコアファンは限定的です。そうした中で、「伝記映画」として訴求することは、クイーンのファンや洋楽ファンを捉えることには成功しても、そこから先の広がりはあまり望めなかったでしょう。日本においては、「感動物語」ということと、その背景として「音楽が素晴らしい」ということを訴求ポイントに据えてプロモーションが展開されました。その結果、ライト層に対しても作品の世界が広がっていき、劇場に足を運ぶ人、なかには何度も鑑賞する人も続々とあらわれ、最終的には大ヒットに至ったのです。

付け加えておくと、本作の公開に合わせて、「クイーンが米国でまだヒットしていない段階で、日本のファンがクイーンの来日時に熱狂的に迎え、世界的なヒットの火付け役となった」という記事が出ました。また、クイーンのメンバーが親日家であること、さらには彼らの親日家としてのエピソードも広く紹介されました。このことも、クイーン世代ではないライト層を含む、日本人の多くがクイーンを「身近な存在」として親近感を抱き、映画のファンとなることを後押ししました。

一般に、ライト層の取り込みを狙った場合、コアなファンが離れてしまう懸念もありますが、本作ではその心配はなかったようです。爆音上映、応援上映など、コアなファンにも楽しんでもらえる施策も展開されました。実際に、コアファンは映画と合わせて自分のクイーン体験を語ったり、「事実と映画はどこがどう違うのか?」について論じたり——といったことが自発的に行われました。実際、私の友人も本作品にはまり、何度も劇場に足を運び、熱狂ぶりをSNS上で随時報告していましたが、私も友人のタイムラインを見て、リピート鑑賞したい気持ちが掻き立てられました。

さて、本作では、SNS上で話題が拡散される仕組みもしっかり作られていました。「#ボヘミアン胸アツ」というハッシュタグを設定し感動を気軽に共有し合えるようにサポートしたり、クイーンファンに対しては「#クイーン楽曲総選挙」を設定し、自分が究極の一曲だと思う曲を投稿するキャンペーンを実施したりしました。

また、公開後しばらく経つと、「#細かすぎて伝わらないボヘミアンラプソディ好きなシーン」というハッシュタグを付けて、作品の中のディテールを投稿し合う動きも見られました。

さて、主要なハッシュタグを付けた投稿の件数推移を比較したのが、図2-5になっています。こちらのグラフから分かる通り、11月9日の公開前から「#クイーン楽曲総選挙」の投稿が盛り上がり、公開直後からは「#ボヘミアン胸アツ」の投稿が、公開から半月ほど経った2018年11月下旬からは、「#細かすぎて伝わらないボヘミアンラプソディ好きなシーン」の投稿が盛り上がりを見せています。

この3つのハッシュタグを見ると、楽曲に関するもの、感動を共有し合うもの、作品のディテールに関するマニアックなもの等、様々な嗜好を持つ人が、それぞれの関心領域で語り合えるようなものとして設定されていることがわかります。

図 2-5 『ボヘミアン・ラプソディ』主要ハッシュタグ別
件数推移（2018 年～2019 年）

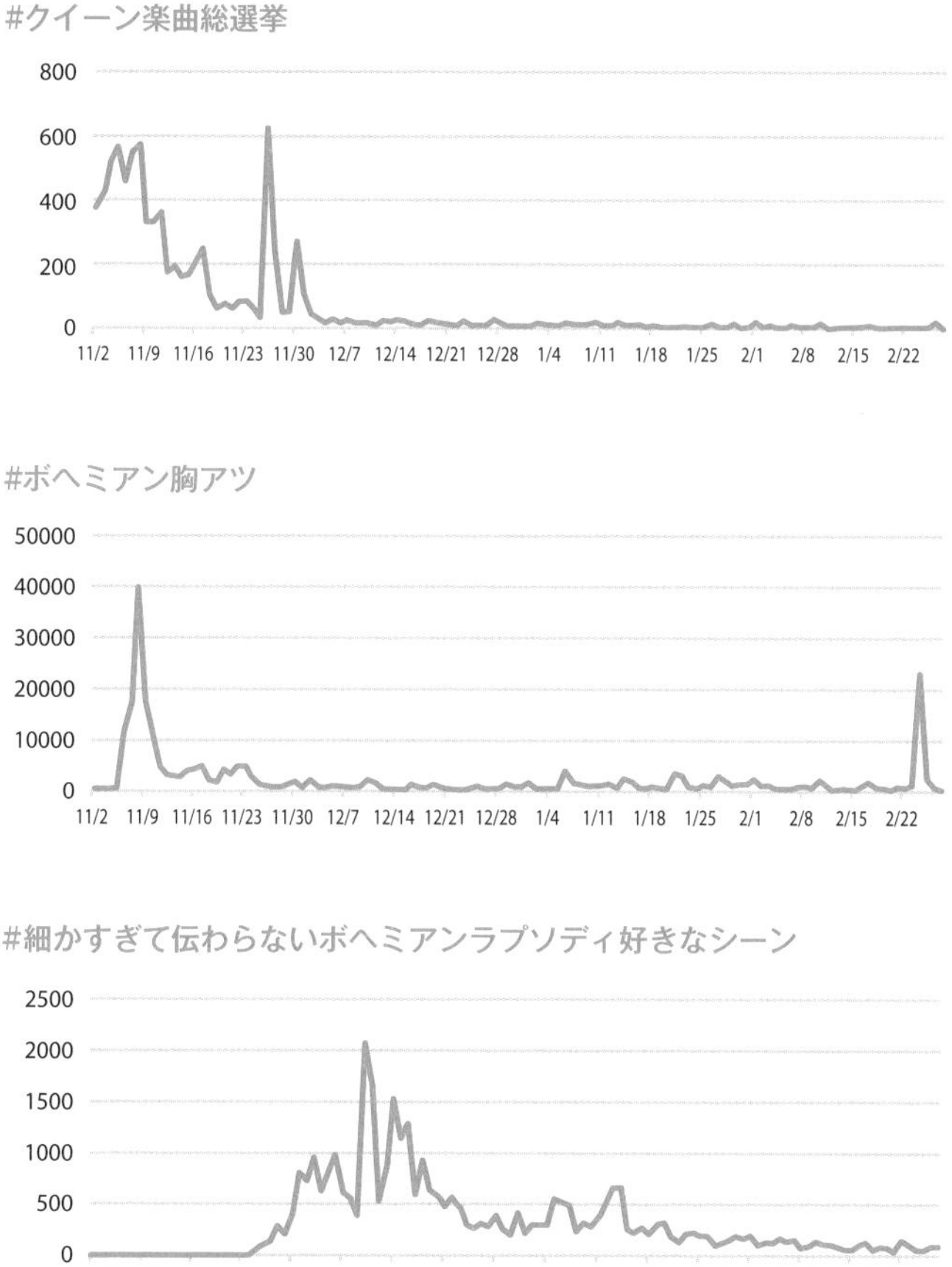


調査方法:Meltwaterのソーシャルメディアモニタリング

作品の内容を見ると、本作品は「ロックヒーローのサクセスストーリー」というだけでなく、家族や仲間との確執、マイノリティーとしての孤独感、アイデンティティの模索といったテーマが盛り込まれており、クイーンを知らない若者世代にとっても、共感や感動を呼び起こす要素は多々ありました。そこをうまくアピールできたことが本作の成功の最大の要因だったと言えるでしょう。実際『ボヘミアン・ラプソディ』の話題を広げた投稿の多くは、クイーンのファンや音楽関係者ではない個人インフルエンサーによるものでした。

さて、話題量の推移に戻ると、時間が経っても話題の減衰があまり起こらず、新たなネタが投入されると再度大きな盛り上がりを見せたのは、ライト層のコアファン化が起きて、作品への熱量が長く維持、場合によっては増幅されたことが大きいと考えられます。アカデミー賞のノミネート、およびその後の受賞がSNSで大きな盛り上がりを見せたのも、ファンとして本作の成功を応援していることの表れであるように思えます。彼らにとっては、最後にライヴエイドで大きな盛り上がりを見せる映画の中の世界と、本作の成功を応援する姿が重なって見えていたに違いありません。

『ボヘミアン・ラプソディ』の盛り上がりぶりを見ると、2019年のラグビーワールドカップ日本大会の熱狂を想起させられます。コアファンもライトファンも一体となって応援し、一緒に盛り上がりました。また、そのこと自体がさらなる盛り上がりを演出し、雪だるま式に話題が拡散し、熱狂的な盛り上がりが実現されました。こうした現象は現代のヒットのあり方を象徴しています。

## 映画作品から見えてくる、ヒットを生み出す「構造」

　これまでに紹介した映画の事例は、ＳＮＳが普及したことで、生活者同士の口コミが大きな影響力を持つことによって成功を収めた、あるいは成功が加速された新しい事例です。「作品が優れていたからこそ、ヒットしたのだ」という意見もあるでしょう。実際に作品が優れていなければ、ヒットさせるのが難しい時代になってきていることは紛れもない事実です。しかしながら、依然として内容が優れていてもヒットしていない映画はたくさんありますし、ヒットせずに埋もれてしまう作品の方が圧倒的に多いのです。

　世界的に評価されている映画監督の園子温氏も、インディーズ時代には、集客のために奇抜なチラシを作って至るところでばらまいたり、他の映画作品のトークイベントで質問をするフリをして自作の宣伝をしたり、そこで知り合った映画監督からもらった名刺の宛先に手書きで試写会の招待状を送りまくったり……と、ありとあらゆるゲリラ的な集客活動を行ったそうです。[14] その活動自体が、園監督らしい革新的かつ過激なものなのですが、当時はインターネットも普及しておらず、できることがリアル空間に限られていたため、そうしたやり方を取らざるを得なかったという状況もあります。

　現在では、リアルとヴァーチャルの両面からのアプローチが可能であり、ヒットを生み出すためには、両者を最大限に活用して、ヒットを生み出すための「話題の構造」をつくり出すことが必要なのです。

映画に関して言えば、公開前、公開当日および直後、公開からしばらく後——と、時系列的に人々の関心も変化していき、実際にＳＮＳ上に投稿される話題内容も変わっていきます。作品提供者側がその変化を把握しながら、観客の投稿を促進するような施策を展開していくことで、話題の維持、強化を図り、人々の関心を維持したり、新たな顧客を獲得したりすることができます。「１－３　なぜ、「Ｗｈａｔ」、「Ｗｈｏ」、「Ｈｏｗ」が重要なのか?・」でも説明しましたが、近年、映画の世界では３要素の中では「Ｈｏｗ」の要素、つまり、時系列を使って話題を仕掛けていく方法論の有効性が増していきます。また、それによって話題の拡大と長期化を起こすことで、想定以上のヒットが生み出されるケースも生まれているのです。

映画に限らず、ドラマやアニメ、音楽などのコンテンツの世界では、嗜好は人それぞれで、個人で異なるものでありながら、ファン同士でつながったり、より深い情報を受発信したりしたがる傾向があります。つまり、Ｐａｒｔ１で論じた「パーソナル化」と「ネットワーク化」が顕著に見られる世界なのです。だからこそ、現在のスマホやＳＮＳが普及した時代に、新たなヒットの仕方が生まれてくるのです。

## 2・2 話題になる商品、キャンペーンはどこが違うのか？

### コンテンツビジネス以外にも当てはまる「話題の構造」

ここまで映画作品を見てきましたが、ここからは様々な業界の商品やサービスについて見ていきましょう。映画をはじめとする、コンテンツ分野では、SNSやメディアで話題化しやすく、話題化とヒットの相関関係が見えやすいのは事実ですが、最近はコンテンツ以外の一般商材でも同様の構造が生まれはじめています。

本項で紹介するのは、外食チェーン吉野家の新商品展開、文響社の学習教材『うんこ漢字ドリル』、花王の洗濯洗剤「アタックZERO」のローンチキャンペーンの3つの事例です。いずれも話題化に成功しただけでなく、売り上げの面でも成功を収めています。

### 多様なユーザーを捉えて業績回復を実現した吉野家

最初に紹介するのは、吉野家の「小盛&超特盛」および「ライザップ牛サラダ」の新メニュー展開の事例です。

吉野家に限らず、昨今の外食チェーンは、原材料費と人件費の上昇という経営上難しい状況にさらされています。加えて、吉野家においては、競合他社と比べて、牛丼へのこだわりが強く、メニューの拡張によって顧客層を拡大させる戦略が取りにくいという課題もありました。そうした中、２０１８年度の第３四半期の決算でマイナス５億６２００万円の営業赤字を発表するという事態に陥っていました。

この苦境を脱するきっかけとなったのが、２０１９年３月７日に販売開始した小盛と超特盛、さらに同年５月９日に販売開始したライザップ牛サラダです。これらの新商品の売り上げは好調に推移しました。なお、吉野家ホールディングスの業績は、２０１９年８月中間連結決算において最終黒字を達成しています。また、同社の株価も19年ぶりに上場来高値を更新しました。

同社チェーンは、これまで「デフレの象徴」として、メディアで取り上げられることが多かったのですが、値下げや低価格帯の商品の投入に走らずに業績を回復させたという点で、これら新メニューのメディアバリューも高く、戦略ＰＲ的な見地からも成功を収めたと言っていいでしょう。

さて、改めて、「話題化」という視点から本施策を読み解いていきましょう。

小盛、超特盛、ライザップ牛サラダの３種類のメニューに関する話題総量の推移は図２－６のようになっています。

まず、小盛、超特盛の発売の発表時に大きく盛り上がっています。一見すると、完全に新しい商品ではなく、サイズ違いの商品が出るということにすぎず、ニュースバリュー（ニュースとしての価値）は小さいように見えます。ところが、実際には報道とＳＮＳの両方で大きな盛り上がりを見せています。まず、報道においては、「牛丼の新サイズが登場するのは１９９１年の特盛以来28年ぶり」ということが話題になりました。

では、消費者側の反応はどうでしょう?ＳＮＳでは、「並でもきつい自分には、小盛は嬉しい」、「お腹空いている時は、超特盛くらいがいい」といった一般ユーザーの歓迎の投稿が多数見られています。「『もっとボリュームのあるものを』『もう少し小さいものを』という客の声にこたえた」[15]というだけあって、ＳＮＳユーザーの共感を誘うことができたと言えるでしょう。さらに、発売日にはリツイートキャンペーンが行われたことで、ＳＮＳの話題は大きく増加しました。

そこからしばらく話題は沈静化しますが、「１００万食突破」のニュースと、それに伴うリツイートキャンペーンの展開で再び話題は盛り上がりを見せます。

後述する「ライザップ牛サラダ」でも同様の傾向が見られますが、

- **発売と同時にリツイートキャンペーンを行い、ＳＮＳ上の話題化を図っている**
- **「１００万食突破」の実績を、ニュースとして話題化するだけでなく、リツイートキャンペーンを展開することで、ＳＮＳでの話題化とユーザーへの還元を図っている**

という点が、本キャンペーンの特色であり、発売時の一過性の盛り上がりに留めず、何度も話

図 2-6　吉野家　小盛・超特盛、ライザップ牛サラダの話題量推移
(2019 年)

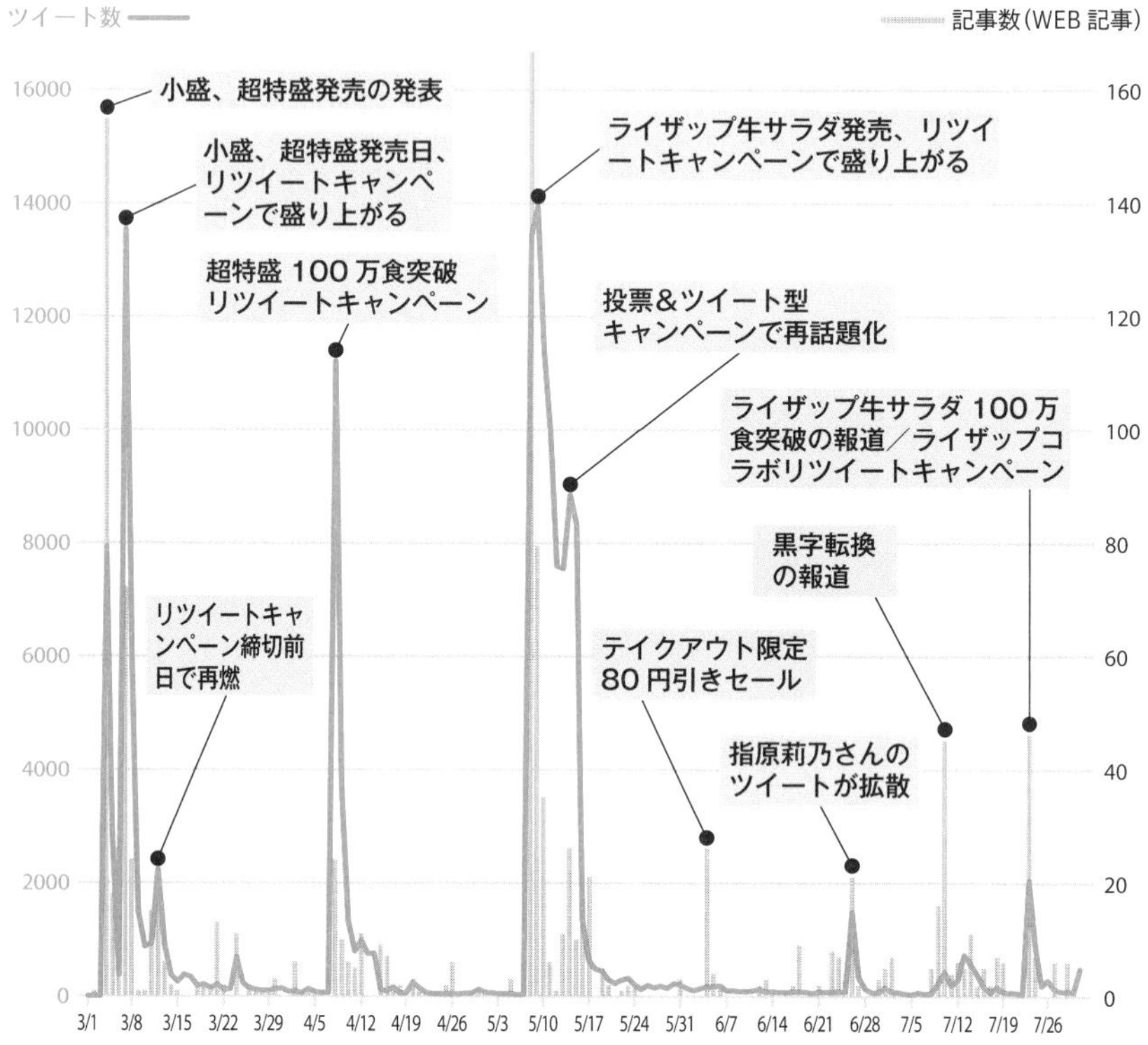


調査方法:Meltwaterのソーシャルメディアモニタリング

題化させるような施策が取られています。

こうした手法は、近年広く採用されているやり方で、特に目新しさがあるわけではないのですが、新商品ローンチ時の加速度を高めたり、話題を維持したりする上で広く有効な一般的手法になっています。

続いて、「ライザップ牛サラダ」についてですが、小盛、超特盛の話題が沈静化した絶妙なタイミングで販売が開始され、同時にリツイートキャンペーンが展開され、話題が大きく盛り上がっています。本商品は、小盛、超特盛とは対照的に、吉野家としては意外性のあるコラボ先、および商品展開であり、吉野家ファン以外の話題も多く、「最近吉野家行ってないけど、久々に行ってみようかな」といった声も見られました。

さらに、販売開始約1週間後には、「#ライザップ牛サラダ × 何てオーダー」という、本商品を「どういう呼び方で注文するのか?·」を投票する遊び心のあるキャンペーンが展開され、沈静化しかけていた話題が再び盛り上がりを見せています。「ライザップ牛サラダ」が覚えにくく、注文しづらいことを逆手に取ったキャンペーンで、愛称の定着を狙った施策と考えられますが、ユーザーのインサイトを踏まえた展開で話題化に成功しています。

実際に食べた人の反応も良好で、「意外に食べごたえがある」、「米が入ってないのに、お腹にたまる」といった投稿が見られたり、ダイエッターが「食べた」という報告を投稿したりしており、本商品の有効性が、SNSユーザーから自発的に投稿される結果となっています。余談ながら、私が通うスポーツクラブの道路を隔てた斜め向かいに吉野家の店舗があります。これまでも、たまにスポーツクラブからの帰りにここに立ち寄って夕食を取ることがありましたが、「運動した分が戻っちゃうなあ」と罪悪感を抱きながら、牛丼を食べていました。同メニューの導入によって、その心配も減った次第です。

さて、本題に戻りましょう。投票型キャンペーン終了後は沈静化していますが、セール、キャンペーンの展開時や、業績好調のニュースが出るたびに、断続的な話題の増加が見られます。ここで注目しておきたいのが、タレントの指原莉乃さんのツイート、ライザップの公式アカウントでの展開です。

前者に関しては、指原莉乃さんの公式アカウントから、「夜ご飯、吉野家のライザップ牛サラダと、ココイチの低糖質カレーですごい悩んでる。低糖質とはいえルーで小麦粉なわけだしダイエット的な観点だけでいうと吉野家なのかな〜。ダイエッターの方、助言ください」という投稿がなされました。この投稿には、700件以上のリツイート、1・1万件を超える「いいね」がついています（2019年6月）。また、本投稿には多くのリプライ（返答）がありました。その中には、お笑いコンビのブラックマヨネーズの小杉さんのコメントもあり、それに対して、指原莉乃さんが「小杉さんのオススメの吉野家の牛サラダ　おいしい!痩せちゃう!」と写真入りで投稿しました。なお、本投稿は900件以上のリツイート、1・2万件の「いいね」を獲得しており、さらなる話題拡散に貢献しました（2019年6月）。なお、このやり取りはニュースサイトでも紹介されるという、副次的な波及効果も得られています。

さて、後者のライザップの公式アカウントからの投稿ですが、当アカウントからは、単に商品の告知をするのみでなく、発売記念時と１００万食突破時に、吉野家公式と共同でフォロー＆リツイートキャンペーンを展開し、大きな反響を集めました。これは単に話題化に成功したことにとどまらず、ライザップユーザーという、これまでの吉野家の顧客、ターゲットとは異なる層にアプローチできたという、ターゲット戦略の観点からも有効でした。

まとめると、ライザップとのコラボレーションにより、既存の吉野家ファンの健康志向層、ダイエット志向層に加えて、これまで吉野家のターゲットではなかった女性やダイエッターのインフルエンサー、および顧客の獲得に成功したということになります。特に、近年は美容、健康、筋トレに関する意識が高まり、一種のブームが起きている状態で、外食産業としても対応を強いられています。そうした中で、吉野家単体で低カロリー、ヘルシー志向のメニューを開発、販売しても、過去のイメージが邪魔をして、高い効果を上げるのは困難だったと推測されます。実際にＳＮＳ上には、「どうせまた失敗するだろう」といった厳しい意見も出ていました。

ライザップとのコラボレーションという方法によって、さらには、指原莉乃さんのようなターゲット（ダイエット志向の強い女性）に近いインフルエンサーの推奨によって、ボトルネックを解消することが可能になりました。そういう点では、「Ｗｈｏ（誰が発信するか？）」の要素がうまく作用したと言えるでしょう。

さて、これまでの企業間コラボレーションと言えば、ターゲットが類似していたり、商品やブランドのポジションが近かったりする場合が多かったのですが、最近は全く異なったもの同士のコラボレーションも目立ち始めています。

異業種のコラボレーションは、

**・インパクトが大きく話題になりやすい**

**・ターゲットが異なることで、それぞれの顧客層を補完し合うことができる**

といったメリットがあります。市場と情報が細分化されている現代ならではの有用な方法と言えます。吉野家の新メニューの事例は、外食チェーン、飲食業界に限らず、広く参考になる知見が多数含まれているのです。

## スモールスタートで大きな話題化に成功した『うんこ漢字ドリル』

さて、続いて大ヒットした学習参考書『うんこ漢字ドリル』について見ていきましょう。本書は、出版社である文響社が出版したはじめての学習参考書で、２０１７年３月24日に初版３万６０００部で発売しましたが、発売後約２ヶ月で発行部数１４８万部という大ヒットを記録しました。また、オリコンによる週間本ランキングの総合部門にあたるＢＯＯＫ部門の２０１７年５月29日付では、『うんこかん字ドリル　小学1年生』、『うんこかん字ドリル　小学2年生』、『うんこ漢字ドリル　小学3年生』の三作が同時にトップ３を独占しました。学習参考書としては初となる総合1位獲得とトップ３を独占するという快挙を達成してもいます。

一見すると、「キワモノ」とも言える本学習参考書が、前例のない成功を収めることができた背景には、「話題化」が大きく寄与しています。

同商品の発売直前からの話題量推移は、図2－7のようになっています。

実は、本書は発売時からSNSでは比較的大きな話題となっています。個人インフルエンサーの投稿がリツイートされた影響が大きいのですが、特に、3月21日には子育て中のライターのつぶやきが大きく拡散し、一日に9000件を超えるツイートが発生しています。大手企業の商材の発売でも、一日に数千件程度のツイートが一般的なことを考えると、少なくともSNS上では、発売の段階で大きな話題を集めていました。

『カメラを止めるな！』もそうですが、スモールスタートの事例でも、ヒットした商品や事象は、必ず初期段階でコアなユーザーが大きく反応したり、影響力の大きいインフルエンサーが飛びついたりと、何らかの兆しが見られるものです。つまり、たとえ少数でも、必ず話題にする人がいるものなのです。逆に言えば、初期段階で誰からも何の話題にもされないような商品を、事後的に話題化させることは困難だと言っていいでしょう。

さて、発売直後のSNSでの盛り上がりはすぐに収まり、約1ヶ月間は沈静化していましたが、販売が好調であることが何度もメディアに取り上げられ、話題が再燃していきます。SNS上では、個人インフルエンサーがネタ的なツイートを行ったことにより、話題が沸騰しました。ちなみに、最も拡散した個人インフルエンサーのツイートは、「うんこ漢字ドリルが流行ってますが、ここで僕が高校の世界史で学年一位を取った時の参考書を見てみましょう」と『エロ語呂世界史年号』を画像入りで紹介するツイートや、『『うんこ漢字ドリル』が流行った時に『中二病漢字ドリルも行けるんじゃないか」って意見を見た気がしたので作りました』」と自身の創作を紹介し

図 2-7　文響社『うんこ漢字ドリル』の話題量推移
(2017 年)

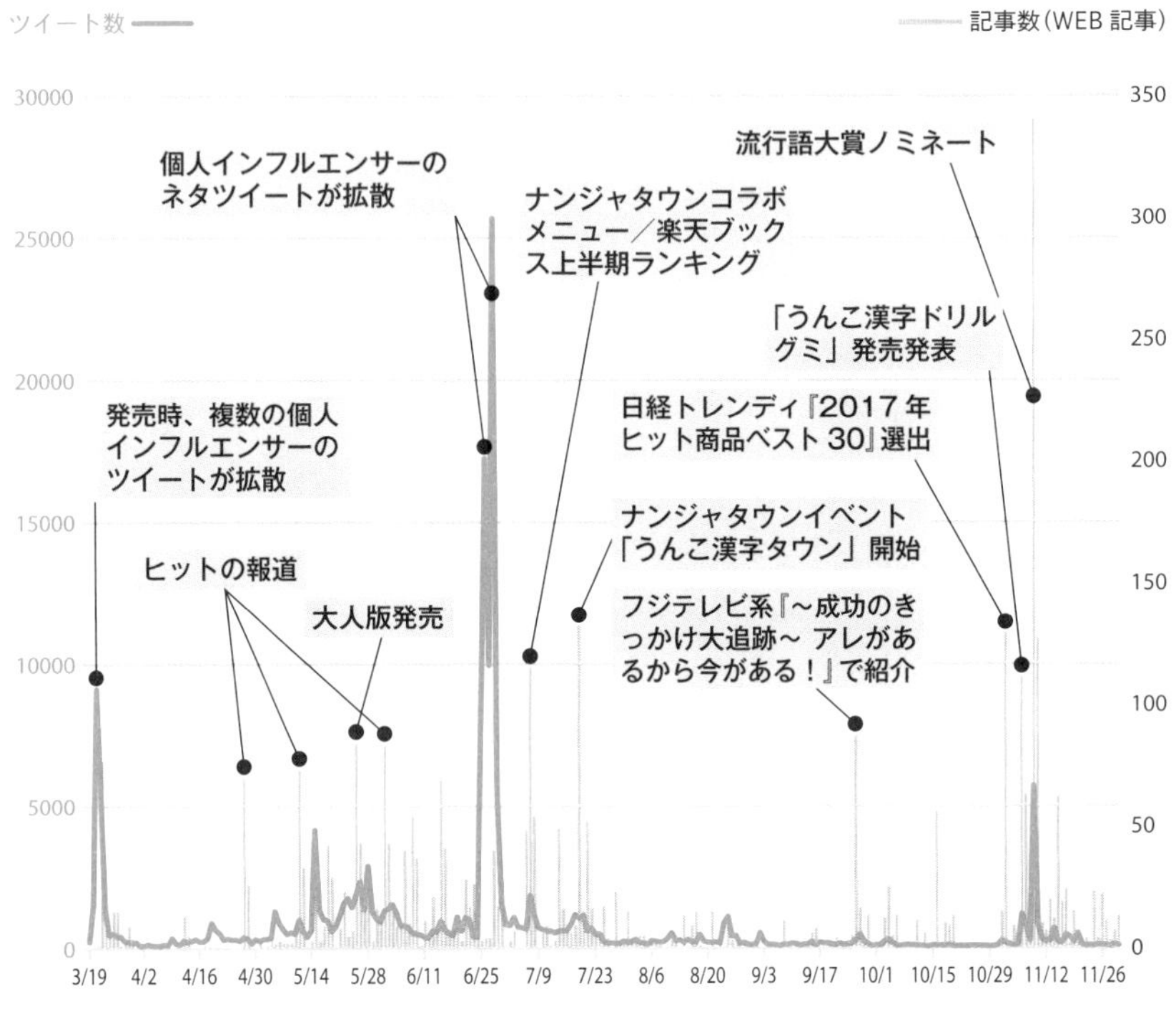


調査方法:Meltwaterのソーシャルメディアモニタリング

たツイートで、本書の内容に直接関わるものではなく、商品をネタにした二次創作や自分語りだったりします。実は、話題になる商品の多くは、SNS上では商品やブランドについて直接的に言及されるものよりは、その商品をネタ化したり、商品とは直接的に無関係なことを投稿したりするものの方が目立ちます。

例えば、サントリーの高アルコール飲料、「－196℃ ストロングゼロ」に関しても、SNS上で大きな話題を集めましたが、その多くはアルコール度数の高さをネタにしたツイートや二次創作的なツイートでした。SNS上では、企業が意図しなかった話題、なかには企業側にとって歓迎できないような話題も拡散したりしていますが、これはSNSというメディアの特性上やむを得ないもので、こうした話題も含めて、商品が関心を持たれている証拠として受容していくことが重要ですし、時にはSNS上のネタを拾って一緒に楽しむといった態度も、企業側の姿勢として求められるようになってきています。

少し脱線してしまったので、話題量の推移に戻りましょう。個人インフルエンサーの話題の拡散が収束した後は、ナンジャタウンとのコラボやメディアでの紹介により、何度か断続的に話題化していますが、メディアで取り上げられるのが中心で、流行語大賞にノミネートされたことを除くと、SNSではさほどの盛り上がりは見せていません。発売後時間が経つほど、SNSよりも、メディア報道の方で話題にされる傾向が見られています。

メディアとSNSの話題量の相関があまり見られないのが本商材の話題化の特徴です。本商材のコアターゲットがSNSユーザー層ではない小学生であることを考えると無理もないとは思われますが、「どこで話題になるのか？」、「どのように話題になるのか？」が、商材の特性やターゲットによって大きく異なるということは、『うんこ漢字ドリル』に限らず、一般的に言えることです。

スモールスタートから大ヒットしたという点では、『カメラを止めるな！』と類似していますが、同作品がＳＮＳでの話題化が先行していたことに対して、『うんこ漢字ドリル』においては、（発売直後は別として）メディアで取り上げられたことが、話題化のトリガーとなっているという点で異なっています。

取り上げられるトピックや、語られる文脈も、ＳＮＳとメディア報道で異なっていることも注意しておきたいところです。ＳＮＳではユーザー発のネタが自走したのに対して、メディアでは「販売好調」、「日経トレンディの『ヒット商品』に選出」、「流行語大賞にノミネート」といった公式情報が話題になっています。それぞれのメディアで「役割」が異なっており、役割に応じた取り上げられ方を考えるべきであるという点は、プランナー側にとっても重要な視点です。

## 緻密にコミュニケーション設計された「アタックＺＥＲＯ」

最後に、日用品の事例を紹介したいと思います。花王の洗濯洗剤「アタックＺＥＲＯ」の新発売時のコミュニケーション展開の事例です。洗剤のような日用品と話題化はあまり関係ないように思えるかもしれませんが、いまやそうではありません。

さて、本商品は洗濯洗剤のトップブランドである「アタック」シリーズの完全リニューアル品として2019年4月1日に発売されました。本商品の累積出荷数は発売5ヶ月で4500万本を突破しています。これは、本商品の前身ブランドである「アタックNeo」シリーズ新発売時の同期間の約150%に相当します。[16] 販売好調は新たに開発された洗浄基剤「バイオIOS」の活用、「ワンハンドプッシュ」という使いやすいボトル形状の導入といった「商品力」に負うところが大きいのはもちろんですが、「#洗濯愛してる会」などのSNS上でのコラボレーションを有効活用したキャンペーンも売上に大きな貢献をしていると考えられます。

ここからは、「アタックZERO」に関する話題量から成功要因を読み解いていきましょう。同商品に関する話題量は、図2-8のようになっています。

発売発表時はメディアを中心に話題になりましたが、その1ヶ月後の2019年2月22日にフォロー&リツイート型の体験モニターキャンペーンを実施しSNS上の話題量が増えています。メディアにおいては、3月25日に集英社の雑誌『LEE』のオンライン版での読者ブロガーのレビューで話題量が急増しています。

これまでは、新商品の発売においては、発売日に一気に話題を盛り上げるようにコミュニケーション戦略を立てるのが一般的でした。現在では、この事例のように、発売前から話題の盛り上がりをつくるのと同時に、一定の商品の評判も事前に形成しておくという手法が取られるようになっています。商品力が弱い場合は、思ったような評判が得られない可能性もありますが、「口コミで商品を買う」という消費行動が広く普及している現代においては、発売の時点である程度の消費者起点の情報が広がっており、興味を持った人が口コミ情報を閲覧できる状況になってい

図 2-8　花王「アタック ZERO」の話題量推移
(2019 年)

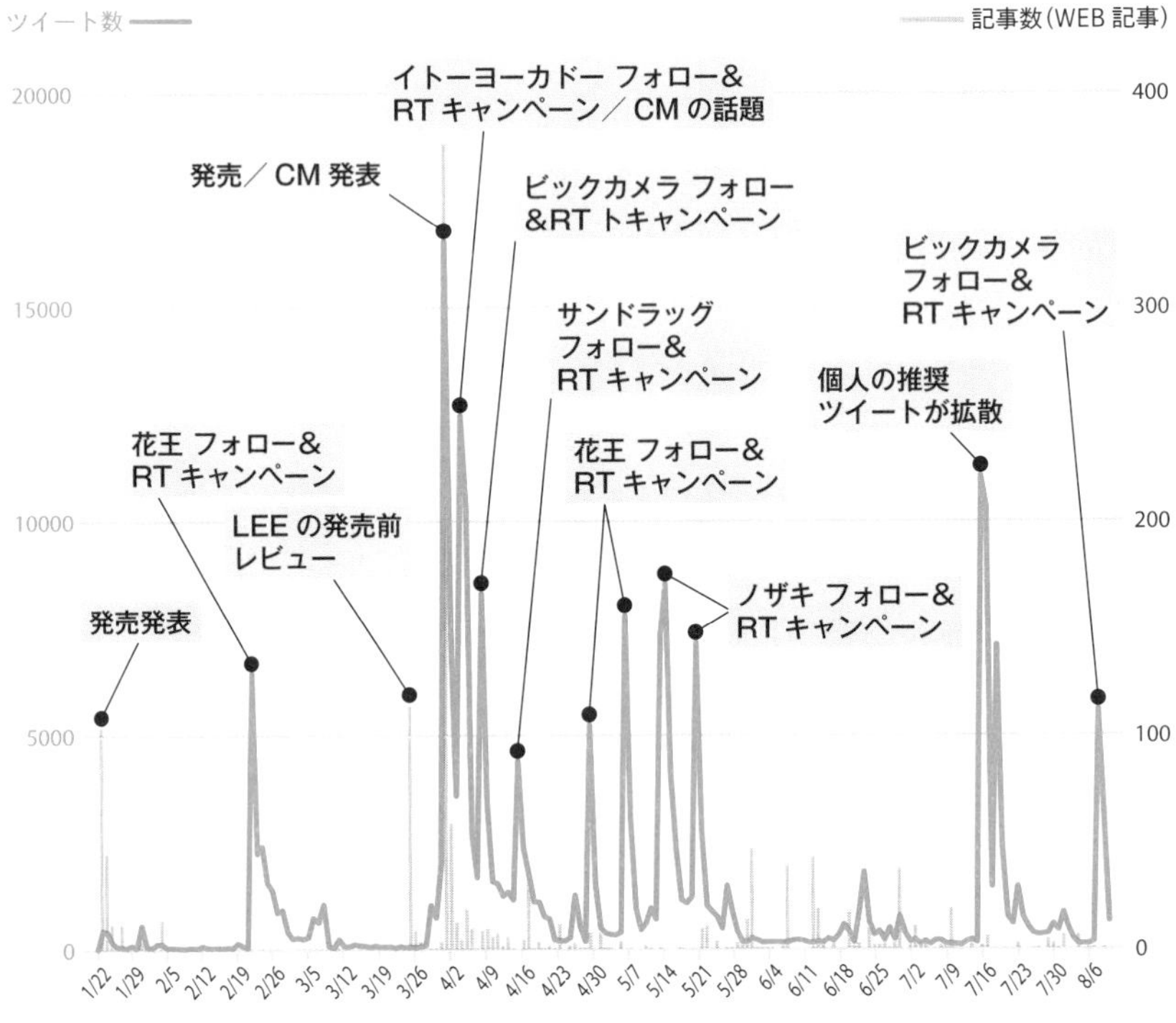


調査方法:Meltwaterのソーシャルメディアモニタリング

ることが重要なのです。

さて、「アタックＺＥＲＯ」の場合は、発売直後にも大きな盛り上がりが見られています。発売日の４月１日にはＣＭ発表会が行われましたが、ＣＭタレントに起用された松坂桃李さん、菅田将暉さん、賀来賢人さん、間宮祥太朗さん、杉野遥亮さんというイケメン俳優５人が一挙登壇し、メディアの注目を集めました。また、本発表会はツイッターでライブ配信され、約10万人が視聴し、ツイッター上では発表会の様子や動画を視聴した感想が投稿されました。さらに、このタイミングに合わせて出演タレント自身がそれぞれのＳＮＳ上アカウントに投稿するなど、ＳＮＳ上の話題化施策も並行して行われ、発売日の話題を最大限に盛り上げていきました。こうした取り組みが功を奏し、発売日の４月１日だけで１万６０００件のツイートが発生しました。

ＣＭの内容自体も、視聴者が話題にしたくなるメッセージ、構成になっています。洗濯を愛する５人が社会人サークル「＃洗濯愛してる会」を結成し、商品の魅力を語る――。日常生活の中で、嫌でもやらざるを得ない義務的な家事だった洗濯のイメージを、ポジティブなものに変えたことで、消費者の共感を呼びました。サークルの名称がハッシュタグになっているところもポイントで、人々がＳＮＳ上に投稿しやすく、またその投稿をツイッターユーザーが検索しやすい仕組みも構築されています。

なお、本ＣＭの放映回数はさほど多くはなかったにもかかわらず、作品別ＣＭ好感度ランキングにおいて、２０１９年４月度には2位、および5月前期ではトップにランクインしています。[17]ＣＭが注目を集めづらい洗剤カテゴリーとしては異例のことと言っていいでしょう。短期的に大きな「山」を形成するには至っていないものの、CM好感度の上位にランクインしたことは、メディアやSNSでも随時取り上げられており、継続的な話題化に貢献しています。

若者を中心に、生活者の「マスメディア離れ」が起きていると言われていますが、認知の拡大、興味・関心の促進という点では、依然としてテレビCMは重要な役割を果たします。特に、洗剤のような消費者が自ら積極的に情報を探すことが少なく、話題の自走化もしづらい商品カテゴリーにおいては、テレビCMは依然として有効であり、これを最大限に有効活用することが重要になります。ネット上のCM動画の視聴も含めて、「いかにCMコンテンツへのアクセスを促進するか?」という視点、「CMを起点にしていかに話題を広げていくか?」という視点も重要です。放送回数が多くないにもかかわらず、本商品のCMシリーズが高い認知、好感度を獲得し、なおかつ話題拡散の起点になったのは、クリエイティブの秀逸さに加えて、CM視聴者の動線設計がしっかりなされていたことの効果が大きいと思われます。

本商品の店頭プロモーションや屋外広告も工夫が凝らされていました。CM発表会の後に渋谷109の看板はCMタレント俳優5人が映ったものに切り替わり、スクランブル交差点ではテレビCMが流れました。新宿のビックロとメトロプロムナードでの大規模なポスター掲出と同時に、無料サンプリングや体験イベントが開催されました。メトロプロムナードでは2週にわたる広告の全面展開や無料サンプリングに加えて、ドラム式洗濯機に洗剤を投入するイベントのほか、CMに出演している松坂桃李さんや菅田将暉さんらが着用した衣装の展示も行われました。東京・新宿のビックロにおいてはユニクロ製品の購入でサンプルがプレゼントされるプロモーションが、ビックカメラ店舗ではドラム式洗濯機の購入者へのドラム式用洗剤プレゼント等のキャンペーンが行われました。それらの様子はビックカメラの公式ツイッターアカウントから随時発信され、リツイートを集めています。

これらを俯瞰的に見ると、店頭、屋外広告、体験イベントにおいても、そこを起点にしたＳＮＳへの投稿促進、情報拡散といったところまでしっかりと設計されていることがわかります。[18]

さて、発売後も数ヶ月にわたって断続的な話題の盛り上がりが見られますが、これは主に花王と流通を中心とする企業コラボレーションによって展開された、フォロー&リツイートキャンペーンによるものです。花王の公式アカウント、店舗でタイアップしているビックカメラ以外にも、サンドラッグ、イトーヨーカドー、コンビーフのノザキの公式アカウントにおいても、フォロー&リツイート型のプレゼントキャンペーンが展開されています。これらのコラボレーション施策は、話題の維持、拡大はもちろん、より広いターゲットへの認知拡大や商品体験の促進といった意義もあります。

「アタックＺＥＲＯ」のコミュニケーション施策における情報拡散を俯瞰的に整理したのが図２－９です。

それぞれの施策が個別バラバラに展開されるのではなく、相互の連携性を高めながら、情報が広がっていくような仕組みが構築されているところがポイントです。

ここまでは、話題量の推移から、コミュニケーション戦略の成功要素を抽出し、整理してきましたが、ここからはターゲット戦略という視点から考えてみたいと思います。

さて、本商品においては、これまでの洗濯洗剤のコアターゲットである主婦層ではなく、洗濯にさほど強い関心のないミレニアル層（２０００年代に成人・社会人となる世代）をコアターゲットに据えたとされています。[19]

広告クリエイティブやデジタル施策への注力の仕方を見ても、ミレニアル層に刺さりやすい作りになっていることがわかります。一方で、既存のコアユーザーである主婦層も注目し、関心を持つような施策になっています。また、ＣＭタレント５人がすべて男性で、彼らが商品の魅力について語ったり、楽しそうに洗濯をしたりする姿を見せることで、男性にも有効に訴求できました。料理や育児に関しては、男性も参画することが先進的だと見なされるようになっていますが、洗濯に関してはまだそういったイメージは薄く、その意味でも本商品の広告表現は斬新なものでした。洗濯洗剤のコミュニケーションとしては斬新なものではあると同時に、既存顧客、潜在顧客の両者に有効に訴求できる、理にかなったものであることがわかります。

従来型の広告では、メッセージはひとつに絞り込み（ワンメッセージ）、できるだけシンプルかつ魅力的な表現を開発する——というのが一般的でした。少なくとも、私が社会人になった頃（約20年前）、新入社員研修の場では「広告コピーの鉄則」としてそのように教わりました。「広告というものは、人が自分から前のめりになって見るものではないから、多くのことを言っても伝わらない。だからひとつのメッセージを繰り返して伝えるんだ」との理由でした。

ところが、本商品のＣＭに関しては、「ワンハンドプッシュ」、「汚れゼロ」、「汚れが落ちやす

図 2-9　花王「アタック ZERO」の情報拡散俯瞰図

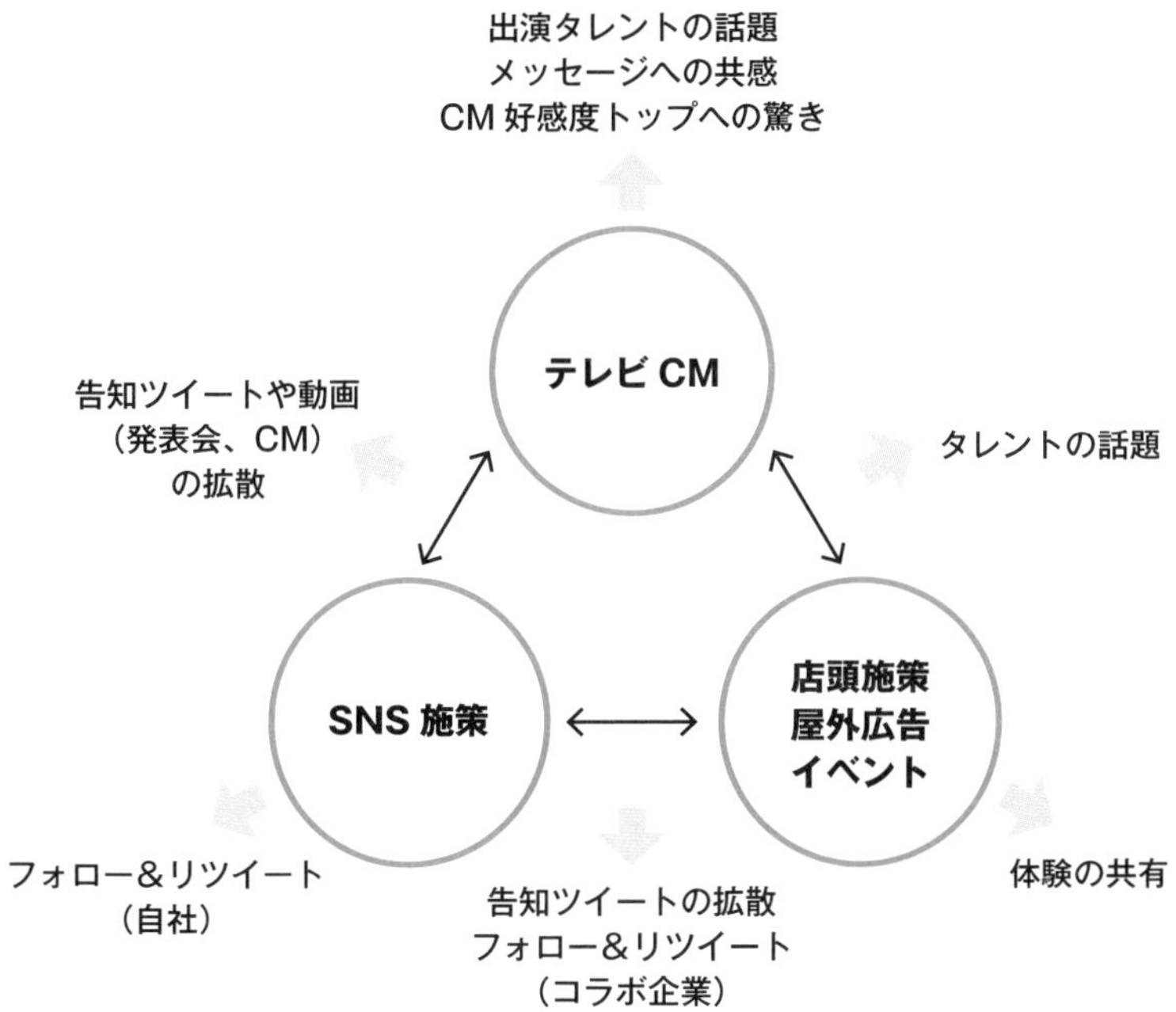

い繊維に変わる」、「ドラム式専用」、「消臭力」など、5人の俳優がそれぞれ異なった商品の魅力を伝えています。一見すると、これまでの広告クリエイティブの鉄則に反しているようにも見えますが、消費者が多様化する現代社会において、複数のターゲットを捉えるためには、単一のメッセージでは伝わらないことも多いのです。だから、異なる嗜好を持った人でも、どこかで引っかかりをつくり、商品に関心を抱いてもらうように複数のメッセージを訴求していくという方法が取られることも、近年では多くなってきています。

「アタックZERO」のコミュニケーション施策は、新しくなった商品の魅力を伝えるために、新しいターゲットを想定し、新しいメッセージ、新しい手法を取り入れて展開されたわけです。

## 2・3 どうやれば予想を超えて話題を広げることができるのか？

### 「ヒットの構造」はどう変わったか？

本章では、映画、外食チェーン、書籍、日用品と、様々な分野の実例をもとに「話題化の構造」をデータから読み解いてきました。ジャンルやマーケティング課題、あるいは予算によって、取られるコミュニケーション戦略は異なりつつも、成功している事例には共通要素も多々あることに気づかれたのではないかと思います。

ここからは、その共通要素について考え、より一般的な視点から論じてみたいと思います。

本書の冒頭でも述べましたが、話題化においては、下記の3つの要素がしっかりと設計されていることが重要です。

① Ｗｈａｔの要素＝何を発信するのか？（ネタ、メッセージ）

② Ｗｈｏの要素＝誰が発信するか？（メディア、インフルエンサー）

### ③ Ｈｏｗの要素＝いかに発信するか？（情報流通構造）

改めてこの視点に立ち戻って整理したいと思いますが、前記の３つの要素に加えて、「ターゲット・クラスター」という概念を導入して考えてみましょう。

「クラスター」という言葉は、以前からマーケターにとって比較的馴染みのある言葉でしたが、新型コロナウイルス感染症の流行で、社会全般で広く使われるようになりました。「クラスター（cluster）」は、「房」、「集団」、「群れ」を意味しますが、「ブドウの房」をイメージしていただければ、わかりやすいかと思います。小さな粒が集まって「房」というひとつのまとまりを形成しているように、個々の人が集まって、ひとつの集団を形成しているというイメージです。

さて、マーケティング戦略を構築する際に、まずはターゲットを設定するのが一般的です。次に、ターゲットにいかに効果的に遡及できるかを考え、それを踏まえてブランドコンセプトやコミュニケーションプランを構築し、実施して、検証していきます。マスを対象としている商材においては、ターゲットも広く設定されているのが一般的ですが、前にも述べた通り、人々の価値観や嗜好、情報接触行動に関して「パーソナル化」が進んでいるため、広範なターゲットをひとつの施策で一挙に攻略することは、現在は難しくなっています。

あえてターゲットを狭く取る、あるいはこれまでの顧客層とは別のところにターゲットを設定し、そのターゲットを確実に攻略すること、そしてそこから別のターゲットへと波及させていく手法を取った方が、高い費用対効果で、より成果を上げることができるようになりつつあります。

図 2-10 「話題化の構造」の新旧比較

従来型（マスメディア中心の時代）

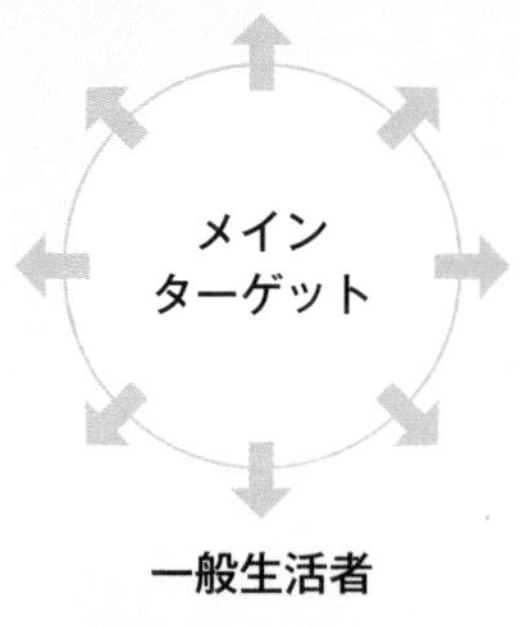


現代型（デジタルの時代）

「話題化の構造」の変化を図式化すると、図2−10のようになります。

1990年代、あるいは2000年代前半くらいまでは、広くターゲットを設定し、そこに対してマスメディアを利用して広告投下をするというやり方が、依然として有効でした。

例えば、栄養ドリンクに関するコミュニケーション戦略を構築する際に、「バリバリ働くビジネスパーソン」というターゲットを設定し、彼らに響くメッセージを設計し、彼らが接触しているメディアに広告を出稿するといった方法です。そして、マスメディアに広告を大量に出稿すれば、大半の日本人にメッセージを到達させることができましたし、メインターゲットから一般生活者へと波及していくことで、ヒットが生み出されていました（図2−10 上）。

近年では、「会社員としてバリバリ仕事をして、（大半の人は同じ会社で）出世を目指す」といったビジネスパーソン像はもはや成り立たなくなっています。同じビジネスパーソンでも、人によってライフスタイルや目標も多様ですし、世代による意識格差も大きいのです。また、「女性もバリバリ働く時代」が到来している中で、そもそも「ビジネスパーソン」というターゲット設定自体が適切なのか?といった疑問も出てきます。

情報行動も現代では千差万別です。私が新入社員になった頃は、先輩から「社会人になったんだから、日経くらいは読んでおけ」と言われ、「日経に出ている経済ニュースを知らないことは恥ずかしい」という通念がありました。現代の若者は、新聞のみでなく、紙媒体にはほとんど接触していない人もいますし、自宅にテレビさえなく、インターネットの動画サイトやWEBメディアで十分ニーズが満たされているという人もいます。

こうした時代においては、「ターゲットを広く設定する」ということ自体が難しくなっています。メインターゲットは設定しつつも、その周辺にいくつかの「ターゲット・クラスター」を設定しなければならないことも多くあります。一方で、メインターゲットを超えて、別の周辺クラスターへと波及していくことで、想定を超えるヒットを生み出すことも可能になっています。さらにそこから、一般生活者へと波及していくことができれば、「大ヒット」が誕生するということになります（図2－10 下）。

特に、マス向けの商材やサービスではない場合、メインターゲットのボリュームは小さくなりますが、周辺クラスターに波及させることができれば、想定外の売り上げを実現することができます。

花王の元専務執行役員 吉田勝彦氏は、多様化した消費者を捉える概念として「スモールマス」を提唱し、それに基づいて同社では商品を開発しています。「スモールマス」はマスとパーソナルの中間的な概念で、サイズは小さいが、一定のボリュームを持つ消費者グループを示します。[20]

この概念は、主に商品供給に活用されたものですが、消費者とのコミュニケーションにおいても、こうした概念は有効になります。本書における「ターゲット・クラスター」は、「スモールマス」の考え方をコミュニケーション領域に適用したものと考えていただければいいでしょう。

## 「話題の構造」から成功事例を俯瞰する

これまで紹介してきた事例に当てはめて考えてみましょう。

まず、映画『カメラを止めるな！』です（図2－11）。本作品のメインターゲットは「作品関係者の個人的なつながり」、「単館上映系作品が好きなマニアックな映画ファン」といったところで、ビラ配りや舞台挨拶、ＳＮＳでの情報発信といった、関係者の草の根的なプロモーションにより、彼らに公開直後に劇場に足を運んでもらうことに成功しています。

本作品の「周辺クラスター」としては「一般の映画ファン」、「（本作品を推奨している）インフルエンサーのフォロワー」、「映画は特に好きではないが、流行っているものに飛びつく人」といったところが想定できます。

コアファンの後に続いたのが、「一般の映画ファン」です。彼らの多くは実際に映画を観た人の口コミに影響されて劇場に足を運んだと思われます。私自身、月に4、5本程度の映画を観るので、「一般の映画ファン」に当たると思いますが、最近は他の映画ファンの口コミを見て観るかどうかを決めることが多くなりました。『カメラを止めるな！』に関しても、別の口コミを調べていた時に、たまたま本作を熱心に推奨している人がいて興味を持ちました。その後、ＷＥＢニュースで本作が「超低予算映画にもかかわらず異例のヒットをしている」と知り、レビューサイトの口コミでも評価が非常に高かったため、実際に観ることにしました。おそらく、他の映画ファンも似たような行動を取っていたのではないかと思われます。ちょっと言い過ぎかもしれませんが、本作をできるだけ早く鑑賞し、他の人たちに推奨、応援することが「コア映画ファンのステイタス」という雰囲気もあったように見受けられます。

「消費者は、自分と似ているか、自分より少しだけ知識レベルが上の人の口コミを求める傾向がある」という研究があります。[21] つまり、口コミが伝播するには、最適な情報格差が存在することが重要で、あまりに知識レベルに差がありすぎても、口コミは伝播しづらいのです。自分と同じような、あるいは少し先を行っている映画ファンが劇場に足を運び、他のファンに推奨する――という「なだれ現象」が起きたことで、本作は映画ファンの間で広く観られ、推奨し合う作品となっていきました。

さて、「インフルエンサーのフォロワー」ですが、本作品を推奨した有名人は、お笑い芸人の水道橋博士、声優の花江夏樹さん、アイドルの指原莉乃さん、ロックバンドのマキシマム ザ ホルモン、俳優の斎藤工さんといった、多種多様な方々です。彼らのフォロワーの多くは「この人が薦めるなら面白いに違いない」と思い、劇場に足を運びます。発信されているメッセージはどういうものであれ、「この人が薦めている」ということが重要です。

本作のヒットは「流行りもの好き」の一般生活者まで巻き込んだことが大きいですが、この層は、マスメディア、特にテレビ番組での報道が大きく影響していると考えられます。盗作疑惑で物議を醸したことも、結果的にはこの層に対して、作品の認知度を高め、ストーリーへの興味を促進することに貢献しました。

図 2-11　『カメラを止めるな！』のターゲットと話題化要素

| ターゲット | コアな映画ファン | 一般の映画ファン | インフルエンサーのフォロワー | 流行りものが好きな一般人 |
|---|---|---|---|---|
| Who | 作品の関係者 | 他の映画ファン | (フォローしている)インフルエンサー | マスメディア(報道) |
| What | 作り手の情熱 | ネタバレできないストーリー<br>低予算ながら良質な作品 | 作品の推奨 | 「低予算なのに大ヒットしている」というファクト |
| How | 関係者の草の根的なコミュニケーションやSNSを起点に、話題がなだれ的に拡散。マスメディアにも取り上げられてマスレベルのヒットへ | | | |

偶然の要素はあったとは言え、「作品関係者の周辺の人々」、「コアな映画ファン」、「一般の映画ファン」、「インフルエンサーのフォロワー」といった多種多様なターゲット・クラスターを有効に取り込み、最終的にはマス層にまで波及させられたことが本作のヒットの要因だったと言えるでしょう。

続いて、『ボヘミアン・ラプソディ』について見てみましょう（図2−12）。

先述した通り、本作品は「ミュージシャンの伝記物語」としてではなく、「感動物語」としてプロモーションを展開したことが、大ヒットの要因となっています。本作のメインターゲットはクイーンのファン、あるいは洋楽ファン、コアな映画ファンとなりますが、彼らは自主的に劇場に足を運ぶ可能性が高い顧客となります。彼らに対しては、応援上映などの劇場でのイベントで作品のファン化、

図 2-12 『ボヘミアン・ラプソディ』のターゲットと話題化要素

| ターゲット | クイーンファン<br>洋楽ファン<br>コアな映画ファン | 一般の映画ファン<br>音楽ファン | 一般の生活者 |
|---|---|---|---|
| Who | 広告、トレーラー<br>他の音楽・映画ファン<br>／劇場（体験イベント） | 広告、トレーラー<br>他の映画ファン | マスメディア<br>（報道） |
| What | クイーンの伝記映画 | 感動物語<br>音楽が素晴らしい | 異例の大ヒット映画<br>有名映画賞ノミネート<br>／受賞というファクト |
| How | 感動を共有し、拡散させる仕組み（ハッシュタグ、応援上映 等）<br>リピーター化、ファン化の促進によるロングランヒットの実現 | | |

リピーター化が促進されました。

本作で有効に取り込んだのが、「一般の映画ファン」ですが、彼らに対しては「感動の物語」、「音楽が素晴らしい映画」というメッセージを展開しつつ、他の映画ファンと感動を共有したり、未見の人たちに作品を容易に推奨できるようにハッシュタグを設定したりといった話題化促進施策が講じられました。『カメラを止めるな！』と同様に、本作を鑑賞した人は、他の人たちに推奨したり、何度も劇場に運んだ体験を共有していました。

「異例の大ヒット」という事実や、アカデミー賞をはじめとする有名な映画賞にノミネートされたり、受賞したことがメディアで取り上げられ、さほど映画に関心のない一般消費者にも本作への認知が広がり、彼らの興味も喚起されました。

映画以外の商材についても見てみましょう。

最後に紹介した花王の「アタックZERO」についてです。本商品に関しては、ターゲット・クラスターが重複しており、これまでのような表形式で表現することが難しいため、図解で整理したいと思います（図2－13）。

本商品のメインターゲットは「ミレニアル世代」ですが、既存のコアユーザーである「主婦層」や、「男性」、「CMタレントのファン」などにも広く訴求されています。ターゲットごとにメッセージ（What）やメディアプラン（Who、How）が細かく分けられているわけではないのですが、それぞれのターゲットを有効に捉えられるように、統合的なコミュニケーションが設計されています。

ミレニアル層をメインターゲットに、イケメン俳優5人を起用し、洗濯の楽しさを伝えるメッセージ、クリエイティブを開発。SNSも積極的に活用し、情報を拡散させる仕組みも構築されました。実際、ミレニアル世代に有効に訴求することができていますが、主婦層、男性といった周辺クラスターにも波及し、共感を呼ぶ仕組みとなっています。

以上、『カメラを止めるな！』、『ボヘミアン・ラプソディ』の映画2作品と、「アタックZERO」の3つの事例をフレームワークに当てはめて考えてみました。いずれの事例も、メインターゲットに留まらない、より幅広い層へと情報を流通させていく仕組みがうまく作られていることがわかるかと思います。

これからのコミュニケーション設計は、既存の顧客に固執することなく、メインターゲットを設定することが重要です。また、メインターゲット以外のサブターゲット（＝周辺クラスター）

図 2-13 「アタック ZERO」のターゲットと話題化要素

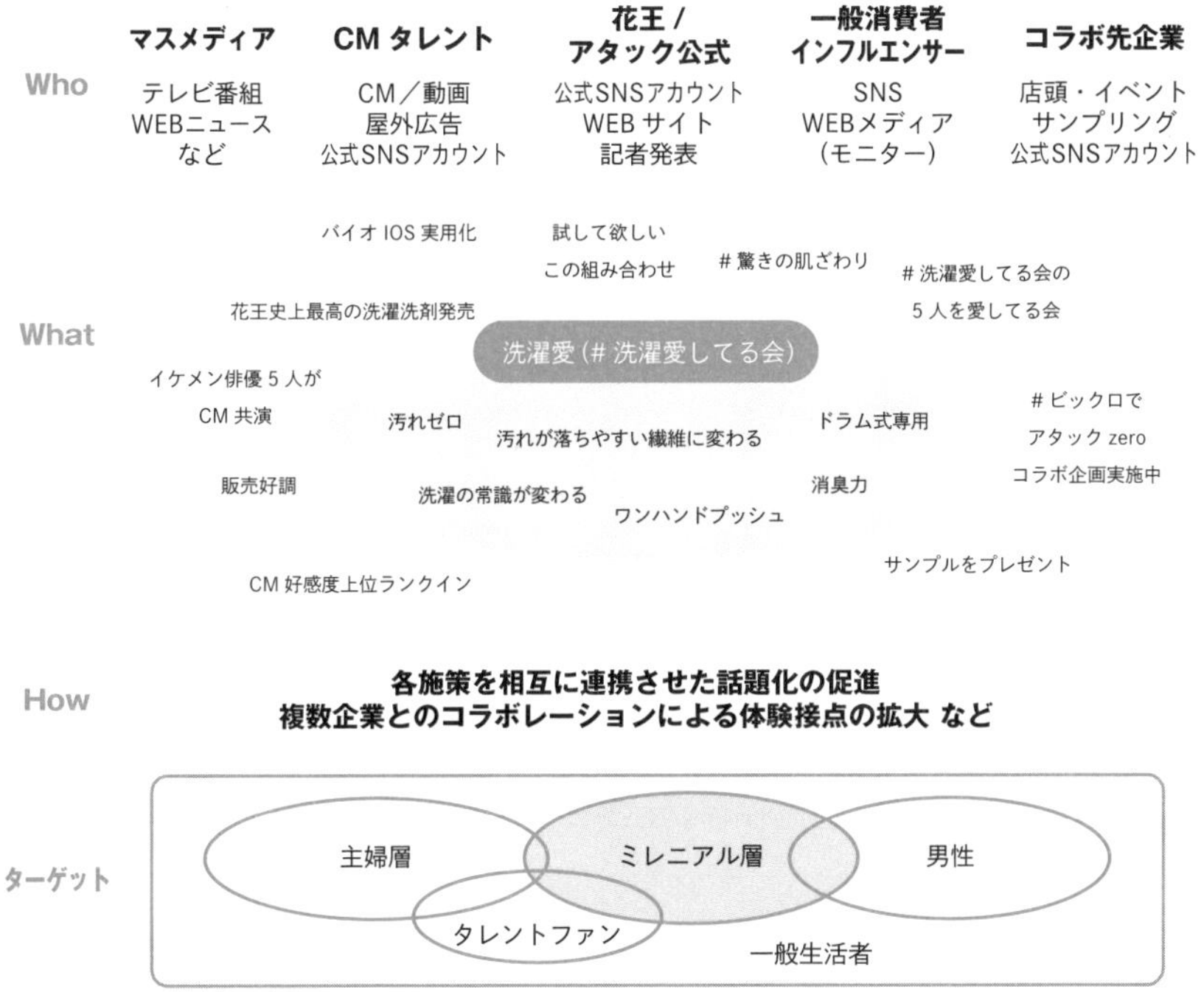
Who
マスメディア
テレビ番組
WEBニュース
など
CM タレント
CM／動画
屋外広告
公式SNSアカウント
花王 /
アタック公式
公式SNSアカウント
WEB サイト
記者発表
一般消費者
インフルエンサー
SNS
WEBメディア
(モニター)
コラボ先企業
店頭・イベント
サンプリング
公式SNSアカウント
What
バイオ IOS 実用化
試して欲しい
この組み合わせ
# 驚きの肌ざわり
# 洗濯愛してる会の
5 人を愛してる会
花王史上最高の洗濯洗剤発売
洗濯愛（# 洗濯愛してる会）
イケメン俳優 5 人が
CM 共演
汚れゼロ
汚れが落ちやすい繊維に変わる
ドラム式専用
# ビックロで
アタック zero
コラボ企画実施中
販売好調
洗濯の常識が変わる
消臭力
ワンハンドプッシュ
サンプルをプレゼント
CM 好感度上位ランクイン
How
各施策を相互に連携させた話題化の促進
複数企業とのコラボレーションによる体験接点の拡大 など
ターゲット
主婦層
ミレニアル層
男性
タレントファン
一般生活者

も複数設定し、それぞれのターゲットに対して、「Ｗｈｏ＝誰（何）から情報発信をするのか?・」、「Ｗｈａｔ＝どのようなメッセージを発信するのか」を考え、メインターゲットから周辺クラスターへと情報を波及させていくような「情報流通構造」を設計するということが重要になります。

ではは具体的には、どうすればそれが可能になるのでしょうか?・続くＰａｒｔ３では、その点についてより深く考えてみたいと思います。

# Part 3

# 話題を生み出すための新しい方法論

## 3・1 「普通の人」でもできる表現開発（Ｗｈａｔの要素）

「話題化の3要素」について、これまで何度も言及してきましたが、ここからは「各要素をいかに設計すればよいのか？」について、具体的に論じたいと思います。

しつこいようですが、再度「3要素」を挙げておきましょう。

①　Ｗｈａｔの要素＝何を発信するのか？（ネタ、メッセージ）
②　Ｗｈｏの要素＝誰が発信するか？（メディア、インフルエンサー）
③　Ｈｏｗの要素＝いかに発信するか？（情報流通構造）

これら3要素を確固たるものとして構築することが、コミュニケーション戦略立案の鍵となります。本章では、３つの要素それぞれをどのように構築するのかについて、考えてみたいと思います。

## 「ネタ」は至るところに転がっている

科学技術が急速に進化を遂げる中、多くの領域においてＡＩやロボットが人間をはるかに超える能力を発揮しています。人間の仕事がどんどん機械に置き換わり、人間の仕事が奪われるという懸念も持たれています。それはもはやＳＦの世界のことではなく、近い未来に十分起こりうる事象として捉えられています。そうした中、技術がいかに進化を遂げても、「創造力（＝クリエイティビティ）」の領域では、人間が依然として優勢を発揮するであろうと考えられています。「クリエイティブ」という言葉が示しているように、表現をつくる上では「創造性」が求められます。ところが、創造力というのは、一朝一夕に身につくものではないですし、そもそも、それが後天的に取得できるものであるかどうかさえ検証されていません。

いまの世の中には、「アイデア発想法」に関する書籍やセミナーが溢れています。それらは勉強になるものも多くあることは事実ですが、現実においては、普通の人間が傑出した創造性を発揮するのは難しいと思われます。実のところ、私自身も著名なクリエイターの著作や「アイデア発想法」に関する書籍を何冊も読んできましたが、依然として、「クリエイティブな人間」とは言い難いのが現状です。クリエイティブは「発想の飛躍」にあり、属人的な要素が強く、後天的にその能力を身につけるのは難しいのです。特に、大ヒットを生み出すような「ビッグアイデア」を生み出すのは、誰にでもできることではありません。

では、「普通の人間」は諦めるしかないのでしょうか？

決してそうではありません。

実は、凡人でも効果的に「アイデア」を発想することができる方法論があるのです。それは、「集合知を活用したレバレッジ戦略」です。あえてわかりにくい表現を使ってしまいましたが、かみ砕いて説明しましょう。

情報過多な現代においては、あらゆる情報が巷に溢れています。逆に言うと、そのような世界で全く新しい情報を生み出すことは困難になっていると言っていいでしょう。実際に、広告やキャンペーン、デザイン、マンガやアニメ、ドラマや映画の世界でも「パクリ」と言われるものが多くなってきています。実際にはパクっているつもりはなくても、たまたま過去の事例に似てしまったり、同時に似た表現が出てきてしまったりすることが多々あるのです。多種多様な表現が次々と生み出され、流通していく中で、新たに生まれた表現が、偶然別のものに似てしまうことは不可避とも言える時代になっています。

そうであれば、そんな状況を逆手に取って、すでに世の中にある情報をもとにしてネタを生み出せばいいじゃないか？

これが「集合知を活用したレバレッジ戦略」の基本発想です。

「これまでと変わらず、デジタルの世界でもアイデア発想力が重要じゃないのか？」、「結局は才能がある人じゃないとできないことじゃないのか？」と思われるかもしれません。ところが、現在においては、アイデア発想のヒントは至るところに転がっており、それを活用することで、誰でもアイデアを生み出すことが可能な時代になっているのです。

優秀なクリエイターは、発想力が優れている以上に、観察力が優れていますが、デジタル時代になればなるほど、この「観察力」が大切になります。実際に、デジタル領域で数々のヒットを生み出している著名なクリエイターは、「自分の担当している企業や商品について何が語られているか、毎日ＳＮＳでチェックをして、それをヒントに企画を考えている」と語っていました。

もちろん、ＳＮＳに投稿された内容をそのままパクることは許されませんが、一人で頭を悩ませているよりは、ＳＮＳ上の多くの人々の多様な声を「共有知」として最大限に活用して、そこから発想することで、より効果の高い表現を生み出すことができるはずですし、実際にそうした方法論は現代社会では広く受容されています。

実例を挙げてみましょう。

やや古いですが、２０１５年にシャープの公式ツイッターアカウントの投稿が話題になりました。発端は虚構ニュースを配信するニュースサイト「虚構新聞」の「シャープ、。の売却を検討。経営再建策」の記事でした。内容は「経営難のシャープが、経営再建のために自社の半濁点（゜）の売却を検討している」という荒唐無稽なものでした。シャープの公式ツイッターアカウントがこれを受けて、アカウントの名称を「シャーフ株式会社」に変え「゜がなくなりました。弊社の。を見かけられた方は至急ご連絡ください」とツイートしました。ツイッターユーザーはこれを面白がり、ネタが自走していきました。個人だけでなく、他の企業アカウントもこれに乗っかってきました。例えば、パインアメの公式アカウントはパインアメの画像とともに「落とされたのはこれでしょうか」と投稿しました。阪急電鉄も、自社の車両のつり革の画像とともに「なんと、お客様が。を見つけてきてくれました。（中略）ただ、たくさん。がありまして、どれがシャープ@SHARP_JP さんの。なのか、わかりますかね?」と投稿しました。

シャープの事例は狭義の広告、プロモーションの事例ではありませんが、同様のやり方で商品のプロモーションで成功した事例もあります。例えば、日清食品の「10分どん兵衛」の事例もそうです。きっかけは、お笑い芸人のマキタスポーツさんがラジオ番組で「お湯を入れて5分で食べるのが一般的であるどん兵衛を10分待って食べるとよりおいしくなる」と紹介したことです。これがSNSで拡散し、大きな反響を呼びました。これを受けて、日清食品側は「10分どん兵衛のことを知りませんでした」とする「おわび」を掲載し、さらに「緊急対談 日清はなぜ10分どん兵衛を作らなかったのか」というタイトルで、マキタスポーツさんと同社の担当者との対談を掲載しました。これもSNSで拡散し、日清の柔軟な対応力、遊び心が称賛されました。この件は、多数のメディアでも取り上げられ、大きく話題化しました。

## 話題になる「ネタ」をどうつくるか?

これらは、既存のネタやコンテンツに乗っかることで話題を増幅させた事例ですが、適切なタイミングで、適切なネタに、適切なやり方で乗っかったことが、話題化に成功した秘訣です。では、これを実現するにはどうしたらよいのでしょう?

1. すでに話題になっているネタに乗っかる方法
2. シーズナリティやイベントの流れに乗る方法
3. 話題になりやすいネタを創出する方法
4. 消費者に「ネタ」にしてもらう方法

など、いくつかの方法があります。

すでに紹介したシャープや「10分どん兵衛」の事例は「1. すでに話題になっているネタに乗っかる方法」に当たります。すでに話題になっているネタに乗っかり、話題を増幅させることで、コミュニケーション効果を上げていくやり方です。ただし、これを実現するためには、WEBやSNS上で話題になっていることを日々ウォッチすることが重要ですし、乗っかるネタが見つかった際に、迅速に動けるような体制を整えておくことが重要です。

2つ目の「シーズナリティやイベントの流れに乗る方法」は、1とも似ていますが、こちらは世の中でこれから起きることに乗っかっていく方法です。

例えば、サントリーは公式ツイッターアカウントから、2019年2月22日の「猫の日」(にゃんにゃんにゃんの日)に、「猫キャップつくってみた」という文章とともに天然水のキャップが「猫耳」になっている画像を投稿しました。この投稿は、7・8万件のリツイート、26万件以上の「いいね」という大きな反響を集めました。一般的には、「猫の日」はさほど有名ではないかもしれませんが、ＳＮＳ上では猫は効果の高いコンテンツ[22]であり、「猫の日は話題になるに違いない」ということを事前に計算した上で行われた施策に違いありません。このキャップは試作品で、当初は「商品化の予定はない」とされていましたが、要望が多数寄せられたことを受けて、フォロー&リツイートキャンペーンを実施、抽選で22人にプレゼントされることになりました。

世の中の大きなトレンドに企業が乗る動きは、より広く見られます。例えば、エイプリルフールに多くの企業が自分の企業や商品と絡めて面白いウソをつくことは、いまやトレンドになっています。

２０１９年4月1日は新元号の発表があったため、多くの企業でエイプリルフールネタは見送られましたが、その代わりに、新元号発表と絡めたコミュニケーションが展開されました。例えば、日本コカ・コーラは新元号発表直後に「令和ボトル」を製作、街頭サンプリングを行って大きな話題を呼びました。他には、新聞の号外や、当日の朝刊に新元号と絡めて記念広告を掲載した企業もありました。

このように、世の中の大きなトレンドに沿ってコミュニケーションを行うことで、世の中の盛り上がりを有効活用して効果を高めることができます。

形は違えども、このような「トレンドに便乗する」という方法は以前から行われてきました。オリンピックやＦＩＦＡワールドカップなどのスポーツイベントの公式スポンサーになるというのはその一事例ですし、クリスマスやバレンタインデー、父の日、母の日、最近ではハロウィンや肉の日などの「記念日」にキャンペーンを展開するのも、この方法論に当てはまります。「ポッキーの日」のように、企業側が自分で記念日を設定するような事例もあります。

現在では、広告媒体を使わなくとも、ＳＮＳアカウントや自社サイト、動画共有サイト等を通じて、企業が自由に情報発信できます。そのため、簡単にトレンドに便乗することが可能になっています。

続いて、３つ目の「話題になりやすいネタを創出する方法」について考えてみましょう。ＳＮＳやＷＥＢメディアでは、話題になりやすい「ネタ」が多数転がっています。逆に、それを研究すれば、話題化しやすいネタの創造が容易になります。

「猫はデジタル上で話題にされやすい」と書きましたが、逆にそこから「猫を使ったコミュニケーション施策を考えればいいのでは？」という発想が生まれます。そうした事例として、日産自動車が２０１６年から行っている「＃猫バンバンプロジェクト」があります。本プロジェクトは、自動車のエンジンルームやタイヤの間に入り込んだ猫を、ボンネットを叩いて逃がして、猫の安全や命を守ろうという取り組みです。きっかけは、２０１４年の冬に日産自動車が公式ＳＮＳアカウントで「猫などの動物が入り込んでいる場合があるので、フードなどを叩いてみましょう」と投稿し、大きな反響があったことにはじまります。その後、同社は２０１５年11月に「＃猫バンバン」というハッシュタグを用いて投稿しました。それらがきっかけとなって、本プロジェクトが正式に発足したのです。

これに触発されて、このネタに乗っかった企業があります。またもや日清食品なのですが、同社は「＃キャベバンバン」プロジェクトを展開しました。これは、日清焼そばＵＦＯをつくる時、ふたに大量のキャベツが残っていることから、ふたを叩いてキャベツを落とすことを呼び掛けたものです。さらに、同社はふた裏に付着したキャベツを、スマートに除去することができるデバイス「キャベバンバン」の商品化を発表しましたが、当初予定していた予約数に達しなかったことから、発売中止に至りました。もちろん、これは話題化を狙った施策（ネタ）で、商品販売によって利益を上げようという意図は当初からなかったと想定されます(!?)。この施策のポイントは、「ふたにキャベツが残っている」という体験が、「そういえば、自分にもこういうことあるな！」と気づかせてくれる点です。こういった「あるあるネタ」は共感を呼び、シェアされやすいのです。

この「話題になりやすいネタを創出する」方法は、「何が話題になりやすいのか？」ということを調査、研究する必要がありますし、実際にそれをコミュニケーション施策として昇華させるには、それなりの発想力、展開力も求められます。その点では、前の二つの方法と比べると、ハードルはやや高いかもしれません。

４つ目の「消費者に「ネタ」にしてもらう方法」を考えてみましょう。これは、消費者に広く呼び掛けて、話題を自走化させるやり方ですが、１～３と併用すると大きな効果を発揮します。

最初に紹介した。「シャープ、。の売却を検討」の事例では、シャープの公式アカウントがこのネタに乗っかった際に、「弊社の。を見かけられた方は至急ご連絡ください」という一文を付け加えたことが重要で、これによって、多くの人や企業がそれに応える形で、面白い投稿をして、話題はさらに盛り上がりました。

このやり方をキャンペーンに適応したのが、２０１５年にバーガーキングが実施した「ＢＩＧ

割」キャンペーンです。これは、「ビッグ」と名のつく商品かレシートを店頭で見せると、新商品の「ＢＩＧ ＫＩＮＧ」を割引料金で購入できるもので、明確に競合のマクドナルド社を意識したものです。[23] このキャンペーンはＳＮＳ上で大喜利化し、大いに盛り上がりました。競合商品のレシートや実物を持ち込む人、「ビッグカツ」、お菓子の「ビッグサンダー」などの「ビッグ」がつく商品を持ち込む人、「ビックカメラ」のレシートや「ルービックキューブ」の実物を持参してキャンペーン対象になるかを試してみる人などが相次ぎ、ＳＮＳにその様子が投稿されました。

「消費者に投票を呼びかける」というやり方もあります。最近多く見られるのは「〇〇総選挙」という名前のキャンペーン。例えば、ロッテの「#平成の雪見だいふく復刻総選挙」がそうです。本施策は平成に生まれた「雪見だいふく」の中から24種類を選抜し、「もう一度食べたい平成の雪見だいふく」をツイッターで投票してもらうというものです。

明治の「きのこの山」、「たけのこの里」が11年ぶりにリニューアルされた際に行われた「きのこの山・たけのこの里 国民総選挙」も同様の投票型の施策です。こちらでは、俳優の松本潤さんと歌手の美輪明宏さんをそれぞれの「党首」として迎え、デジタルの世界にとどまらず、ＣＭや屋外広告、イベントなど、大々的なプロモーションが展開されました。同イベント会場では、選挙ポスター風にデザインされた新きのこ党の党首・松本潤さんと、新たけのこ党の党首・美輪明宏さんの巨大ポスターも掲出され、参加者が選挙ポスター風の撮影をすることで並んで一緒に応援し、そして投票することができるという仕組みです。

この手法は、商品の関与度を高めると同時に、消費者自身がコンテンツを生産し、話題を広げてくれるというメリットがあります。一方で、うまくやらないと盛り上がらない、企業側でコンテンツをコントロールできないというデメリットもあります。その点では、この手法は一定のノウハウが必要なので、やはり、「１．すでに話題になっているネタに乗っかる方法」、「２．シーズナリティやイベントの流れに乗る方法」と比べると、ハードルは高いと言えるでしょう。

以上、４つの方法論を紹介しましたが、これらに立脚することで、話題になるような表現を開発することが可能になります。ここでは、具体的なコピーレベルまでどう落とし込むかという議論はしませんが、そこまで踏み込んだ良書は他にあります[24]ので、そちらを一読いただければと思います。

## 人々の「欲求」を捉える広告表現

ここまでは、デジタル領域、特にＳＮＳでの話題化を重視した表現開発について論じてきましたが、アナログ領域でも同様の考え方は成立しますし、また有効でもあります。

最近、「起用を考えているＣＭタレントがＳＮＳでどう語られているか調べてほしい」という相談が増えています。これには２つの目的があります。ひとつ目は、タレントが話題にされやすい要素を知ることで、表現をつくる上で参考にしたいという目的です。２つ目は、タレントに対するネガティブな声を把握することで、タレント選定の参考にしたり、起用した場合のリスク回避策を検討したいという目的です。

また、商品についてどう語られているかは、キャッチコピーの開発にも活用されています。ある商品では、実際にＳＮＳに投稿されていた口コミを参考に、それと近いキャッチコピーを開発、実際に採用されました。

クリエイターの中には、担当する企業や商品がＳＮＳでどう語られているのか、ＳＮＳ上でどういう話題がトレンドになっているかを日々チェックしている人もいます。

ＳＮＳの声をクリエイティブ開発に活用するに留まらず、最近は既存のメディアの広告表現のあり方も、時代の変化を受けて変容してきています。

新聞は「オールドメディアの代表」として捉えられがちですが、近年、新聞広告において、時代に合わせた新しい試みが見られるようになっています。例えば、２０１９年4月1日に新元号の「令和」が発表された際に、全国の新聞各紙はそれを伝えるために号外を配布しましたが、全国25紙の号外に、大々的に企業広告を掲載した企業があります。

その企業とは「デジタルメディアの代表」であるヤフー株式会社です。

同社が出稿した広告は、真っ赤な背景に、検索窓と「詳しくはＷＥＢで。」という文字を掲載しただけのシンプルなものでしたが、シンプルなだけにインパクトのある表現になっていました。[25] 号外には人々が殺到し、マスメディアでその様子が報道され、ＳＮＳでも話題が拡散しましたが、それと同時に赤いヤフーの広告のビジュアルも拡散しました。「オールドメディア」である新聞の号外に、「ニューメディア」であるヤフーが広告を掲載し、高い効果を上げたことは、象徴的な出来事と言ってもいいでしょう。この事例は、両メディアは対立するものではなく、またメディアの新旧にかかわらず、有効な使い方をすれば、横断的に情報拡散が実現することを象徴しています。

号外に限らず、通常の新聞広告においても新しい動きが見られます。例えば、２０１８年2月1日の日本経済新聞に「日本は、義理チョコをやめよう」というメッセージの一面広告が掲載されました。広告主はチョコレートブランドの「ゴディバ」でした。「あげる人が心から楽しめるバレンタインデーにしよう」という趣旨から、あげる人（女性）の立場に立った呼びかけでした。この広告は、メディアやＳＮＳで大きく話題化しましたが、「社会の公器」である新聞ならではの呼びかけで、男性の経営者、管理職層が多く読んでいる日本経済新聞に出稿された広告だからこそ、広く議論を呼び、話題を集めました。

テレビＣＭの世界も変わってきています。先述した「アタックＺＥＲＯ」の「#洗濯愛してる会」のように、テレビＣＭを起点として情報拡散を狙う方法も一般化してきています。また、ＣＭ表現にも変化が見られています。これまでの広告表現は、商品の魅力を洗練された表現で、間接的、婉曲的に伝えるのが有効とされており、直接的な表現は、「工夫がない」、「品がない」と忌避されがちでしたし、視聴者にとっても「うっとうしい」と思われがちでした。ところが、最近は逆の傾向が見られるようになっています。

象徴的なのが、２０１８年に放映された、メガネ型拡大鏡のハズキルーペのＣＭです。俳優の渡辺謙さんと菊川怜さんが商品の魅力をダイレクトに叫ぶＣＭは、１００億円という多額の広告宣伝費が投入されて大量出稿され、内容面でも露出量面でもインパクトは抜群で、たちまち話題を呼びました。なお、本ＣＭはプリヴェ企業再生グループ／Hazuki Companyの代表取締役会長の松村謙三氏自身が総指揮を執られていますが、表現手法は広告クリエイティブの視点からはかなり異例で、これまでの「広告のお作法」にも反するものでした。[26] ところが、本ＣＭは、ＣＭ総合研究所が発表する「２０１８年５月度　業類別ＣＭ好感度№１銘柄」の衣料カテゴリーで好感度トップに位置しました。[27] 販売も好調で、２０１８年12月時点ですでに累計５００万本を売り上げています。

ＣＭに関して、ＳＮＳ上では賛否の声が飛びかいましたが、「最初引いたけど、今は見入ってしまう。不思議な中毒性あるよね」、「渡辺謙と菊川怜のやらされてる感が、割と好き」など、違和感を覚えつつも受容する声も多く見られました。

フィットネスジムのライザップのテレビＣＭのシリーズも、直接的に効果を訴求するものですが、こちらも「ＣＭ好感度調査」で上位にランクインしており、高い効果を上げています。

「ＳＮＳの世界では宣伝色の強い表現は嫌われる」ということは、すでに書いた通りですが、テレビＣＭの世界では、それと逆行することが起きているようにも見えます。直接的なＣＭ、宣伝色丸出しのＣＭの大半は、依然として嫌われることには変わりありません。実際、ハズキルーペやライザップのＣＭには、批判的な声も少なからず見られました。それでいて、最終的には消費者から受け入れられたのは、そのＣＭの作りが視聴者を引き付けるものだったこと、その内容が彼らの欲求を満たすものだったからだと考えられます。

インターネットやスマートフォンの普及により、いつでもモノや情報が手に入る世界が実現したいま、人々の欲求はより直接的なものに変わっています。企業は、以前にも増して「人々の欲求をいかに直接的に刺激するのか?」ということが問われています。『the four GAFA 四騎士が創り変えた世界』[28]によると、GAFAが破格の成功を収めたのは、人間の本能的な欲求を刺激することができたことにあります。より具体的には、Googleは脳の代わりをする「神」であり、Amazonは「消費」を、Facebookは「愛情」を、Appleは「セックス」を体現していると著者のスコット・ギャロウェイは主張しています。これらの企業が行っているのは、高度なテクノロジーを活用しつつ「消費者の本能的な欲求を刺激する」ということであり、それを可能にしているからこそ、大きな成功を収めているといえるのです。

広告の世界でも同様です。プレゼン会場で大観衆を前にした渡辺謙さんが「本当に世の中の文字は小さすぎて、読めない!」と絶叫したり、菊川怜さんがミニスカートでルーペの上に座ったりするシーンは、直接的な表現ではあり、違和感を示す声、批判の声も見られはしましたが、大勢としては人々の欲求を刺激し、受容されました。ライザップのCMも「スタイルが良くなりたい」、「痩せたい」という欲求(さらにその先にある異性にモテたいという欲求)を刺激したからこそ、人々に広く受容されたのでしょう。

また、これらのCMはネタにしたり、自分でも真似したくなる表現であるため、情報拡散の施策が取られなくとも、SNSで話題になったり、メディアで取り上げられたりと、話題が自走しています。

詳細は後述したいと思いますが、綿密な情報流通構造を設計しなくとも、マス広告主体で、クリエイティブの力で一点突破するという手法も、依然として有効な場合もあることは覚えておいてもいいでしょう。

これまでの広告表現は「クリエイティブ・ジャンプ」、すなわち「発想の飛躍」こそが重要である。他の人が想像できないような、新しく斬新な表現を生み出すこと。それこそが、クリエイターの価値とされてきました。もちろん現代でもその能力は重要ですが、ありとあらゆる表現が巷に溢れる中で、生半可な「クリエイティブ・ジャンプ」では人々の気を引くことは難しくなっていますし、表現が商品から離れてしまうと「モノを売る」という本来の目的から遠ざかってしまいます。

ハズキルーペのCMを評価する人の中には、「最近のCMは何の広告なのかわからないCMが多い」と最近のCMの風潮に不満を抱いている人もいました。そうした人にとって、ハズキルーペのCMは「押しつけがましい」というよりは、「偽りがなくて、いさぎよい」と見えたのではないでしょうか。

また、最近はテレビを見ていると、インフォマーシャル（テレビ通販）が増えているように思えますが、実際にテレビ通販市場は好調に推移しています。[29] こちらも昔からある原始的な手法ですが、直接的に人の欲望を刺激し、その場で行動（購買）まで喚起するこの方法は、情報が溢れている現代だからこそ、かえって有効性が増していると言えるかもしれません。

大学生にインタビュー調査をした際に、「宣伝色が強くなったSNSのインフルエンサーの投稿は見なくなる」と言っていた一方で、「広告は最初からそういうものだと割り切っているので、（宣伝色が強くても）許容できる」と言っていました。そういう意味では、純粋に「宣伝」を行いたければ、広告として出稿した方が消費者から受容されやすいと言えるでしょう。

いまの時代、「発想の飛躍」よりも、「人々の本能的欲求を捉えること」の方が企業コミュニケーションにおいて重要になっています。そして、それは一部の才能溢れるトップクリエイターのみに与えられた特権ではなく、普通のビジネスマンが日々、人々の声を聞き、彼らのニーズを捉える方法を試行錯誤することによって獲得できるものなのです。

## キャンペーンも原点回帰へ

人々の本能的欲求を刺激するやり方は、キャンペーンの領域でも目立ち始めていきます。

特に話題になったのが、ソフトバンクが提供しているスマホのキャッシュレス決済サービス「ＰａｙＰａｙ」が２０１８年末に行った利用促進キャンペーンです。「ＰａｙＰａｙ祭り」と言われることの多い本キャンペーンでは、ＰａｙＰａｙで決済すると支払額の20％がＰａｙＰａｙの残高として還元されるというもので、さらに一定の確率で全額還元される、すなわち無料になるという、異例の条件が提示されました。還元額も１００億円という破格なものでした。ＳＮＳ上は狂騒状態になり、ＰａｙＰａｙの対応店舗には買い物客が殺到しました。他社も追随して同様のキャンペーンを展開、翌年2月には、ＰａｙＰａｙ自身が再び１００億円が還元される「第2弾」を展開し、キャッシュレス決済は一気に普及、定着していきました。

「ＰａｙＰａｙ祭り」で暮れた２０１８年の年末でしたが、年始には別のキャンペーンがＳＮＳ上で話題を席巻しました。２０１９年1月5日にＺＯＺＯの前澤友作社長（当時）が自身のツイッターアカウントに「日頃の感謝を込め、僕個人から１００名様に１００万円【総額1億円のお年玉】を現金でプレゼントします。応募方法は、僕をフォローいただいた上、このツイートをＲＴするだけ」と投稿したことで始まった、総額1億円の「お年玉キャンペーン」です。

本キャンペーンは最終的には約５５０万件という膨大なリツイートを集め、世界記録を更新しました。前澤社長のツイッターアカウントのフォロワー数は６００万以上（キャンペーン前は50万程度）と急増しました。応募募集のツイートのインプレッション（表示回数）は1億８０００万を超え、マスメディア以上の露出効果がありました。

多大なる効果を上げた本キャンペーンですが、ＳＮＳやメディアでは賛否両論の意見が飛び交い、国会でもこの手法の是非が議題に上がるなど、様々な物議を醸しました。

消費者還元型のキャンペーンはこれまで多々ありましたが、ここまで大規模に行われることは珍しく、だからこそインパクトが大きく、多くの参加者と話題を集めることができました。しかしながら、こうした手法は、行きすぎると法律、あるいはＳＮＳの規約、業界ルールに抵触する可能性もありますし、「射幸心を煽る」行為として、これまでは敬遠されることも多かったのです。

多額の原資が必要であるにもかかわらず、こうした手法が大々的に行われたのは、消費者の「お金が欲しい」、「得したい」という直接的な欲求を捉えることができ、実際に確実に効果を上げることができる手法だからです。

ただし、この方法が効果を上げるには、真に「お得感」が実感できること、仕組みがシンプルで参加しやすいことが重要です。

私は、オタク的なまでに「お得なもの」を調べて実行するのが好きで、「ふるさと納税」、「つみたてＮＩＳＡ」、「ｉＤｅＣＯ（イデコ：個人型確定拠出年金）」、航空会社のマイレージサービスなど、お得なものはすべて自分で調べ、そして実践もし、友人・知人にも薦めてもいます。しかしながら、私がいかにお得かを説明しても「よくわからない」、「面倒くさい」と言われることがあります。

例えば、資産運用を始めようとする人には、私は「まずはｉＤｅＣＯを上限まで積み立てるべき。それでも資金に余裕があれば、つみたてＮＩＳＡをやるとよい」と薦めるのですが、「仮想通貨で大儲けした」、「ＦＸで資産が〇〇倍になった」みたいな情報に流されて、そちらの方に流れてしまう人が多いのです。良し悪しはさておき、人間は目先の利益、しかも分かりやすいものに飛びついてしまうものなのです。

## 3・2 「誰が語るのが最も効果的か？」を考える（Whoの要素）

### 同じことでも、「誰か言ったか？」で反応は全く異なる

私が子どもの頃、広告に対して抱いていた素朴な疑問がありました。それは「ＣＭタレントは、実際にその商品を使っているんだろうか？」ということです。これについては、大人になる前に、「必ずしもそうではない」ということに自然と気づきましたし、ＣＭの世界ではこういうことは「お約束ごと」なんだと、いずれ受け入れて疑問に思わなくなりました。

平成バブルの時代には、ＣＭタレントとしてハリウッドセレブを起用し、彼らが使っているとは思えないような、低価格帯の商品を宣伝する——というＣＭもよく見かけたものですが、最近はだいぶトレンドが変わってきました。タレントの知名度以上に、その商品やブランドとの親和性が考えられるようになりましたし、「実際にその商品を使っている」とまではいかなくとも、「その商品を使ってそう」と思えるタレントが選ばれるようになっています。要するに、「リアリティ」が重視されるようになっているのです。

「Ｗｈａｔの要素（何を発信するのか?・）」においては、宣伝色の強いダイレクトメッセージでも受容される一方で、「Ｗｈｏの要素（誰が発信するか?・）」では、わざとらしさは受け入れられにくく、リアリティが重視される——というのは、現代ならではの特徴です。

ちょっと脱線しますが、最近、芸能人やアーティストのファンが感謝や応援の広告を出稿するという新しい動きが出てきています。

大きな事例としては、ＳＭＡＰの解散期限が近づく中、ファンがクラウドファンディングで支援者を集めて、朝日新聞朝刊に8面にわたる広告を掲載した「ＳＭＡＰ大応援プロジェクト」、安室奈美恵さん引退の日にファンが同様にクラウドファンディングで資金を調達し、朝日新聞の朝刊全国版に4ページの広告を出稿した事例があります。なお、この2つの事例は、いずれも朝日新聞社が提供しているクラウドファンディングサービス「Ａ－ｐｏｒｔ」で資金調達が行われました。歴史のある新聞社が、デジタル技術を活用し、広告主に資金調達手段も提供するというのは、非常に興味深い取り組みだと思います。

これほど大規模なものでなくとも、最近では、交通広告やデジタルサイネージ広告を利用して、ファンが広告出稿をできるようになっており、芸能事務所側もビジュアル素材を無償で提供するなど、ファンの広告出稿を支援する動きが見られます[30]。

こうした動きは、「思いを伝えたい人（たち）」が、伝えたい相手のために広告を出す」という、いわば原点に立ったものだと言えますが、それだけに、非常に効果の高い広告として成立し得るのです。

話を戻すと、ここでファンが出稿する広告の事例を出したのは、「誰が発信するか？（Ｗｈｏの要素）」が非常に大切だということを言いたかったからです。

最近、「何を語るかよりも、誰が語るかの方が重要だ」とよく言われるようになりました。これには十分な理由があります。企業や団体についてであれ、個人についてであれ、現在では多くの情報が世の中に出回っています。新たに発せられた情報は、その情報単体ではなく、これまで蓄積されてきたイメージから判断されることになります。「この人が言うから正しいに違いない」、「この人が言っているから許せる」という判断がなされることになります。

例えば、同じ発言をしても、イチロー氏や本田圭佑氏のような圧倒的な実績がある人であれば称賛を集め、実績も知名度もない人が言えば「意識高い系」というレッテルを貼られて鬱陶しがられる――というのは、当たり前の傾向として見られます。また、先述した通り、同じ過激な発言をしても、ビートたけし氏やマツコ・デラックス氏であれば、炎上せずに共感されるが、他の芸能人であれば反発を呼び、炎上するといったことも多々あります。

先ほど紹介した、ファンによる広告についても「ファンの人たちが熱い思いを伝えている」ということが重要で、だからこそ感動や共感を集めることができるのです。

特に、この傾向は新型コロナ禍で顕著に表れていました。真偽のわからない膨大な情報に翻弄される中で、人々は情報発信者を厳しく選別しました。例えば、記者会見を行っても、安倍首相（当時）はバッシングされるが、吉村洋文大阪府知事は称賛されるという現象が起きました。あるいは、政治家の言うことは聞かないが、科学者、例えばノーベル生理学・医学賞を受賞した山中伸弥教授や、新型コロナウイルス感染症対策専門家会議のメンバーの西浦博・京都大学大学院医学研究科教授（現在）が発信する情報は素直に耳を傾ける人たちも数多くいました。その一方で、同じくノーベル生理学・医学賞を受賞したリュック・モンタニエ氏が「新型コロナウイルスは中国で造られた人工ウイルス」と発言したことで、「新型コロナウイルスは武漢の研究所が発生源」という疑惑を信じてしまった人も少なからずいたようです。新型コロナ禍は「自分が聞きたい人の意見だけを受け入れる」、「自分が信じたい人の意見だけを信じる」という傾向に拍車をかけました。

一方で、注意しておきたいのは、同じ人が同じことを言っても、状況やタイミングによって反応が全く異なってしまうこともある点です。例えば、どんなに好感度が高く、人々から称賛されてきた人でも、一旦不祥事を起こしたり、信頼を損なうような言動をしたりすれば、一瞬にしてその人の評価は１８０度変わってしまいます。そして、その人が発信する情報は人々から拒絶されるようになってしまいます。

企業のコミュニケーションにおいても、効果を上げるためには「誰に語らせるのか？」というところをしっかりと考えなければなりませんし、そこを誤るとイメージの低下を招いたり、場合によっては炎上したりしかねません。

企業コミュニケーションにおいては、「語る人」は一定の影響力を持っていることが不可欠です。一般に、「インフルエンサー」と言えば、ユーチューバーやインスタグラマーのようなデジタル上で影響力の強い個人をイメージしがちですが、本書では、企業・団体、メディア、個人を問わず、影響力を持っている情報発信者を広く「インフルエンサー」と呼びたいと思います。このインフルエンサーの有効活用こそが、情報拡散の鍵となります。

ここで「インフルエンサー」といっても、単純に情報発信力、情報波及力がある人を起用すればよいかというと、そうではありません。ソーシャルメディア上で影響力を示す指標として、クラウト・スコア（Klout Score）というものがありました。[31] 欧米では、彼らからの情報波及を狙ってクラウト・スコアが高いインフルエンサーを優遇するサービスを提供したり、採用活動に利用したりする企業も出てきていました。しかしながら、このスコアは2018年5月にサービス提供が終了しています。今後、同様のサービスが提供される可能性はありますが、いずれにしても、数値化、ランキング化されたデータのみでインフルエンサーの選定をすることは不十分なのです。

インフルエンサーを活用する際には、狙うターゲット、あるいは紹介してもらう商品・サービスとの親和性を考慮する必要がありますし、インフルエンサーの信頼性や好感度といった定性的な要素も無視できません。

## 「自分の言葉で語る」のが一番思いが伝わる

「広告は顧客へのラブレターだ」と昔から言われ続けてきました。そして、「広告クリエイターはラブレターの代筆業だ」とも言われてきました。これまでトップクリエイターの仕事を見てきて、高い発想力や表現力に驚かされ、その「プロの仕事」には畏敬の念を抱いてきました。その一方で、最近は、たとえ表現がつたなくとも「代筆」に頼らず、自分自身で思いを伝える方が効果的な場合も多々あるし、また、それが重視される時代になってきていることも思い知らされています。

私は『シラノ・ド・ベルジュラック』という、19世紀にフランスで書かれた戯曲と、その映画化作品[32]が好きなのですが、本作はまさにラブレターの代筆に関する物語です。主人公のシラノは、豊かな感性を持ち、文才もあるのですが、鼻が大きく外見にコンプレックスがあるため、片思いをしている従妹のロクサーヌに告白できないでいます。シラノは、文才はないがイケメンのクリスチャンという男から、ロクサーヌへの恋心を打ち明けられ、そしてラブレターの代筆を引き受けます。シラノの仲介が実り、ロクサーヌとクリスチャンは結ばれます。ある時、ロクサーヌが語った言葉から、クリスチャンはロクサーヌが本当に愛しているのは、シラノが代筆した別人格（つまりシラノの内面）であることを知ります。悩んだクリスチャンは自ら戦地におもむき、戦死をしてしまいます。その15年後、修道院に入ったロクサーヌを訪ねてきたのは、敵の襲撃で傷ついたシラノ。その日、ロクサーヌはクリスチャンから送られたラブレター（実はシラノの代筆）をシラノに見せ、それを読ませます。それを聞いたロクサーヌは、愛の言葉はシラノが自分に宛てたものであることを知ります。

広告業界に長らくいた身として、私がこの作品から学んだのは下記のことです。

①　同じ言葉でも、本人の心から出たものこそが最も相手に響く

② 偽りはたとえ一時的にはうまくいっても、いずれは真実が露呈する

個人間のコミュニケーションだけでなく、企業コミュニケーションにおいても、「自分が自分の言葉で語る」ことが重要になります。そして、現在ではそれを可能とする環境が整っているのです。

自社内にインフルエンサーと呼べる存在がいるのであれば、それを有効活用すべきですし、たとえそういう存在がいなかったとしても、中長期的にはそういう存在を育成していくことを考えるべきでしょう。

さて、企業内のインフルエンサーといっても、色々なタイプがあります。

1. 企業や商品そのもの
2. 企業・商品・ブランドのキャラクター
3. 経営者や社員
4. 公式ＳＮＳアカウントの「中の人」

それぞれについて解説しましょう。

1の「企業や商品そのものがインフルエンサーになる」というのは、ちょっと分かりにくいですが、例えば、スターバックス社やコカ・コーラ社が象徴的で、企業名、あるいは商品名を使っ

た公式ＳＮＳアカウントは多くのフォロワー数を集めています。そして、そこから発信された情報は、多くの顧客が閲覧し、リツイートしています。現在では、企業は公式サイトや公式ＳＮＳアカウントなどの「自社メディア（オウンドメディア）」を開設するのが一般的になっています。それらがうまく活用できているかというのは、企業によって大きく異なりますが、これらは、企業が直接顧客と常時つながり合うことができるツールであり、双方向にコミュニケーションができるツールでもあります。これらを有効活用することができれば、企業や商品自体が有力な「インフルエンサー」として多大な影響力を及ぼすことが可能になります。

一方で、アップル社はスティーブ・ジョブズ氏の存命中はＳＮＳの活用には積極的ではありませんでしたが、企業・商品のブランド力が強く、多数のファンがいるため、新商品等の情報が出ると、自然と大きな話題を集めていました。企業自身がＳＮＳで情報発信を行っていなくても、インフルエンサーとして大きな影響力を持つこともできるのです。

２の企業・商品のブランドキャラクターについてですが、企業名よりも、キャラクター名の方が有名な場合があります。例えば、「赤城乳業」という企業名は知らなくても、そこから発売されている「ガリガリ君」なら知っているという人は多いと思います。日清チキンラーメンの「ひよこちゃん」、味の素の「アジパンダ」など、誰もが知っている企業でも、あえて独自のキャラクターを設定し、顧客とのコミュニケーションに活用する例もあります。

最近では、ＩＢＭのワトソン、ホンダのＡＳＩＭＯやソフトバンクのペッパーなど、企業の技術で人工知能やロボットを開発している事例もあります。日本マイクロソフト社が開発した人工知能「りんな」は、ＳＮＳで情報発信したりユーザーとコミュニケーションしたりするだけでなく、歌手としてデビューも果たしました。こうしたものも広義の「企業キャラクター」と言ってもよいでしょう。先端技術を活用してキャラクターを構築すること、さらにコミュニケーション活動まで行うことは、企業の技術力の高さを示せるというメリットもあり、今後もっと増えてくると思われますし、活用方法について様々な可能性がありそうです。

３の「経営者や社員」は主に広報の領域で最近重視されるようになっています。経営者が自ら情報発信するようになったのは、アップル社の故スティーブ・ジョブズ氏の影響が大きいですが、日本においても、ソフトバンクの孫正義社長、トヨタ自動車の豊田章男社長のように、自ら情報発信役を担いつつ、一挙手一投足が注目されている経営者もいます。現在では、個人名でＳＮＳアカウントを保有し、積極的に情報発信している経営者もいます。

特定の個人を立てるのではなく、幅広く内部の人材をインフルエンサーとして活用している企業もあります。例えば、航空会社のＡＮＡ（全日本空輸）やＪＡＬ（日本航空）のフェイスブックページでは、パイロットや客室乗務員だけでなく、地上職員、整備士、内勤部門のスタッフも登場して、それぞれの立場から、担当する仕事や、仕事にかける思いを伝えています。

日本ではまだ事例は少ないですが、企業アカウントではなく、社員個人のＳＮＳアカウントを活用する取り組みも見られます。米百貨店の「Macy's（メイシーズ）」では、「Macy's Style Crew」というプログラムを実施しています。これは、３００人以上のスタッフを、従業員インフルエンサーとして認定し、個人のＳＮＳアカウントを通じておすすめの商品を紹介してもらうという取り組みです。

　こうした取り組みは、商品やサービスを購入してもらうという「広告」としての効果だけでなく、企業の知名度やイメージの向上、従業員のモチベーションアップ、リクルーティング活動の促進といった効果を期待することもできます。

　今後は、技術者、開発担当者など、日頃は顧客が接触する機会が少ないながらも、企業を根幹で支えているような人材を表に出していくような取り組みをもっと進めていくべきだと思います。ただし、経営者や社員による情報発信にはリスクも伴いますので、実践においては、情報発信力に加えて、リスク管理能力も問われます。

　４つ目の「中の人」に関してですが、あくまでも「企業として」情報発信を行ってはいるものの、担当者の個性が色濃く出ている事例です。「中の人」による情報発信は、企業がＳＮＳアカウントを積極的に活用するようになった２０１０年頃から注目されてきました。真面目な「公式（硬式）アカウント」と対照して「軟式アカウント」と呼ばれることもあり[33]、自社商品・サービスの宣伝や紹介だけでなく、ダジャレなどの「ゆるい」投稿をしたり、フォロワーと友人のように対話したりして、親近感を抱かせてくれます。前に紹介したシャープ以外にも、タカラトミー、タニタ、キングジム、東急ハンズなどの企業の公式ＳＮＳアカウントは「中の人」の活躍によって、多くのフォロワーから支持を集め、存在感を示しています。

　一方で、思うように効果が上がらなかったり、炎上して、アカウントの閉鎖や投稿の停止を余儀なくされるケース、担当者（中の人）の退職や異動によって、継続運用ができなくなったケースもあります。現在まで継続され、活気のあるアカウントでも、過去に何度か炎上等、何らかのリスクにさらされたことのあるケースは非常に多いのです。「軟式アカウント」は属人的な要素が強く、ノウハウの継承やリスク回避など、運用上の課題も多々あることは念頭に置いておくべきでしょう。

以上、企業内のインフルエンサーについて論じてきました。ＳＮＳを通じた情報発信のウエイトが大きくなってしまいましたが、自社のＷＥＢサイト等のオウンドメディアを活用したり、メディア対応等の広報活動を促進したりと、やり方は様々です。詳しくは、「Ｈｏｗ」のパートで論じますが、インフルエンサーの特性と、コミュニケーションの目的を踏まえて有効なやり方を検討することになります。

「社内のどこを探しても、インフルエンサーになるような人材はいないよ！」という方も多いのではないかと思います。たとえ現状ではインフルエンサーが存在しないとしても、顧客やファンとの継続的な関係をつくるためには、中長期的に企業内にインフルエンサーを育成していくことが重要な視点となります。

また、企業内にインフルエンサーがいる／いない、活用する／しないにかかわらず、外部のインフルエンサーを活用していくことは不可欠です。続いてその点について論じたいと思います。

## 外部インフルエンサーを「内部的」に活用する

さて、企業外のインフルエンサーに関してもいくつかのタイプがあります。

1. 芸能人、ミュージジャン、スポーツ選手などのセレブリティ
2. 個人インフルエンサー（インスタグラマーやユーチューバー、読者モデルなど）
3. 映画・ドラマ・アニメなどのキャラクターや作品
4. 他の企業、事業者（コラボレーション）
5. 学者、作家、起業家、当該領域の専門家などの有識者
6. メディアや記者

どういうタイプのインフルエンサーを起用するかについては、一般的な知名度や影響力に加えて、コミュニケーションしたいターゲット・クラスターに対して「影響力のある」インフルエンサーを活用すべきですし、活用の仕方ついても「対価を払って商品やサービスを紹介してもらう」というやり方ではなく、インフルエンサー、およびインフルエンサーのフォロワーの興味関心や志向性も踏まえてプランを立てる必要があります。

さらに、広告を出稿したり、戦略ＰＲでメディア露出を狙ったりする場合も、単純にリーチ（到

達力）を狙うのではなく、「インフルエンサー」という視点から、いかに情報がターゲットに影響力を与えるのか、そこから情報がいかに広がっていくのか、といった効果も考えるべきなのです。

## 広告起用時にも「インフルエンサー」の視点

まず、「1．芸能人、ミュージシャン、スポーツ選手などのセレブリティ」について考えてみたいと思います。

２０１９年は、日本の芸能界とＳＮＳとの関係性の変化を象徴するような大きな「事件」が起きました。ひとつは、国民的アイドルグループの「嵐」が、11月のデビュー20周年を機にＳＮＳを全面解禁、５つのＳＮＳに公式アカウントを開設し、そこで一挙に情報発信を行ったことです。もうひとつは、お笑いタレントであり、ＳＮＳのインフルエンサーとしても知られる渡辺直美さんが「２０１９タレントＣＭ起用社数ランキング」[34]のトップに立ったことです。

「どうしてこれが事件なんだ？」と思われるかもしれません。詳細は後述しますが、前者は「もはや芸能人はＳＮＳの効果を無視できない」、後者は「ＳＮＳのインフルエンサーが広告起用においても重視されるようになった」という状況を示しているという点で、時代の変化を象徴している「事件」と言えるのです。

ちょっと先走ってしまったので、話を戻しましょう。これまでもセレブリティは広告を中心に積極的に起用されてきましたし、日本のCMは海外と比べるとタレント起用率が高く、タレントを中心にクリエイティブが作られることが多いのも事実です。タレント広告の効果を疑問視する意見もありますが、広告に対する認知度や評価において、タレント起用は依然として有効であることは間違いありません。

ただし、広告へのタレント起用の選定基準や活用の仕方に関しては、近年変化が見られます。第一に知名度や好感度だけでなく、商品やサービスとの親和性が重視されるようになっている点、第二に企業のリスク回避志向が高まっている点、第三に二次的、三次的な波及力も重視されるようになっているという点です。

最近はお笑い芸人の広告への起用が増えていますが、「自分に近い存在」として消費者が親近感を覚えやすいことも重視されていることが、その背景にあります。先述した通り、現代は広告にもリアリティが求められる時代です。経済が右肩上がりで成長していた時代であれば、「自分もこうなりたい！」といった憧れを抱けるようなイケメンや美女が重宝されますが、最近では商品やサービスによっては、共感や親近感を喚起するようなタレントを起用した方が効果が高くなる場合も多々あります。

例えば、パーソナルジムのライザップのCMは、以前は一般モニターが使われていましたが、タレントを起用するようになってから大きな反響が得られるようになりました。ただし、反響の大きさは「有名人を起用したから」ということだけではなく、ビフォー・アフターのフォーマットに有名タレントをはめることで「彼ら／彼女らも自分と同じ悩みを抱えていた」という親近感と、「自分も彼らと同じようになれるかも」という憧れを同時に喚起できたことが大きかったと思われます。

一方で、タレント起用のリスクも高まっています。タレント自身がＳＮＳアカウントを保有して情報発信するようになっている中、炎上するリスクも高まっています。社会的にも、不祥事はもちろん、「不適切な言動」に関しても寛容度が下がっており、その点でのリスクも顕在化しています。そうしたリスクを回避するために、起用前にタレントに関するＳＮＳ上の声を調べる、つまり「ソーシャルリスニング」を行うことも多くなっており、その結果に基づいて起用の有無を判断したり、起用後のクリエイティブ開発に活用するようになっています。

最近では、タレントの起用の際に、広告そのものの効果だけでなく、間接的な波及力まで考えることも多くなってきました。例えば、タレントがＳＮＳアカウントを保有している場合は、そこでの発信力も考慮され、ＳＮＳに限らず、話題喚起力が高いことも重視されるようになっています。Ｐａｒｔ2の「2―2　話題になる商品、キャンペーンはどこが違うのか？」で紹介した、花王「アタックＺＥＲＯ」の事例では、ＣＭ発表会が話題になり、5名のタレントが起用されたことで話題になり、それぞれのタレントがＳＮＳでツイートして話題になり……と、タレントの情報波及力が最大限に活用されています。

メディアの調査・分析を行うニホンモニター社が発表した「２０１９タレントＣＭ起用社数ランキング」の結果は、現代のトレンドを象徴するようなものでした。前に述べた通り、トップに立ったのはお笑いタレントの渡辺直美さんでしたが、彼女はインスタグラムでは約９３７万人（2

021年現在)、ツイッターでは約196万人(2021年現在)ものフォロワーを誇る、日本はもちろん、世界有数の「インフルエンサー」です。実際に、渡辺直美さんは2018年にアメリカのニュース雑誌『TIME』で「ネット上で最も影響力のある25人」のひとりに選出されています。大きな影響力を持つ有名人であり、センスの良さを持ち合わせながらも、サービス精神が旺盛で、親しみの持てる存在である渡辺直美さんは、まさに現代におけるインフルエンサー、およびトップCMタレントとして象徴的な存在になっています。

また、情報波及力という視点から、誰でも知っている大御所のタレントよりも、人気上昇中で話題になりかけているタレントの方を起用したがるクリエイターもいます。その方が、広告起用後の盛り上がりが期待できるからです。実際にSNS上の口コミを分析していると、知名度の高いタレントに関する口コミ量が必ずしも多いとは限りません。むしろ、さほど有名でなくともコアなファンを持つタレント、SNSで積極的に情報発信をしているタレントの方が、SNSでは話題になっていたりします。

さて、本節の冒頭で言及したアイドルグループ「嵐」のSNS解禁について改めて詳細を説明します。これまでネットとは距離を置いていたジャニーズ事務所が、所属グループの公式SNSアカウントを開設すること自体が異例のことでした。しかも、開設されたのはジャニーズ内でも最大の人気を誇るグループの公式アカウントだったのです。開設効果も異例で、驚異的なスピードでフォロワーを獲得しました。ジャニーズ事務所側も、発表会をユーチューブで生配信したり、開設初日に初のインスタライブ(インスタグラム上で動画をリアルタイム配信するサービス)を行ったり、多言語に対応したり――と、かなり本腰を入れて運用しています。タレントイメージの管理やリスク回避を重視し、ネットに対して消極的な芸能人は現在でも少なからずおり、あえてＳＮＳの公式アカウントを開設しない芸能人、開設していても公式情報しか配信していない芸能人も少なくありませんが、国民的タレントの嵐のような芸能人にとってネット上での情報波及力が無視できないほど大きくなったこと、ＳＮＳによる情報発信がリスクよりもリターンの方が大きくなったということでしょう。逆に言えば、芸能人を起用する際には、ＳＮＳ等での二次的波及力も考えなければならない時代が来ているということです。

さて、ＣＭに関して話題になるのは、タレントだけではないことも忘れてはなりません。

私が効果検証に携わったテレビＣＭで、ＢＧＭで使われているミュージシャンがＳＮＳ上で大きく話題になったことがありました。このミュージシャンは、その当時は特別有名ではなかったのですが、実力派として評価されており、すでに熱狂的なファンがいたことに加えて、ちょうど人気も上昇しはじめていました。そんな中、大手企業が自分の好きなアーティストを認め、起用してくれたことにファンは熱狂し、ＳＮＳでは感謝と応援の投稿が相次ぎました。「商品を買う！」と投稿していたファンも多数いました。アーティストのファンが、企業や商品のファンになり、口コミを広げ、商品を購入してくれるに至ったのです。「それが商品の売り上げにどのくらい貢献したのか？」と問われると、明確には答えられないのですが、ＢＧＭが大きな波及力を持つことができたＣＭであったことは紛れもない事実です。

アニメＣＭや、ＣＭのナレーションに起用された声優さんがＳＮＳ上で大きく話題になることも多々あります。アニメを観ることはあっても、深く情報収集をしない私は、声優さんの名前をほとんど知らないので、SNS上で声優さんの話題で盛り上がっているのを最初に見たときは驚きました。「声優というのは、あまり表には出ない職業だ」という先入観も邪魔したのだと思います。後で、同僚のアニメファンから、話題になっていたのは熱狂的なファンのいる声優さんであること、声優とSNSは相性が良く、話題になりやすいことを教えてもらい、初めて合点がいきました。実際に、SNSのフォロワーランキングを調べると、ランキングの上位に、芸能人や大手企業のアカウントに混じって声優さんのアカウントが何名か入っており、SNSでの存在感はかなり強いことがうかがえます。

SNSにおける「知名度」や「話題喚起力」はメディア、特にマスメディアの世界とはかなり異なっています。SNSの世界に限らずですが、自分になじみのない世界では、自分が「常識」と思っていることは、決して「常識」ではなく、その世界独自の文脈が存在することを理解した上で、その世界を理解しようとすること、さらには時にはその世界の「住人」の力を借りることも重要です。

広告の目的はSNSで話題になることではありませんが、広告の直接的な到達力だけでなく、SNSやメディアも含めた情報波及効果も考えた上で、効果を最大化できる企画立案力が求められる時代が来ていることは間違いありません。

## 発信力のあるタレントが顧客との仲介役に

最近は、広告以外の領域でのタレント活用も活発化しています。企業がスポーツチームやアスリートとスポンサー契約を結び、広告への出演以外に、企業の商品を使ってもらったり、ユニフォーム等にロゴを印字してもらったりする——といった手法は以前からありましたが、現代では、手法も非常に多様化しています。

アスリートの事例で言うと、プロスケーター・タレントの浅田真央さんは、2011年に高反発マットレスパッドで知られるエアウィーヴ社の「アンバサダー」に就任、同社の様々な広告・広報活動に参画しています。浅田さんはアンバサダー就任前から同社の商品を愛用されており、それがきっかけとなって、アンバサダー起用が決まったのです。そうしたこともあり、エアウィーヴの商品の魅力をリアルに伝えることができる「インフルエンサー」として、広告はもちろん、同社のWEBサイトやイベント等、様々なところで活躍されています。なお、アンバサダー契約は2020年現在も継続しており、同年6月には新CMも放映されています。

「3－1 「普通の人」でもできる表現開発（Whatの要素）」で紹介した「10分どん兵衛」も新たな手法です。「10分どん兵衛」の発案者であるマキタスポーツさんと、日清食品の担当者との対談の場を設けることで、大きく話題になりましたが、この企画の肝は、本物の「顧客」でもあり「インフルエンサー」でもある有名人（外部インフルエンサー）を起用し、企業内部の商品担当者と対談の場を設けるという「組み合わせの妙」にあります。

トヨタ自動車は２０１９年の元旦から「トヨタイムズ」[35]という自社メディアを立ち上げていますが、「編集長」として俳優の香川照之さんが起用されています。香川さんは、同メディアの「広告塔」となるだけでなく、自ら取材や情報発信もされています。なお、「トヨタタイムズ」は豊田章男社長が自ら情報発信されている他、元メジャーリーガーのイチロー氏との対談を掲載したり、インタビュアーにフリーアナウンサーの小谷真生子さんを起用したり――とインフルエンサーの活用という視点から見ても、様々な取り組みがされていることがわかります。

「企業内インフルエンサー」の活用は、実践する上では困難を伴うことも多々あります。第一に企業内に影響力のあるインフルエンサーを確保するのが難しいこと、第二に確保できたとしても情報発信力が十分とは言えないことが多い。そうした中で、企業側が伝えたい情報と、顧客や消費者が知りたい情報をうまくマッチングできないと、人々の興味を引くことができない可能性もあります。そうしたときに、タレント等の有名人を「仲介役」として設定することで、こうした課題を解消し、スムーズなコミュニケーションが可能になる場合も多々あるのです。

## 芸能人を超える?個人インフルエンサーの影響力

ＳＮＳ時代になり、影響力が急激に大きくなったのが、インスタグラマーやユーチューバー、読者モデルなどの個人インフルエンサーです。

ソニー生命が行った「中高生が思い描く将来についての意識調査」によると、「男子中学生が将来なりたい職業」として「ユーチューバーなどの動画投稿者」が２０１７年に3位に入り、世間を騒がせましたが、この状況はさらに加速し、２０１９年ではトップに入るまでになっています。[36]なお、２０１９年の「女子中学生がなりたい将来の職業」のトップは、「歌手・俳優・声優などの芸能人」となっています。いまや、ネット上の個人インフルエンサーは、中高生に限らず、若者にとって、芸能人と同等、あるいはそれを超えるような憧れの存在になっていると言っても過言ではないでしょう。

広告コミュニケーションにおいても、個人インフルエンサーの重要度は年々高まってきています。著名ユーチューバーはユーチューブ上にタイアップ広告動画をアップするだけでなく、テレビＣＭにまで出演するようになっていますし、化粧品やファッションの世界では、インスタグラマーや読者モデルに話題を広げてもらうことが重要な施策のひとつとなっています。

実は、ユーチューバーが話題になり始めていた頃、デジタルマーケティングのセミナーで、ある著名ユーチューバー（当時は現在ほど有名ではありませんでした）のタイアップ広告動画が紹介されたのですが、私はその価値を十分に評価することができませんでした。これほどユーチューバーが注目を集める存在になるとは、当時は予想できなかったのです。「有象無象のコンテンツが溢れているネットの世界で、映像制作のプロでもない人が、さほどお金もかけずに作った広告動画を自分から進んで見る人がそんなにたくさんいるとは思えない」と思ったのです。しかしながら、私の認識は完全に誤っていました。

ユーチューバーに限らず、個人インフルエンサーの魅力、および彼らが発信する情報の価値はマスメディアとはまた違うところにあり、だからこそ消費者はそのインフルエンサーをわざわざフォローし、彼らが発信する情報を受信し、そして影響されるのです。

実際に、最近ＳＮＳの口コミからキャンペーンの効果検証をしていると、企業の公式アカウントやニュースサイトに加えて、個人インフルエンサーも重要な情報拡散源になっており、マスメディアや企業公式アカウントが発信しているのとは異なった文脈で、別のユーザー層に情報が波及していることも多いのです。

例えば、ある化粧品のキャンペーンでは、読者モデル系のインスタグラマーの口コミは、企業の公式ＳＮＳアカウントのフォロワーでもなく、商品のユーザーでもない潜在顧客に対して有効な役割を果たしていることがわかりました。また、あるアルコール飲料ブランドに関して、ユーチューバーが自主的においしい飲み方の動画を投稿し、それがＳＮＳ上で拡散することによって、既存の顧客やコミュニケーションターゲットとは別の層に話題が広がっていました。

想定もしていなかったようなインフルエンサーや、さほど有名でもないインフルエンサーが、実は多大な影響力を及ぼしていたということも多々あります。個人インフルエンサーの活用で知っておかなければならないことは、ネットの世界はマスメディアの世界とは似ているようで全く異なっているということです。

具体的には、どういうところが違うのでしょうか？

1．一般的な知名度と、ネット上での影響力は必ずしも相関しない
2．個人インフルエンサーが及ぼす影響範囲は細分化されている
3．発信者の「リアルな声」こそが人々に受容される

1についてですが、一般的にはさほど有名ではない人がＳＮＳ上では大きな影響力を持っていたり、逆にメディアに登場する機会が多く、一般にも広く知られている有名人がＳＮＳ上であまり影響力を持っていなかったりすることも多々あります。また、同じＳＮＳでも、ツイッター、インスタグラム、フェイスブックのそれぞれで、影響力のあるインフルエンサーは異なっています。

例えば、ツイッターとインスタグラムのフォロワー数のランキング（２０１９年12月時点）は図３－１のようになっています。有名な芸能人・タレントが上位を占めてはいますが、一般的な知名度やマスメディアでの露出量とは一致していませんし、ツイッターとインスタグラムでは、ランクインしているインフルエンサーが大きく異なっていることが分かります。

ツイッターのフォロワー数５位（２０１９年時点。２０２０年には1位）の「はじめしゃちょー」については、最近はテレビＣＭにも出演して知名度は上がっているものの、中高年の方を中心に、依然として知らない人も多いと思われますが、フォロワー数では著名な芸能人に交じって上位に食い込んでいます。

インフルエンサーを活用する際には、一般的な知名度や自分が見ている世界の「常識」に囚わ

図 3-1　SNS のフォロワー数ランキング
（日本、個人・グループ、2019 年 12 月時点）

ツイッター

| 順位 | 人名 | 職種 |
|---|---|---|
| 1 | 有吉弘行 | 芸能人・タレント |
| 2 | 松本人志 | 芸能人・タレント |
| 3 | きゃりーぱみゅぱみゅ | ミュージシャン |
| 4 | ローラ | 芸能人・タレント |
| 5 | はじめしゃちょー | ユーチューバー |
| 6 | BTS JAPAN（防弾少年団日本公式） | ミュージシャン |
| 7 | 広瀬すず | 芸能人・タレント |
| 8 | 三村マサカズ | 芸能人・タレント |
| 9 | 堀江貴文 | 起業家 |
| 10 | 小嶋陽菜 | 芸能人・タレント |

インスタグラム

| 順位 | 人名 | 職種 |
|---|---|---|
| 1 | 渡辺直美 | 芸能人・タレント |
| 2 | ローラ | 芸能人・タレント |
| 3 | 水原希子 | 芸能人・タレント |
| 4 | 木下優樹菜 | 芸能人・タレント |
| 5 | 佐々木希 | 芸能人・タレント |
| 6 | 山﨑賢人 | 芸能人・タレント |
| 7 | 有村架純 | 芸能人・タレント |
| 8 | 戸田恵梨香 | 芸能人・タレント |
| 9 | 山田孝之 | 芸能人・タレント |
| 10 | 近藤麻理恵 | 起業家 |

Twitter公式データを元に作成

れず、影響力をしっかりと判断する必要があります。

2についてですが、マスメディア、特にテレビにおいては、「マス」というだけあって、幅広い影響力を持つことが前提となりますが、ユーザーの興味・関心によって細分化されているネットの世界では、特定のインフルエンサーの影響力の範囲もおのずと限定されてきますし、インフルエンサーの専門領域、関心領域によって、フォロワーも大きく異なってきます。ビジネスマンに影響力のあるインフルエンサーと、主婦に影響力のあるインフルエンサーは異なります。さらに、同じ主婦に影響力のあるインフルエンサーと言っても、料理関連、ファッション関連、美容・ダイエット関連、子育て関連など、それぞれのインフルエンサーが得意とするジャンル、影響力を持つジャンルがあります。このことを前提として、インフルエンサーの活用を考える必要があります。例えば、家事関連に強い主婦系インフルエンサーにファッション関連の情報を発信してもらっても、そのインフルエンサーがファッションに強くない場合は、逆効果になってしまうこともありえます。

3についてですが、個人インフルエンサーが影響力を持つのは、彼のキャラクターや言動がフォロワーから共感を得られているからであり、彼が提供する知識や情報がフォロワーにとって有用なものであるからです。

ユーチューバーにタイアップ広告動画を制作してもらったり、SNSで話題になっている漫画家にマンガを描いてもらったりする際に、依頼する側がつい「こういう要素も盛り込んでほしい」、「こういう表現は困る」といった注文をつけすぎて、思うような効果が上がらなかったり、場合によっては人々から批判を受けてしまうことも多々あります。

注意すべき点は、芸能人・タレントと同じくらい、あるいはそれ以上の影響力を及ぼすようになったとしても、個人インフルエンサーは生活者にとっては、自分に近しい存在、つまりは「仲間」であり、「身近な存在」であり、場合によっては、「生活者と直接コミュニケーションを取ることもある存在」であることを忘れてはなりません。

学生にヒアリングしたところ、彼らがフォローしているインフルエンサーに対して「宣伝臭がなく、本当に自分がよいと思ったものを紹介しているところがいい」、「フォロワーのコメントにレスをしてくれるから、親近感が抱ける」点を評価していました。インフルエンサーに情報発信をしてもらう場合、「広告的な発想」、「マスメディア的な発想」は捨て去り、彼らの自主性に任せて、ネット文脈、ＳＮＳの文脈に従い、ユーザー側に寄り添った情報発信をしてもらう必要があることは、常に念頭に置いておくべきでしょう。

## 激変する「インフルエンサー」の勢力図

ここまで「インフルエンサー（Ｗｈｏ）」について解説してきましたが、デジタル上のインフルエンサーの勢力図は、芸能界以上に変化が激しいことには留意しておくべきです、

２０２０年時点で、芸能人、特にお笑い芸人が相次いでユーチューブに参入してきています。

これまで、芸能人は「広告に起用するもの」という発想が強く、起用した芸能人がＳＮＳでも大

きな影響力を持っている場合は、「ＳＮＳでも情報発信してもらう」という意識があったのですが、今は、広告とは無関係に、芸能人が独自に保有する「情報チャネル」を活用して発信してもらうというやり方も取られていますし、この方法は今後もっと普及していくに違いありません。

一方で、新型コロナ禍をきっかけに、多くの芸能人がＳＮＳ上で社会的な発言、場合によっては政治的な発言も行うようになりました。さらには、社会貢献活動を行う芸能人も出てきています。政治家以上に、その発言や行動が支持を集めるインフルエンサーも出てきている一方で、炎上したり、激しいバッシングを受けたりするインフルエンサーもあらわれています。

「インフルエンサー」とは言えない個人の発言に関しても、著名人・有名人をはじめ、多くの人が集まってくることで、大きな流れを生むこともあります。２０２０年５月、検察庁法改正法案に対して、ツイッター上でハッシュタグ「#検察庁法改正案に抗議します」が大きく拡散し、「ツイッターデモ」と呼べる反対運動が起きましたが、最初のツイートは、個人アカウントから発信されたものでしたが、芸能人、有識者、野党政治家など、多くの「インフルエンサー」が賛同することで社会的なムーブメントとなりました。

ダイナミックな変化が続く中、インフルエンサーをコミュニケーション活動で有効活用していくことには困難も伴います。その一方で、高い効果を上げるチャンスにも溢れています。

重要なのは「人々の声を聞く」ということです、そのインフルエンサーについてどう語られているか、そのインフルエンサーの発言に対して人々がどのような反応をしているか、といったところを把握しておけば、事前にそのインフルエンサーを起用することのリスク、さらには効果もある程度まで見積もることが可能になります。

インフルエンサーの起用に限らない話ではありますが、「リスク」と「リターン」をできるだけ正確に見積もり、「適正なリスクを取る」ということが、これからのマーケティング・コミュニケーション領域で重要な要素となります。

## 3・3 「情報流通構造」を設計する（Ｈｏｗの要素）

### 「Ｈｏｗの設計」がプランナーの腕の見せどころ

いよいよ、3要素の最後「③Ｈｏｗの要素 ＝ いかに発信するか？（情報流通構造）」について考えましょう。

この要素は、「情報流通構造」、すなわち「情報を広く伝達させる仕組み」を指します。「3要素」とは言いつつも、この「Ｈｏｗ」だけは、他の要素とはやや位置づけが異なっています。「Ｗｈａｔ」と「Ｗｈｏ」については、コミュニケーション設計において不可欠の要素なので、程度の差こそあれ、大半のプランナーはそれなりの時間をかけて考えます。

ところが、「Ｈｏｗ」の要素は綿密に考えなくても、コミュニケーションプランの構築、実施は可能なため、つい疎かにされがちなのです。事実、成功した広告やキャンペーンの中にさえ、この要素があまり考えられていないものがあり、「ああ、もう少しうまくやればもっと効果を上げられたのに」と思ってしまうこともあります。

「Ｈｏｗ」の構築は、コミュニケーション戦略の「全体像」をつくることでもありますので、より俯瞰的な視野を持つ必要があります。

人々の情報接触が多様化、細分化している現代では、「何を使って、どの順番で、どのタイミングで情報発信をしていけばよいのか?」を考えるのは、以前と比べても難しくなっています。

しかしながら、「Ｈｏｗ」の要素は、ある程度は定式化することが可能ですし、データに基づいてロジカルに構築できる部分も多く、才能、あるいは勘と経験に依存することが少ないため、ノウハウさえ習得すれば、比較的手を付けやすい要素だとも言えます。

情報発信の手段には、「広告」と「非広告」、「非デジタル」と「デジタル」といった分類があります。それぞれの手段をどう活用するのか?というのが、この要素を設計する最初のポイントとなるのですが、「広告」と「非広告」、「デジタル」と「非デジタル」といった分類の境界はあいまいになってきています。

「マスメディアはデジタルメディアに駆逐される」、「広告重要性は低下している」といった主張も、近年出てきています。しかしながら、形態は変わりながらも、依然として、広告もマスメディア生き残り続けています。

図 3-2　日本の広告費の推移

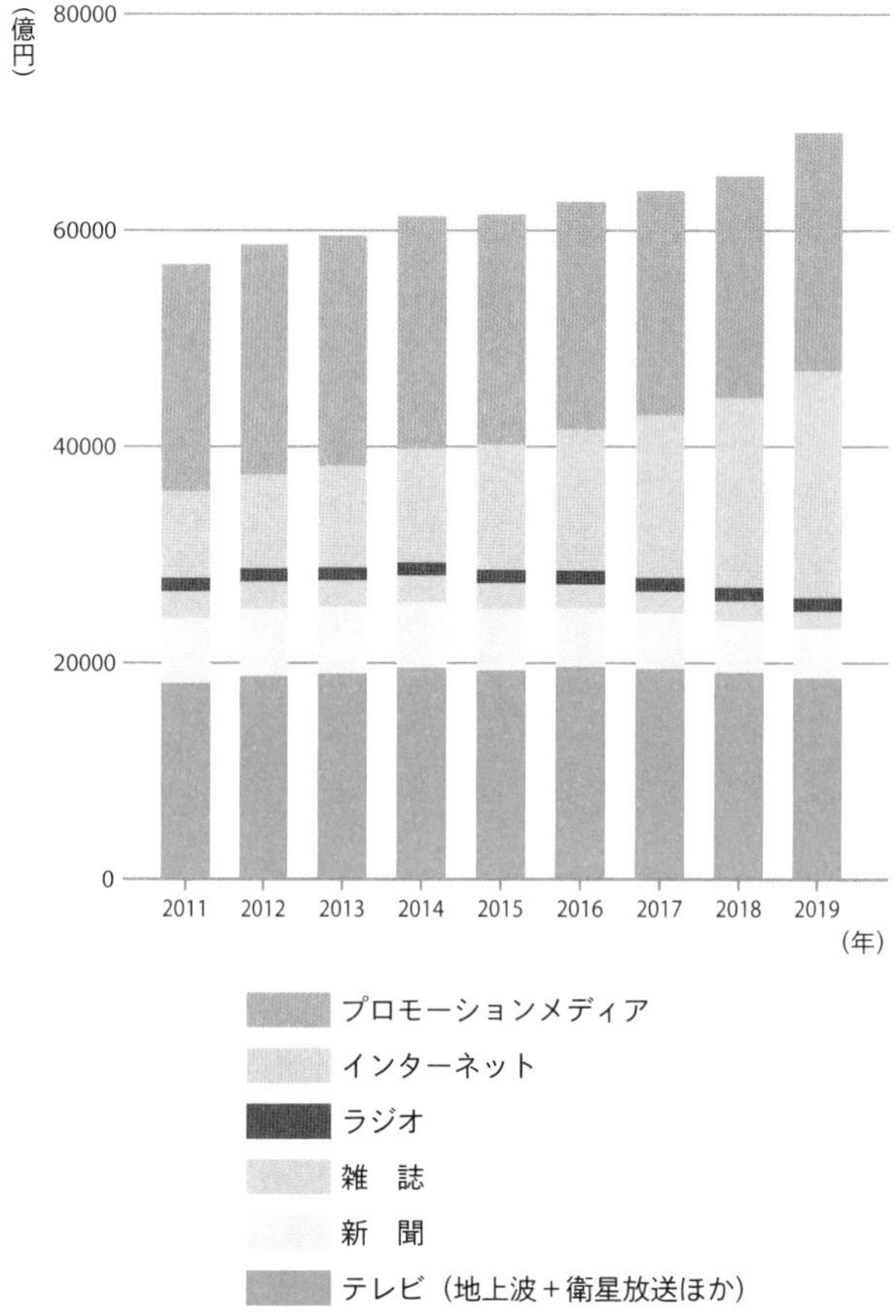


電通推計「日本の広告費」より作成

電通が発表した「日本の広告費」の推移（図３－２）を見ていただくとわかる通り、近年、日本の広告費は毎年右肩上がりで増加を続けています。マスメディアに関しては、ほぼ横ばいか微減で、この増加はインターネット広告の広告費の拡大に起因しているというのが現状です。広告費を見る限り、「デジタルメディアがマスメディアを侵食している」というよりは、「デジタルメディアが新しい広告市場を作っている」という要素が強いように見受けられます。

「広告」と「非広告」、「デジタル」と「非デジタル」のボーダーレス化について、少し詳しく解説しましょう。現代では、ＣＭ動画を制作しても、それがテレビＣＭやネット上の動画広告として流れることもあれば、ユーチューブなどの動画共有サイトや、自社のサイトで「コンテンツ」として流れることもあります。テレビＣＭや新聞広告がＳＮＳでシェアされて、出稿された広告を見ていなくても、広告コンテンツに接触し、広く話題になることもあります。

ＳＮＳに限定しても、企業の公式アカウントからの投稿がユーザーのタイムラインに表示されることもあれば、同じ内容の投稿が「広告として」タイムライン上に表示されることもあり、閲覧者からしてみれば、広告なのかメディアコンテンツなのか、にわかには判別できないこともあります。

また、マスメディアで報道されたニュースはＳＮＳでも話題になったり、議論を呼んだりします。逆に、ＳＮＳで大きく話題になった話題は、マスメディアでも取り上げられるようになっており、「デジタル」と「非デジタル」の間で相互に情報が行き交うようになっています。

２０１０年代前半くらいから「トリプルメディア」という概念が頻繁に使われるようになりま

図3-3　トリプルメディア

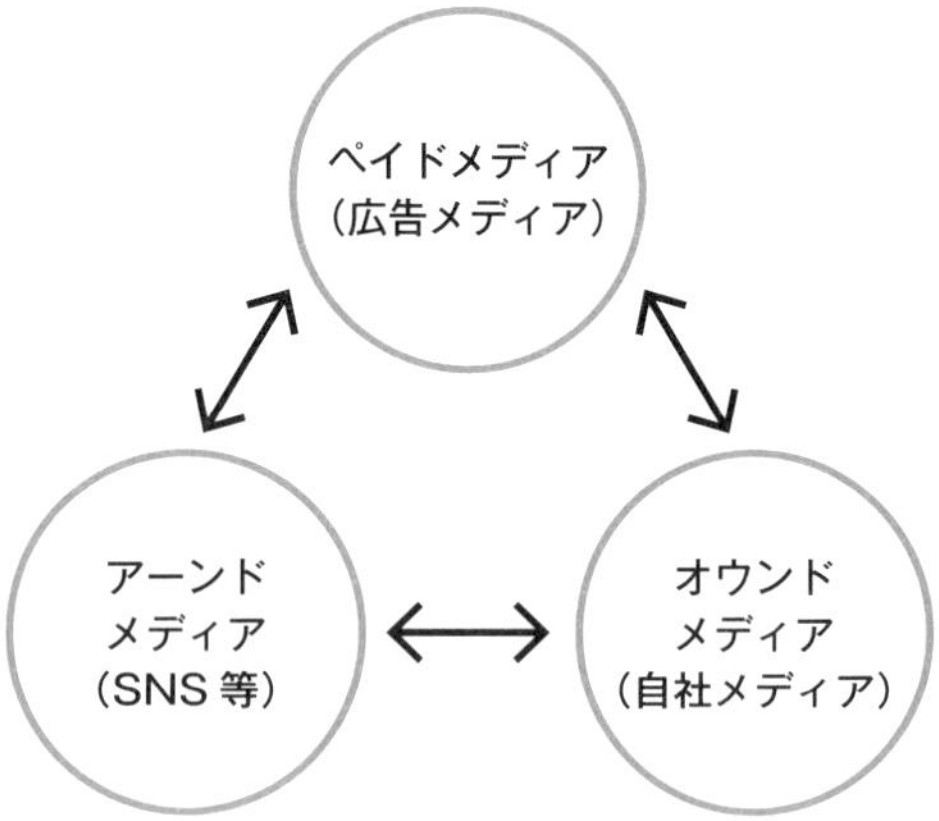


した。トリプルメディアとは、「ペイドメディア（広告）」、「オウンドメディア（自社メディア）」、「アーンドメディア（ソーシャルメディア）」の３つのメディアのことを指します（図３－３）。この３つのメディアを活用して、コミュニケーション戦略を構築する「トリプルメディア・マーケティング」も提唱されました。[37]

この概念自体は現在でも有効なのですが、コミュニケーションプランニングのフレームワークとして活用するのは難しくなっています。というのも、上で述べたように広告（ペイドメディア）として作られたコンテンツが、オウンドメディア（自社サイト）やアーンドメディア（ソーシャルメディア）で流通することもありますし、企業のSNSアカウントやユーチューブの企業公式チャンネルなど、オウンドメディアなのか、アーンドメディアなのか、明確に区別できないような情報チャンネルも出てきているからです。

メディア（情報発信手段）の多様化、ボーダーレス化は、プランナーにとっては悩ましいところも多いのですが、この変化は消費者の多様化、細分化とも呼応しており、消費者を効果的に捉え、有効に関係を構築するためのツールが拡大しているとみることもできます。その意味で、広告・コミュニケーションにおけるチャンスであり、この変化をしっかりと捉えることが、有効な「Ｈｏｗ＝情報流通構造」を設計する鍵となります。

## 「情報流通」を創り出す方法

これまで３つの要素について個別に説明をしてきましたが、それぞれの要素は別々のものではなく、統合的な視点から同時並行で考えていくべきものです。

では、具体的にどうやればよいのでしょうか？

マーケティング予算が潤沢な場合は、ターゲットを広く設定し、そこに訴求するためにマス広告を出稿することも多いのですが、情報流通構造の設計を考える場合は、いきなり大ヒットは狙わず、まずはメインターゲットにメッセージを確実に当てていき、続いて、周辺クラスターへと情報を波及させていく方法を考えることが適切です。

その際に、３つの要素のうちの２つ、

①　Ｗｈａｔの要素＝何を発信するのか？（ネタ、メッセージ）
②　Ｗｈｏの要素＝誰が発信するか？（メディア、インフルエンサー）

をターゲット・クラスター別に設定し、それぞれの①と②をベースにして、③Ｈｏｗの要素（情報流通構造）を設計します。

例えば、コアターゲットとする30代〜40代の都心在住のビジネス層には、彼らと親和性の高いビジネス系メディアや交通広告を活用しつつ、デジタル上ではＳＮＳで拡散されるようなコンテンツを展開しよう、サブターゲットであるより若年の層に対しては、コアターゲットからの情報拡散をリーチさせる以外に、その世代に人気の高いインフルエンサーにＳＮＳで情報発信してもらって補完しよう——といったことを考えます。

なお、こうした手法は従来型のマスメディア中心の方法論と比べると、一見、複雑で面倒くさそうに見えますが、生活者、および広告・コミュニケーション環境の変化にさらされている現代では、この方法論は実は効率的で、失敗するリスクも少ないやり方になっています。

さて、実際の事例を見てみると、情報流通構造にはいくつかのパターンがあることに気づかされます。

Ⅰ．**コンテンツ起爆型**：広告、番組、動画、あるいは商品やサービスそのものなど、強いコンテンツが起点となり、そこから話題が広がっていく

Ⅱ．**複数ソース増幅型**：ＳＮＳやＷＥＢメディア、マスメディア等、複数の情報源から発信されることで話題が増幅される

Ⅲ．**インフルエンサー起点型**：特定のインフルエンサーの発言が起爆剤となって話題が広がっていく

Ⅳ．**話題あいのり型**：すでに話題になっているネタに相乗りして、話題の拡散にレバレッジをかける

Ⅴ．**継続ネタ投入型**：継続的に情報が投入され続けることで、人々の関心が長く維持される

明確にひとつのパターンに分類できない事例もありますし、実際の事例では、２つ、あるいはそれ以上の複数パターンの組み合わせになっていることも多々ありますが、基本パターンとしては、上記の５つに分類されると見てよいでしょう。

逆に、情報流通構造を設計する際にも、どのパターンを目指すのかを事前に明確にしておくと、企画を立てるのが容易になります。

それぞれの事例とそれに合わせたプランニングのポイントを見ていきたいと思います。

## 「強いコンテンツ」があれば話題は自走する（Ⅰ．コンテンツ起爆型）

まず、「Ⅰ．コンテンツ起爆型」ですが、広告の事例として最も典型的なのがハズキルーペの

事例です。本商品の話題は、強力なテレビCMでの展開が起爆剤となって、拡散しています。逆に言うと、生活者間で話題になっているのも、CMに関するものが多くを占めています。

広告事例ではないですが、大ヒットしたDA PUMPの「U.S.A.」は楽曲が、アップル社のiPhoneは商品自体が、「コンテンツ」となって話題が自走した事例です。

また、2018年末に大旋風を巻き起こしたスマホ決済サービスPayPayが行った100億円が消費者に還元される「PayPay祭り」や、翌年1月にZOZOの前澤友作社長(当時)が自身のツイッターで行った「総額一億円のお年玉」(100名様に100万円)のキャンペーンもこのタイプですが、消費者への異例の還元額、つまり「お得感」が情報拡散の起爆剤になっています。

それぞれ、メッセージ、プロダクト(商品)、あるいはキャンペーンの還元額など、要素は違うものの、いずれにも共通するのは、3要素でいう「What」の部分が非常に強く、その要素だけでも一点突破できているという点です。

このタイプでは、マスをターゲットにしたマス広告を中心とする旧来型の手法でも、高い効果を上げている事例が数多く存在しています。ハズキルーペやライザップのCM、3−1の「What」の項目でも紹介した、ゴディバの「日本は、義理チョコをやめよう」の新聞広告、あるいは出版社の宝島社が継続的に展開して話題になっている新聞広告もこのタイプに当てはまります。

こうした事例は、生活者が持っている欲望や欲求、あるいは「心の声」がうまくメッセージとして組み込まれていたり、人々が真似をしたり、話題にしたくなる要素が巧みに仕込まれているのが特徴で、だからこそ多くの人に認知され、興味が喚起され、さらに生活者の間で話題が広がったり、メディアに取り上げられ、情報が二次的、三次的に広がっていくのです。つまり、表現の中に自走しやすい「ネタ」が内包されているということになります。

例えば、ライザップの広告では、「結果にコミットする」というキャッチコピー、特徴的な音楽、出演タレントのポーズが話題になり、中にはCMの真似をする人もいましたが、人々の「痩せたい」、「美しくなりたい」という欲求を捉えつつ、「(他のダイエット手法と同じように)効果が上がらないんじゃないか?」という疑問を「結果にコミットする」という言葉で受けています。ゴディバの広告にしても、「義理チョコを配るのが面倒くさいなあ」という女性の本音を代弁しているからこそ、共感され、シェアされたのです。

この手法で注意しなければならないのは、やり過ぎると批判を浴びるということです。実際、ハズキルーペのCMに対しては、「わざとらしい」、「(お尻で商品を踏む演出に対して)セクハラではないか」という意見も出ていました。「PayPay祭り」やZOZOの前澤元社長の「総額1億円のお年玉」に対しても、「お金で釣ろうとしている」、「品のないやり方だ」という意見が見られました。

社会が多様化、細分化した時代であるからこそ、人々に共通した「欲望」を直接刺激する方法論が有効になりますし、賛否両論あるからこそ、話題が広がっていくという側面があります。その一方で、行きすぎて炎上しないように、適度に抑制するバランス感覚が重要になります。

実は、「I.コンテンツ起爆型」で高い効果を上げるには、次ページのいずれかの条件が成り立つことが重要です。

1．商品やサービスに際立った特徴がある
2．消費者の欲望を捉えるインパクトある表現を構築することができる
3．広告・プロモーションの予算が潤沢にある（大量出稿によって多くの人々を振り向かせることができる）

逆に、上記の条件を満たさない場合は、別のパターンでの話題化を狙うのが賢明です。また、このタイプは一過性の話題で終わってしまうことも多いのですが、ＳＮＳ施策や戦略ＰＲ等も並行して行うことで、話題を増幅させたり、話題を継続させることが可能になります。コンテンツを主軸に据えつつも、そこを起点に多様なメディアを活用して話題を広げていくことが重要なのです。

## 複数の情報源から相乗的に話題を広げる（Ⅱ．複数ソース増幅型）

近年のヒットやブームは、広告、キャンペーン、ＳＮＳ、メディア報道などの複数のソースからの情報が相互作用して話題が増幅され、実現されるケースが多いのですが、こうしたことが起きるのが「Ⅱ．複数ソース増幅型」です。

このタイプの事例の中には、「SNSでヒットした」「口コミでヒットが生まれた」といった言われ方をすることもありますが、実際は、それだけでヒットが生み出されることはありません。SNSで大きくなり、メディアでも取り上げられ、予算がついて広告、キャンペーンが展開され……と様々なソースから情報発信がされることで、話題が増幅され、ヒットが生み出されるというのが実態です。

逆に言えば、複数の情報源をいかに有効に組み合わせ、どういう時系列で展開すればよいのか、ということを綿密に考えることが重要なのです。

広告やキャンペーンにおいても、このタイプを想定してプランが組まれることも増えてきました。Part2で紹介した「『カメラを止めるな!』」はまさにこのタイプの典型例と言えるでしょう。本作の成功は、作品の力とそれを評価した観客の口コミ拡散が入り口にはなっていますが、その後に様々な情報ソースから好意的な情報が出されることで、初めて大ヒットが実現されました。

また、花王のアタックZEROの「#洗濯愛してる会」もこのタイプに当てはまりますが、広告が起爆剤として寄与している側面も大きいため、「I.コンテンツ起爆型」との「複合型」と言えるかもしれません。

実は、本節の主眼である「③Howの要素 = いかに語るか?(情報流通構造)」の設計において、最も注目すべきなのはこのタイプなのです。他のタイプの事例においても、このタイプを併用してプランを構築することで、さらなる話題の増幅が可能になるからです。

実際に広告の大量投下で成功している事例（「Ⅰ．コンテンツ起爆型」の事例）を見ていても、「公式ＳＮＳアカウントの情報発信のやり方をもっと工夫すればよいのに」、「戦略ＰＲをもっとうまくやれば、メディア露出も増やせるのに」と思うことが多々あります。

なお、このタイプのプラン構築の具体的な方法論についてはＰａｒｔ４でより詳しく説明しますので、ここでは概論で留めておくことにします。

## インフルエンサーの「話題力」に乗る（Ⅲ．インフルエンサー起点型）

続いて、「Ⅲ．インフルエンサー起点型」について考えましょう。実はこのタイプは偶発的に起きている事例も多く、意図してプランするのは難しいパターンでもあります。ただし、偶発的なものであっても、企業側の対応によって、その後の効果は大きく変わってきます。

「３－１．「普通の人」でもできる表現開発（Ｗｈａｔの要素）」でも紹介した「10分どん兵衛」はこのタイプに当てはまります。マキタスポーツさんのラジオ番組での紹介は偶発的に起きたものでしたが、それに企業（日清食品）側がうまく乗っかり、話題を増幅させることに成功していますから、その部分は企画の力によるものです。

もうひとつ事例を紹介しておきましょう。

２０１９年12月、突然コーンフレークがバカ売れし、ＳＮＳでも「コーンフレークが売り切れている」といった投稿が相次ぎました。その原因は、吉本興業主催の若手漫才師のコンクール「Ｍ

ー1グランプリ」で優勝したお笑いコンビ「ミルクボーイ」がコーンフレークのネタを披露して、大ウケしたことにあります。ミルクボーイは優勝候補ではなく、他の出演者と比べてさほど有名ではなかったにもかかわらず、M－1史上最高得点をたたき出して優勝しており、その点でも大きな話題性がありました。ただし、この時のミルクボーイのネタは、特にコーンフレークを推奨するようなものではありませんでした。それどころか、コーンフレークへの「ディスり」ともいえる発言も少なからずありました。ところが、ネタの中で「コーンフレーク」が何度も連呼され、視聴者の頭に刷り込まれることで、「コーンフレークが食べたい！」と思い、購入に至った人が数多くいたのです。

さて「コーンフレーク」に関する話題量の推移（図3－4）を見ながら考えてみましょう。

M－1グランプリ放映以前は、ツイッターで「コーンフレーク」に関する投稿数は、特にニュースがない通常時で1日数百件（200～400件程度）といったところでした。ところが、12月22日のM－1グランプリの放映とミルクボーイの優勝によって、1日で9万件以上という膨大なツイート数を獲得するに至っています。

この日のツイートの大半は、一般視聴者の投稿なのですが、この日もっともリツイートを集めたのは、実はケロッグ社の公式アカウントからの「ミルクボーイさんのコーンフレークのネタ、腹筋崩壊レベルでわらったw　史上最高点での優勝おめでとうございます　#M1グランプリ2019 #M1グランプリ　#グーーーレイトォオ」というツイートで、1・6万件のリツイート、6・9万件の「いいね」を獲得しています。また、本ツイートには300件以上のコメントがついていますが、「コーンフレーク買います」、「ミルクボーイをCMに起用してください」等、大半がポジティブなものでした。

しかし、盛り上がりはここで終わりではありません。ケロッグ社の公式アカウントからは、その後も、ミルクボーイネタで何度か投稿がありました。M－1グランプリの翌日、12月23日には、ミルクボーイに「コーンフロスティ」1年分をプレゼントすることを決定し、公式アカウントでツイートしています。その後、ケロッグ社の対応やコーンフレークの販売好調のニュースがメディアでも取り上げられ、数日間にわたってコーンフレークの話題は続きました。面白いのは、M－1の話題が沈静化した後も、コーンフレークのツイートは安定して一日1000件以上出ている点です。M－1効果によって、話題のベースが底上げされたと言っていいでしょう。

ケロッグ社の公式ツイッターアカウントのフォロワーの推移を見ても、M－1のテレビ放映前後で、8000件以上の増加が見られており、企業アカウントのフォロワー数の増大にも大きく貢献していることがうかがえます（図3－5）。

なお、2020年1月24日には、ミルクボーイがケロッグの公式応援サポーターに就任することが発表され、同月28日には就任式が開催されました。

偶発的に起こったインフルエンサー起点の話題のトレンドを、企業側がしっかり捕まえ、フォローを行うことで、話題の増幅を図ると同時に、商品の売り上げ増加にもつなげることができるのです。

実は、テレビで放映→ネットで話題化→売上増加というトレンドは、最近だけの現象ではあり

図 3-4 「コーンフレーク」に関する話題量推移
(日本；2019 年～2020 年)

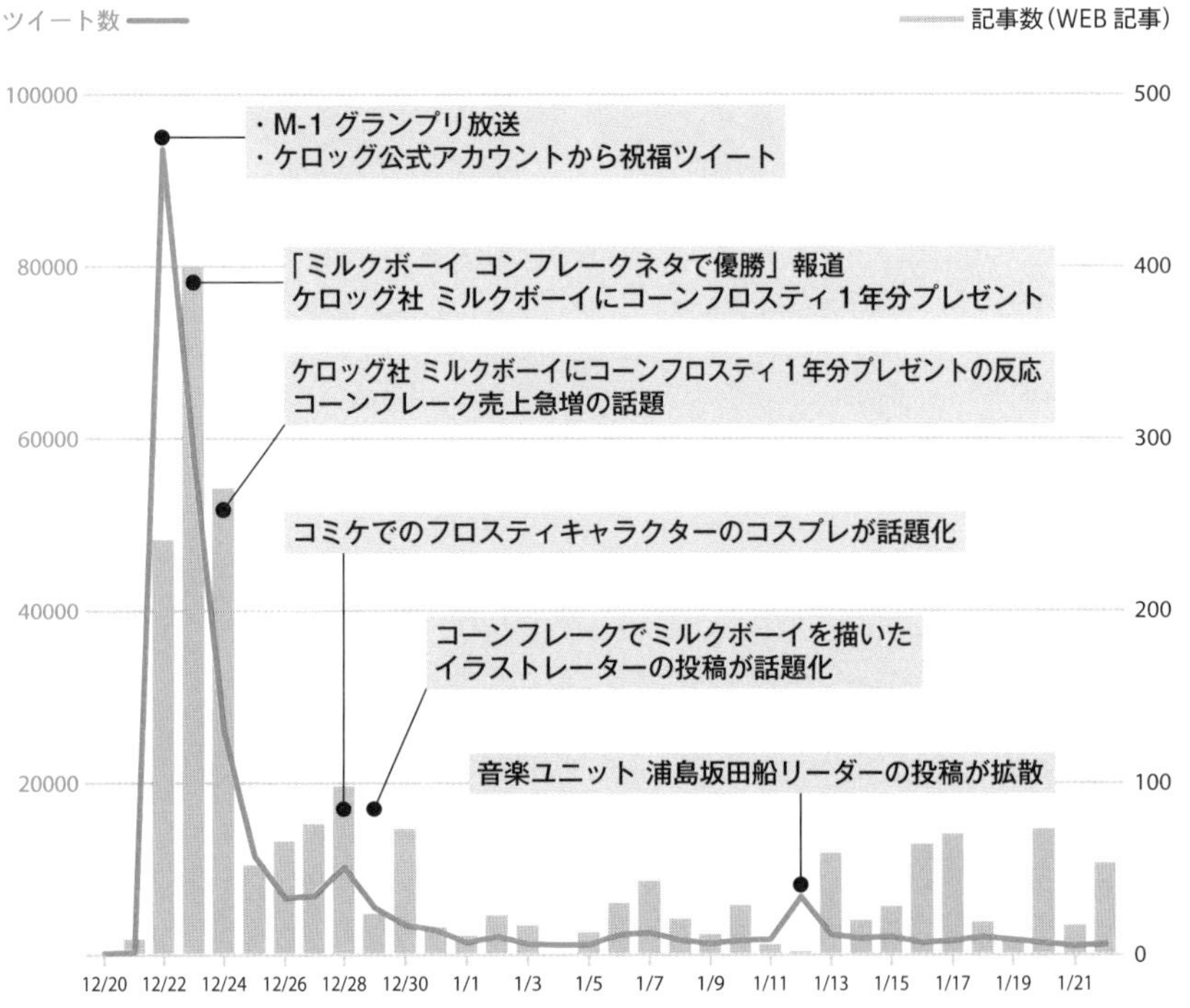


調査方法:Meltwaterのソーシャルメディアモニタリング

図 3-5　ケロッグ社公式ツイッターアカウント フォロワー数の推移
（日本；2019 年）

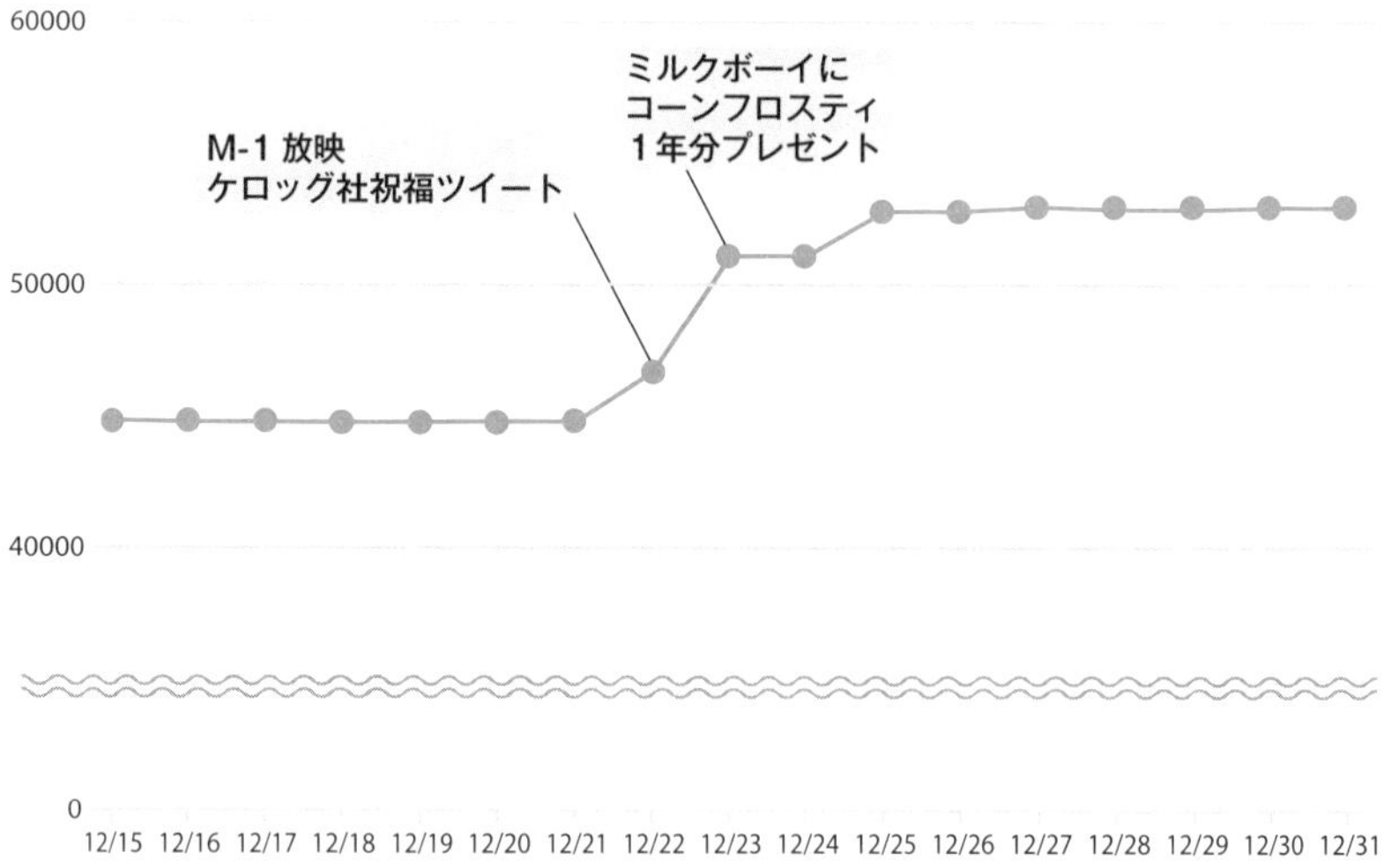


調査方法:Meltwaterのソーシャルメディアモニタリング

ません。

例えば、花王のホットアイマスク「めぐりズム」は、以前は同社の中で主力商品と言えるような存在ではなかったそうですが、２０１０年にフジテレビ『人志松本の〇〇な話』でケンドーコバヤシさんが本商品を「眠りにつくまでに10秒もたへん！」と絶賛したことで、売り切れが続出しました。商品力とその後の巧みなマーケティング活動によって、本商品は現在でも定番として売れ続けていますが、番組放映当時は、ＳＮＳも現在ほど普及しておらず、さらに企業がＳＮＳで情報発信する行為も一般的ではありませんでした。同様の事象が起きても、現在ではトレンドをつかむチャンスが多数与えられていますから、それを利用しない手はありません。

さて、これまでは偶発的に起きた話題に企業が関与していく事例を紹介しましたが、企業側がインフルエンサーを起点に情報発信する事例もあります。ただし、このケースでは、単純にインフルエンサーに話題にしてもらうだけで成功するのは困難です。

熱狂的なファンを持つタレントを広告に起用すると、その事実だけで商品を応援してくれたり、購入してくれたりするファンもいることは事実ですが、それだけでは効果は限定的です。インフルエンサーに商品を推奨してもらうにしても、自発的に話題にするのと、依頼して話題にしてもらうのとでは、効果が全く異なります。一方で、依頼されたことを明示せず、自発的であるかのように装うと「ステマ」とされてしまい、逆効果になってしまいます。

エアウィーヴにおける浅田真央さん、ケロッグにおけるミルクボーイのように、実際に商品を利用している、あるいは商品を話題にしてくれるインフルエンサーを「アンバサダー」として起用するというやり方は、広告とオーガニック（自発的）な推奨との中間的な手法として今後、さらに重要性を増していくと思われますが、効果を上げていくためには、「いかに推奨してもらうか？」、「いかに推奨効果を高めていくのか？」という「Ｈｏｗの視点」が不可欠になります。

いずれにしても、インフルエンサー（Ｗｈｏ）の影響力に依存しすぎて、他の要素を疎かにしてしまうのは賢明なことではないということは、改めて強調しておきたいと思います

## トレンドに乗って、最小限のコストで最大限の効果を上げる（Ⅳ．話題あいのり型）

トレンドに乗って新商品をローンチしたり、広告やキャンペーンを展開したりする事例はたくさんありましたが、近年、こうした事例はさらに増えています。

生活者のマスメディア離れが起きようが、ライフスタイルの多様化が起きようが、スマホやＳＮＳが普及してパーソナル化が進もうが、大流行やブームは必然的に起き続けるものです。逆に、そこにうまく乗ることができれば、マーケティングコストを最小限にして、最大限の効果を上げることができます。つまり、コミュニケーションの「レバレッジ効果」を得ることができるのです。こうした手法が「Ⅳ．話題あいのり型」ですが、最近はこのタイプに当てはまる事例が増えていると同時に、話題化させるやり方も非常に多様化しています。

例えば、ハロウィンが日本でも人気が出たら、各社がハロウィン関連のキャンペーンを展開す

るようになったり、平成から令和への改元の際には、企業が祝賀広告を出したり、キャンペーンを展開したり、期間限定の記念商品を出したりしました。

タピオカがブームになれば、飲食チェーンや流通業界が相次いでタピオカ関連商品を出しました。筋トレがブームになれば、高たんぱく低カロリー商品やプロテイン入りの食品が多数発売され……と、事例には枚挙にいとまがありません。

企業だけでなく、最近は自治体や官公庁でもこのタイプを活用する動きがあります。

例えば、鳥取県（私の出身地でもありますが）は、「唯一スターバックスがない県」として有名でした（現在はあります）が、平井県知事が「鳥取にはスタバはないけど、日本一のスナバ（砂場）がある」と発言して鳥取砂丘をアピールしたことは全国的に有名になりました。その発言にあやかり、「すなば珈琲」という喫茶店もオープンし、県内に数店舗を抱えるに至っています。

スマホ向けゲームの「ポケモンＧＯ（ゴー）」が大ブームを巻き起こした際に「ながらスマホ」の問題も起きましたが、ここでも平井知事は「鳥取砂丘は広大で安全にゲームを楽しめる。夏休みの旅の目的地としてもらいたい」と述べ、鳥取砂丘を「ポケモン解放区」とすることを宣言し、観光客の集客をはかりました。

官公庁の事例としては、厚生労働省が新型コロナウイルス感染症の拡大防止のアイコンとして採用した「アマビエ」があります。「アマビエ」は疫病から人々を守るとされる、昔から日本に伝わる妖怪なのですが、新型コロナ禍で再発掘され、自己流のイラストを描いてＳＮＳに投稿するのが流行しました。そして、厚生労働省が公式にアイコンとして採用するまでに至りました。

最近は、全くトレンドと関係なさそうな企業が、「むりやり」ネタ的に乗っかって話題化させる方法まで見られるようになっています。

例えば、日清食品のどん兵衛は、2016年にバレンタインデーに向けて「義理どん兵衛」を提案、「どんばれンタイン」と称して「チョコではなくどん兵衛を贈ることで宇宙全体にも影響を及ぼすことを簡単に図式化」したとして、意味不明な図をどん兵衛の公式サイト、および公式ツイッターアカウントで公開しました。この反響は大きく、1日で2万件のリツイートを集めています。

2020年1月、LCC大手のジェットスター・ジャパンは、「タピオカドリンク価格で〝タビ活〟!?セール」を行いました。「国内線全24路線の片道運賃を、タピオカドリンク一杯に支払ってもいいと思う金額の421円で販売する」というものです。タピオカブームに乗っかってはいますが、タピオカとは実質的に無関係です。

SNSやWEBメディアの普及によって、「トレンドをずらしてネタ化する」というやり方で話題を広げる方法も有効になってきているのです。

流行のコンテンツやキャラクターとコラボレーションする方法もこのタイプに分類されます。なお、この手法は一見「I．コンテンツ起爆型」に見えますが、企業自身が強いコンテンツを保有しているのではなく、企業側が外部で起きているブームに乗るというやり方を取っているので、ここに分類されます。

特に、最近は『天気の子』の事例のように、制作の段階から企業がコラボレーションし、コンテンツの中に企業や商品を露出させたり、共同で独自コンテンツを制作する動きも出ています。

## 継続的に情報発信して、話題を維持し続ける(V．継続ネタ投入型)

Ｐａｒｔ2の映画の事例紹介の際にも言及しましたが、従来の映画産業では劇場公開直後に動員のピークを示すのが一般的だったものが、最近では、2週目、3週目……と右肩上がりで動員数が上がっていく事例も見られるようになっています。これは、実際に観た人の口コミをはじめ、公開後にポジティブな話題が広がっていくことで、未見の人たちが、興味喚起されて劇場に足を運ぶようになっていることが大きく影響しています。

紹介した事例の中で最もこのタイプに当てはまるのが『ボヘミアン・ラプソディ』です。本作は口コミだけでなく、メディアで取り上げられたり、数々の映画賞にノミネートされたり受賞したことで、公開から時間が経っても話題は尽きず、異例のロングラン上映が実現されました。

ここで紹介する「V．継続ネタ投入型」は、『ボヘミアン・ラプソディ』の事例のように、継続的に情報が投入され続けることで、人々の関心が長く維持され続けるタイプです。

タピオカブームもこのタイプです。タピオカブームは「一過性の流行に終わる」と言われていましたが、意外に長く続きました。これは、様々な企業が相次いで参入して新商品を発売したり、キャンペーンを展開したりして、人々の関心が維持されたことが大きく寄与しています。また、消費者の間では、「タピる」、「タピ活」といったキーワードが使われたり、実際に商品を購入した人がＳＮＳに投稿したり……といったことで、情報の循環が起きたことも貢献していると考えてよいでしょう。

では、企業や商品、ブランドレベルでこのタイプに分類される例はあるのでしょうか？いくつかありますが、スターバックスはこのタイプの典型的な例です。大企業であるにもかかわらず、スターバックス社はマス広告をほとんど行わない企業として知られています。スターバックスの成功理由については、多くの人が語っていますが、ここでは話題化という視点からデータを見ながら考えてみましょう。

２０１９年1年間の「スターバックス」[38]に関する話題量は、図３－６のようになっています。一見してわかるのが、ツイッターにおいても、ＷＥＢニュースにおいても、年間を通じて高い話題量を維持していることです。スターバックス社は広告に予算を費やさないからと言って、決して顧客とのコミュニケーションを積極的に行っていないわけではありません。むしろ、多くのチャネルを活用して、密に顧客とのコミュニケーションを行っている企業なのです。

何より、店舗と商品が強力なコミュニケーションツールとして存在していることを忘れてはなりません。実際、定期的に新商品が投入されることによって、そのたびにＳＮＳやメディアで話題が盛り上がっています。他には、中目黒の高級店オープン、コラボ商品の発売、紙ストローの導入などが話題化しています。

こうしたことが実現されているのは、スターバックスにはＳＮＳで口コミしてくれるような良質の顧客やファンが数多くいること、メディアでも報道されるような強いブランド力を保持して

図 3-6 「スターバックス」に関する話題量推移
(日本/週次:2019 年)

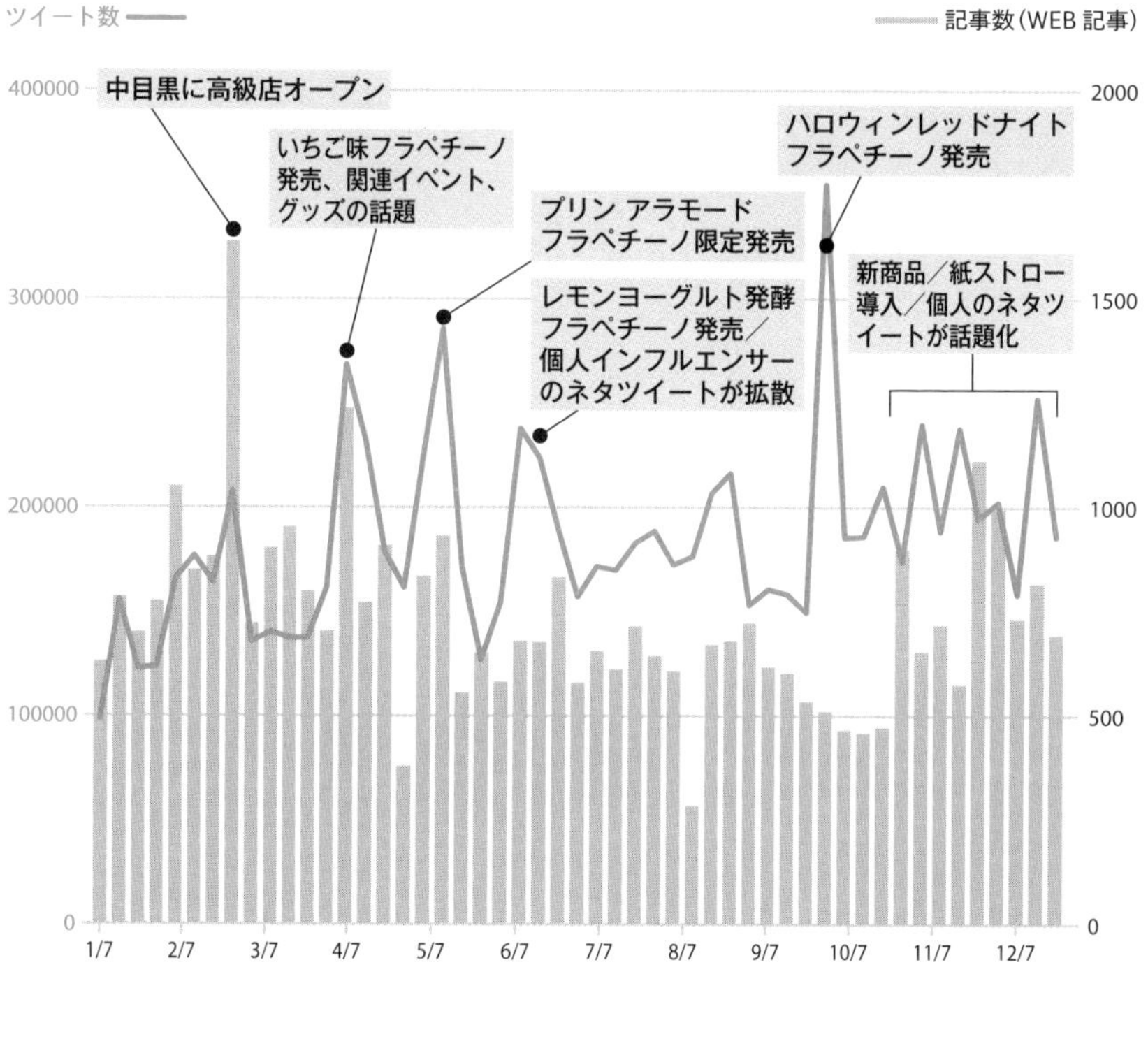


調査方法:Meltwaterのソーシャルメディアモニタリング

いることが背景にあり、常に企業側から新しい話題が投入され続けているということが表側にあります。注目すべきなのは、日本のスターバックス・コーヒーの公式ツイッターアカウント(@Starbucks_J)には、500万近いフォロワーがいる点です。単純に比較できないことは大前提としつつ、新聞の全国紙の発行部数と同規模の数字になっており、情報発信ツールとしても「マスメディア」とも言えるほどの規模感があるのです。

スターバックスは強いブランドを築き、店舗、商品、公式SNSアカウントなど強い自社メディア(オウンドメディア)を情報発信ツールとして利用することで、継続的な話題を創り出しているのです。

すべての企業がスターバックスと同じことをやっても成功できるわけではないですが、マス広告を出稿する予算のない企業や商品にとっても参考にすべき点は多々あります。

続いてマス広告も積極的に行っている商品で、継続的に話題になっている事例を見てみましょう。日清食品の「カップヌードル」の事例です。2019年1年間の「カップヌードル」に関する話題量は、図3-7のようになっています。

これまでも、カップヌードルのCMは大きな反響を呼んできましたが、2019年は漫画『ワンピース』とコラボし、次々とシリーズCMをオンエアして、やはり大きな話題を呼びました。そういう意味では、カップヌードルの話題のタイプは「I．コンテンツ起爆型」と言ってもよいのですが、実際はCM以外の話題も多く、「V．継続ネタ投入型」との複合タイプに分類できます。

具体的には、1月〜3月の間は、日清食品の創業者、安藤百福とその妻仁子《まさ》の半生をモデルと

図 3-7 「カップヌードル」に関する話題量推移
（日本／週次：2019 年）

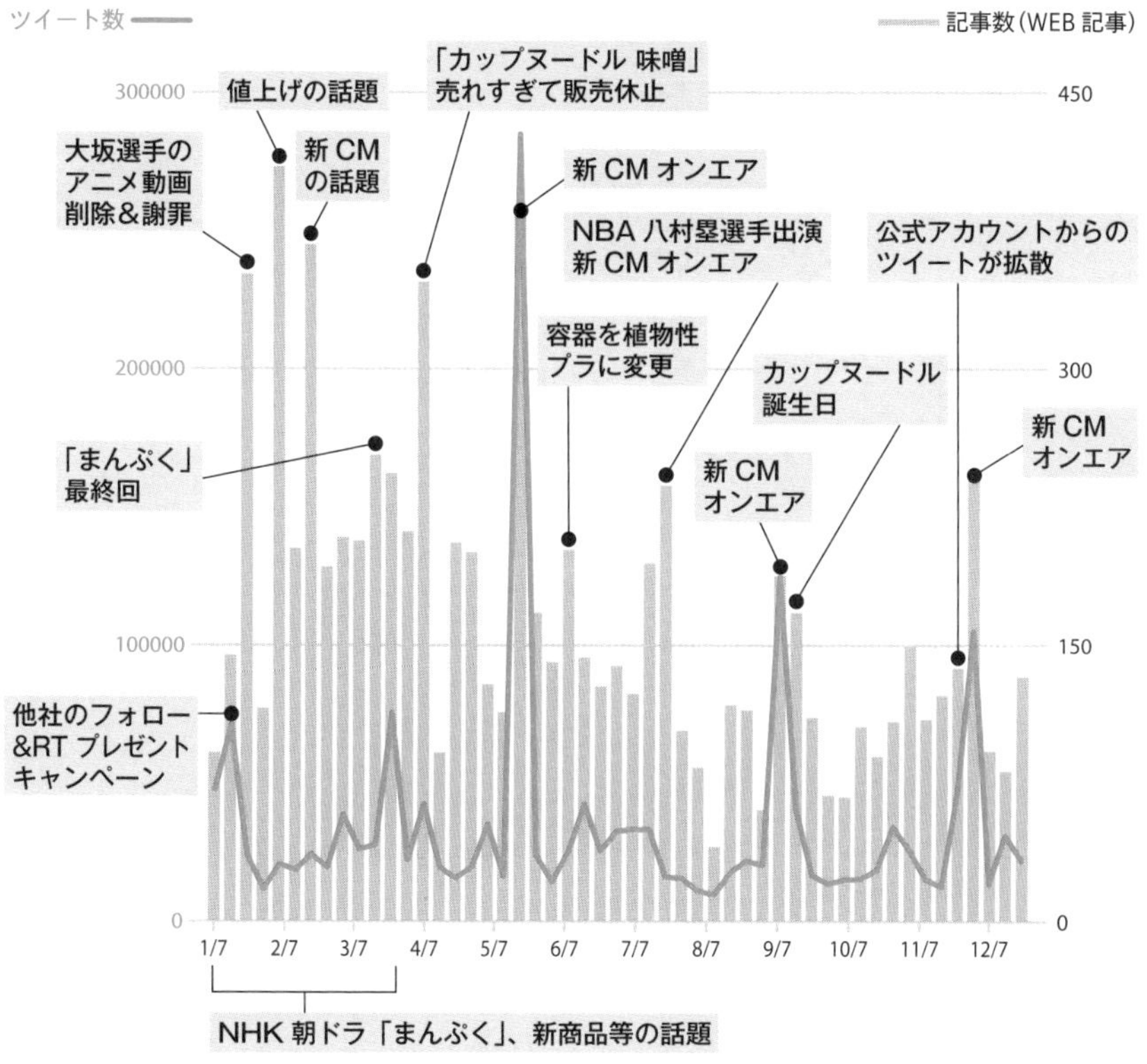


調査方法:Meltwaterのソーシャルメディアモニタリング

したドラマ『まんぷく』がＮＨＫで放映されていたこともあり、番組に関する話題や、それに関連するカップヌードルのエピソードが継続的に話題になりました。それ以降はＣＭ関連の話題が目立ちますが、それ以外にも、商品の話題、環境問題への取り組み、公式アカウントのツイートの拡散、カップヌードル誕生日など、様々な話題が盛り上がっています。この点では、スターバックスと同様に、様々な情報が継続的に投入されることで、話題の底上げがされています。

このタイプに一義的に分類されるような事例は少ないのですが、他のタイプとの複合型は数多く見られます。話題を長期的に持続させ、人々の関心をつなぎ留め続けることは、どの企業、どの商品カテゴリー、どのサービスにおいても重要なことですから、この視点は常に持ち続けておきたいものです。

## 「話題化」から顧客の「囲い込み」へ

情報流通の５つのタイプを紹介しましたが、実際の事例は、２つ以上の複合型になっていることが多いです。ただし、「情報流通構造」を設計する際には、どの型での情報拡散を狙うのが適しているかを出発点として考えると、手が付けやすくなります。

当然のことながら、置かれている条件――商品カテゴリー、コミュニケーション課題、マーケティング予算、企業文化、規制等々――によって、できることは異なります。

予算が限られている場合は「Ｉ．コンテンツ起爆型」で成功を収めるのは難しいですし、確実に目標を達成したい場合には、不確定性要素の多い「Ⅲ・インフルエンサー起点型」や「Ⅳ・話題あいのり型」は避けた方が賢明です。

いずれの手法を取るにしても、メインターゲットに確実に「刺さる」施策を起点として、サブクラスターへと情報を波及させ、興味喚起、購入へとつなげていき、最終的には顧客のファン化、リピーター化を図っていくことが重要です。

特に、メインターゲットに対しては、短期的な施策だけでなく、長期的なコミュニケーションと囲い込み戦略を並行して展開することが重要になります。[39] つまり、彼らに対しては「Ⅴ・継続ネタ投入型」を並行して展開するのが適しています。そのためには、公式ＳＮＳアカウントのフォロワーになってもらったり、公式サイトに定期的に訪問してもらったりと、自社メディアに誘導するような施策を展開することも必要です。

また、顧客やフォロワーと直接やり取りをしたり、働きかけを行ったりすることも重要です。例えば、ツイッターのアカウントから、商品やサービスに対する疑問に答えたり、ユーザーの投稿に反応する、「アクティブサポート」を行う企業も増えてきています。こうした取り組みは、手間はかかりますが、顧客ロイヤリティの向上に有効です。

場合によっては、サブスクリプションサービスや会員制サービスを提供して顧客を囲い込んでいくことも想定できるでしょう。

# Part 4

# 新しい時代のコミュニケーションプランニング

～アフターコロナ時代にプランナーは何をすべきか～

# 4-1　アフターコロナ時代のトレンド

いよいよ最後の章になりましたが、ここでは、これまで解説してきたノウハウを活用して、実際にプランニングを行うためのヒントをいくつか伝授したいと思います。

本書の執筆をはじめた時点では、新型コロナウイルスは、その存在さえ確認されていなかったのですが、このウイルスの出現によって、社会は一変してしまいました。人々のライフスタイルも変われば、メディアをめぐる環境も変わってしまいました。当然、マーケティング・コミュニケーションの世界も大きく変わらざるを得なくなっています。ここでは、新型コロナ以降の「ニューノーマル」の時代を踏まえて考えていきたいと思います。

Ｐａｒｔ１では、「パーソナル化」、「ネットワーク化」、「個別最適化」等、生活者を視点でトレンド変化を俯瞰しました。こうした変化は、アフターコロナ時代にも続くに違いありませんが、こうしたトレンド以外に、新型コロナウイルスの影響で顕在化、あるいは先鋭化したトレンドも多々あります。

まずはそこを考えてみたいと思います。

## 加速する「インフォデミック」

SNSが普及して以来、企業は常に「炎上」のリスクにさらされてきましたが、新型コロナ禍でそのトレンドは大きく加速したと言ってよいでしょう。企業に限らず、情報を発信する主体は、常に炎上と背中合わせの状態に置かれるようになっています。

「火のないところに煙は立たぬ」と言いますが、いまや「火がなくても煙が立ってしまう」という事象まで起きています。ある企業では「社長が新型コロナウイルスに感染した」というデマが流れ、その影響で売り上げが激減してしまいましたが、その噂は全く根も葉もないものでした。

炎上していないのに、「炎上した」とされ、ネガティブな情報が拡散してしまうことも起こる時代になってしまいました。例えば、新型コロナ禍の２０２０年4月26日（日）に放映されたアニメ『サザエさん』は、家族でゴールデンウィークにレジャーに出かけるシーンが含まれており、「不謹慎」とされ、「炎上した」と報道されました。ところが、東京大学の鳥海不二夫准教授の調査によると、実際に「不謹慎」とツイートしたのは11人にすぎず、ニュース報道によって「炎上したことにされてしまった」ということが判明しました。[40]

デマが現実化してしまうという事象も起きました。新型コロナ禍でトイレットペーパーの買い占めが起きましたが、「トイレットペーパー不足が起きる」というのがデマだっただけでなく、このデマ自体はほとんど拡散しませんでした。むしろ、拡散したのはデマを否定する善意のツイートだったのですが、それが裏目に出て、品不足の不安を増幅させ、買い占めが加速してしまうという現象が起きてしまったのです。

こうした噂やデマも含めて大量の情報が氾濫し、現実社会に影響を及ぼす現象を「パンデミック（感染症の世界的大流行）」とかけて「インフォデミック」と呼ばれ、悪影響が懸念されるようになりました。ウイルスの拡大が収束したとしても、「インフォデミック」も収束するとは限りません。企業においても、ネガティブな情報によって多大なダメージを受けかねない状況下にさらされており、企業経営において、「リスク管理」が不可欠なものとなっています。

あるインフルエンサーが、ツイッターに温泉旅館の食事の量に対する不満を投稿したところ、そのツイートが炎上し、さらに別のインフルエンサーも参戦するなどして、温泉旅館が炎上に巻き込まれる事態が起きました。当該旅館はホームページ上で意見表明を出すという適切な対応を行い、被害を抑えることができました。この旅館は不適切な情報発信はしていないどころか、ツイッターアカウントさえ開設していません。このように、「何もしていなくてもトラブルに巻き込まれる」という事態も起きており、それに対する対応力が必要とされる時代になっています。

## 「支え合い」、「応援し合う」関係へ

新型コロナウイルス禍において、私が「非常に興味深い現象だ」と思ったことがあります。

緊急事態宣言が出され、多くの飲食店が自粛を強いられましたが、テイクアウトを新たにはじ

めるなど強化し、自粛期間を乗り切ろうとするお店も多く出ていました。そうした中、そのお店の客は、お店を救うためにテイクアウトを積極的に利用したり、ＳＮＳで利用を呼びかけていました。興味深いと思ったのは、たとえ店内で飲食できなくとも、テイクアウト商品が割高だったとしても、人々がその店を利用し続けた点です。常連客にとっては（店内で飲食できるという利便性や価格よりも、「お店が潰れるとヤバい」、「店主の顔が見られなくなるのは悲しい」という思いの方が先立ち、「お店を支えよう」という行動を取っていたのだと思います。

他にも、医療関係者、配送事業者等、感染リスク下でライフラインを支える仕事をしている人たちに対して感謝の気持ちを伝えようという動きも多数見られ、素晴らしい取り組みを行っている企業に対しては称賛の声が集まりました。炎上や誹謗中傷が多発する中、その反動としてこうした動きがあるということも、注目しておく必要があります。

企業側の社会意識もより高まってきており、「人々のためになること」、「未来のためになること」を志向する動きが顕在化してきています。日本においては、東日本大震災をきっかけに、企業が「社会的価値の創造」を重視する動きが生まれましたが、アフターコロナ社会においても、その動きはより加速していくでしょう。

企業と消費者の関係は、商品やサービスを売る／買うといった関係に留まらず、それを超えて、「支え合う」、「応援し合う」という関係へと変化しており、そのトレンドはコロナ時代にさらに加速しているのです。

『コトラーのマーケティング４・０』[41]の中に下記のような記述があります。

ブランドと顧客との関係は、縦ではなく横でなければならない。顧客はブランドの仲間、友達とみなされるべきなのだ。ブランドは自らの本質を明らかにし、その本当の価値を正直に示すべきである。そうすることで初めて、信頼できるブランドになれるのだ。

これからの企業は顧客、さらには消費者たちとひとつの「仲間」として、お互いに「支援しあう」関係になることが求められるのです。

## 「距離感」が問われる時代へ

「ソーシャルディスタンス」が叫ばれる中、新型コロナウイルス禍では、「人と人との適正な距離感」が模索されるようになりました。その一方で、自粛生活で人とのリアルな接触が限られ、孤独感を募らせる中で、人と人とのつながりの大切さに改めて気づかされることにもなりました。

これは、直接的な人間関係だけの話ではありません。

政治家に関しても、国民から高い支持を得られたのは、政策の良し悪しに加えて、国民との「距離の取り方」が優れていた人たちでした。

危機を乗り切るための強いリーダーシップが必要なのはもちろんですが、それだけではなく、国民に「この人が言うのなら協力しよう」と思わせるような信頼感、親近感も必要です。

例えば、ニュージーランドのアーダーン首相は新型コロナウイルス感染症への対応策で国内外から称賛を浴びましたが、記者会見を行って毎日最新情報を国民に伝えたり、ＳＮＳのライブ配信で国民の質問に答えたりと、国民とのコミュニケーションを積極的に行いました。ＳＮＳにはスウェット姿で登場し、人々の親近感を集めました。

また、米国ではニューヨーク州のクオモ知事が、冷静でありながら親しみやすいリーダーとして評価が高まりました。日本においても知事の存在感が増しましたが、住民は、首相や国会議員よりは、知事の方が自分たちに近い存在として、自分たちが従うべきリーダーとして受け入れやすかったと思われます。

芸能人やインフルエンサーに関しても、新型コロナ禍、あるいはその後に人々の支持を集められている人は、人々との「距離の取り方」が非常にうまいのです。

やっかいな感染症を体験して、人々は「距離感」に対してより自覚的になりました。アフターコロナ社会においても、この「距離感」に対する意識は残っていくと思われます。

心理学でよく引き合いに出される「ヤマアラシのジレンマ」（ハリネズミのジレンマともいう）という寓話があります。

ある寒い日、２匹のヤマアラシが、お互いに身を寄せ合って温め合おうとしたが、近づきすぎると全身の針が相手に刺さって傷つけてしまう。しかし、離れすぎると凍えてしまう。２匹は近づいたり離れたりを繰り返して、最後は互いに傷つけ合わず温め合うこともできる最適な距離を見つけた。

この寓話は、人と人とが適度な距離を保つことの重要性を示していますが、その重要性は増していると言っていいでしょう。これは、企業と消費者との関係においても成り立つことです。顧客から遠い存在になってしまうとビジネスが成立しなくなる一方で、必要以上に近づきすぎると、鬱陶しがられたり、場合によっては炎上してしまったりしかねません。情報発信や顧客とのコミュニケーションにおいても、「適度な距離感を保つ」ということが重要になってきます。

詳しくは後述しますが、こうした状況において、重要になるのは「応える（こたえる）」、「語りかける」コミュニケーションです。

## 4・2 「聞き」、「語る」コミュニケーションを

### 「聞く」と「語る」のサイクルを繰り返す

これからのマーケター、プランナーが日々行うべき仕事は、「聞く」と「語る」のサイクルを

繰り返すことだ、と私は考えています（図４－１）。

　これまでは、消費者の声を把握するには、定量調査や定性調査などのマーケティングリサーチを実施する、カスタマーセンターに上がってくる情報を集約して分析する、といったやり方がありました。いまはＳＮＳ上に様々な「声」が溢れていますので、それを調べるだけで生活者の意識をリアルタイムに把握することができるようになっています。

　人々の意識や世の中のトレンド変化のスピードは速まっていますし、上で述べてきたように、アフターコロナ時代には、人々とのコミュニケーションの取り方もより繊細さが求められるようになってきます。そうした状況で、うまくコミュニケーション活動を行うためには、まずは人々の「生の声」や「世の中の空気感」を「リアルタイムに」知ることが重要なのです。

　実際、ＳＮＳ上には、商品を使ってみた感想、広告やキャンペーンに対する反響、サービスに対するクレームや要望、現在流行っていることなど、様々な情報が転がっています。それらすべてが表現開発のヒントになるのです。なかには非常に優れた表現で語っている人、多くの人の共感を集め、多数のリツイートや「いいね」を獲得する投稿をしている人もいます。彼らの投稿は、マーケティング戦略を構築する上で直接的なヒントになることが多いのです。

　すべてのマーケター、プランナーは企画を考える前に、ＳＮＳ上の人々の声を調べてみる、つまりは「ソーシャルリスニング」を行うべきだ[42]と、私は考えています。

図 4-1. マーケティング・コミュニケーションのサイクル

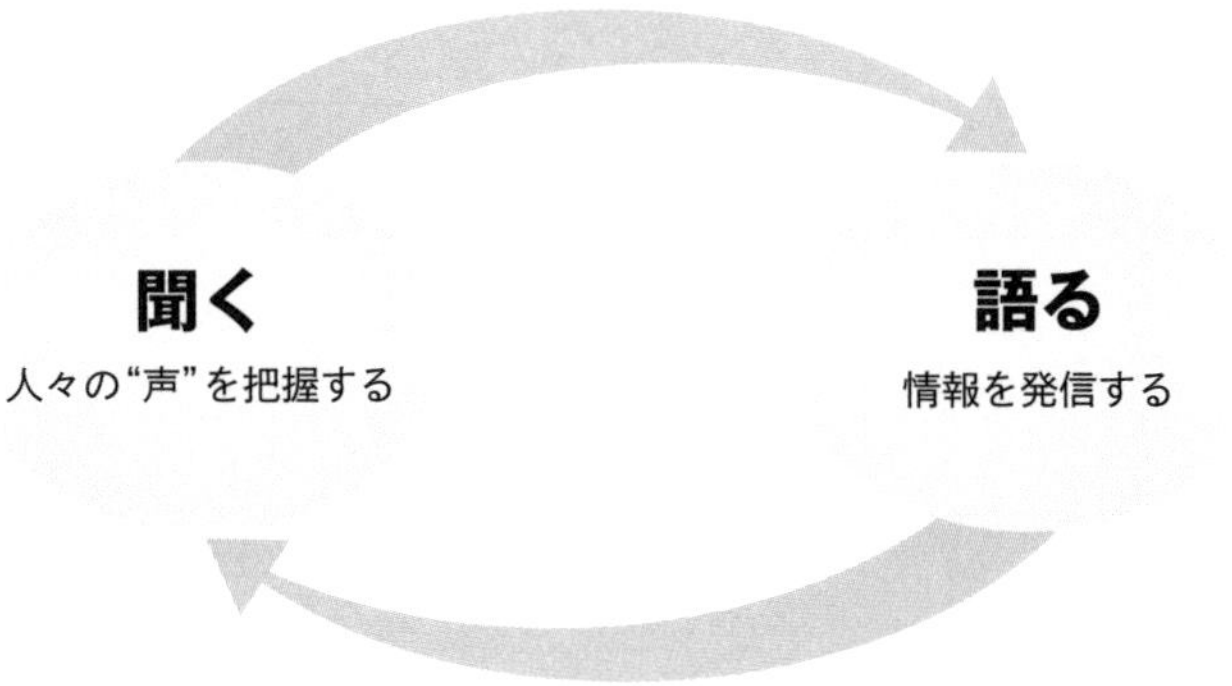

## 「聞く」ことの効用

それでは、ＳＮＳ上の人々の声を聞くことが、どういう領域で活用できるのかを整理してみましょう。

### ・コミュニケーション施策構築のヒント　～何がターゲットに受けるのか？～

広告を出稿したり、ＳＮＳやオウンドメディアで情報発信したりする前に、自社や当該商品に対して人々がどう語っているか？　どんなトレンドが多く話題になっているのか？を調べます。当該商品を利用した人の評価や利用シーン、企業イメージ等を調べることで、表現開発のヒントになる知見を得ることができます。実際に、ＳＮＳで利用者が語っていた商品の利用シーンを、直接広告クリエイティブに活用した事例もあります。

タレントやインフルエンサーを起用したり、キャラクターやコンテンツとコラボレーションする場合も、その評判を事前に知っておくことで、より効果の高い活用方法を考えることができます。

### ・実施した施策の評価　～コミュニケーションはうまくいったのか？～

広告やキャンペーン、プロモーションに関して、「どのくらいバズったか？」つまり、口コミ件数がどの位あるかを調べることで定量的な効果がわかります。また、投稿内容を読み解いていくことで定性的な評価も可能になります。そして、それらの評価を次に活かすことで、より効果の高いコミュニケーション施策が構築できます。

### ・ファンベースマーケティングへの応用　～最も大切な人は誰か？～

ＳＮＳ上のブランドに関する投稿や公式アカウントのプロフィールの分析から、「ここが一番のファン層である」と類推し、ファンコミュニティーの設計やＫＯＬ[43]（キー・オピニオン・リーダー）を選定する際に役立てることができます。

### ・流通対策への応用　～期待に応えるべき最適なタイミングは？～

流通の世界では、消費者の生活に合わせた販売戦略を考え、52週カレンダーなどをもとに販促計画を立てています。そこにＳＮＳでのリアルタイムの話題分析をかけあわせると、最適な訴求タイミングがわかります。これは、売り場の担当者だけでなく、流通へ提案をしているメーカーの営業担当者にとっても有用な知見となります。

ある食品メーカーでは、流通事業者に対して、定期的にＳＮＳ上の顧客の声を報告し、情報共有、意識共有を図っています。

### ・商品・サービス開発への応用　～「不満」や「要望」はどこにあるか？～

商品やサービスに対するネガティブな感情や、競合も含めた当該カテゴリーの利用実態を深掘りしていくことで、消費者の隠れた不満や要望を発見することができます。ＳＮＳ上に現れた不満を解消、要望を満たす形で商品やサービスを開発、改善を行うことができれば、顧客ニーズを満たし、市場で新たな存在感を示すことができるでしょう。

こちらに関しては、後ほど詳しく考察したいと思います（「４－７「話題」をマーケティング戦略の立案に活用する」を参照）。

### ・炎上対策への応用　～本当に燃えているのはどこか?～

炎上したケースも、よく見ると一部の人たちの中で盛り上がっていたり、拡散されていたりすることがあります。炎上に乗っているのはどんなクラスターで、どのクラスターに波及しているのかと確認することで、「本当に対応すべき層はどこなのか?」、「無視してもいい層はどこなのか?」を明確にし、整理することができます。

炎上対策、リスク対策は、非常に重要になっているテーマでもあるので、次節（「４－３　リスクを減らしてリターンを最大化させる」）で詳しく解説します。

「うちも他社のようにバズ施策をやらなければいけない」といった目先の手法だけの議論に終始せず、話題の裏にある感情や期待を、クラスターに分けて構造的に捉えることが必要になります。

また、情報発信の前後に限らず、定期的にＳＮＳ上に現れた感情や期待を「健康診断」のように定期的にチェックし、それを構造的に把握しておくと、コミュニケーション戦略の構築や商品開発、リスクマネジメント等について、様々な手がかりをつかむことができます

「SNSの分析を実際にやるのは結構大変そう」と思われた方も多いかもしれません。驚いたことに、企業のSNS担当者が「プライベートではSNSをやっていない」といった話をよく聞きます。SNSのアカウントを持っていないという方は、まずはアカウント登録し、自分の関心の範囲から一定数フォローしてみることから始めて、トレンドや話題となる文脈を見ていただきたいと思います。

とはいえ、一人のマーケター目線から見えることは限られています。俯瞰して話題量を見ながら、全体的な傾向をつかみたいなら、リスニングツールを導入する必要があるでしょう。実際、最近は広告主企業もリスニングツールを導入して、社内で担当者を置いて日々口コミデータを把握しているケースも増えてきました。ツールによって全体の勘所がつかめれば「自分たちの顧客は、どのあたりにいるのか」、「どんなことを喜んでくれるのか」が肌感覚で分かってきます。

日々プロモーション施策も行いながら、定期的にSNSでの話題量の推移や、話題内容の変化を確認していく作業は、一人ではとても骨の折れる仕事です。社内に相談相手や専門家に相談できる環境を作っておくとよいでしょう。

## 情報発信の鍵は「応える」、「語りかける」こと

ここまで、人々の〝声を聞く〟という視点から論じてきましたが、それに基づいて「語る」（情報発信をする）という過程が続きます。

アフターコロナ時代に重要になるのが、前にも述べた「応える（こたえる）」、「語りかける」という考え方です。

「応える」についてですが、人々が不安や不満に思っていること、疑問に思っていること、期待していることをしっかりと踏まえて、それに対して「応える」こと。また、情報発信をする際には「語りかける」という意識つまり人々の意識を汲み取って、共感を示すことが重要です。ウイルスの感染拡大を収めるために、人々に協力を呼び掛けた各国の政治家で、支持を集めた人は、みな人々に対して「語りかける」コミュニケーションを行っていました。

企業の例を挙げましょう。新型コロナ禍でトイレットペーパーの買い占めが起きた時、トイレットペーパーを生産している丸富製紙は「各地でトイレットペーパーが不足するなど、一部報道されておりますが、当社倉庫には在庫が潤沢にございますので、ご安心ください！」と倉庫の大量の在庫写真をツイッターに投稿しましたが、それが人々から「神対応」として称賛され、13・5万件のリツイートと、25・5万件の「いいね」を集めました（2020年3月時点）。

そのツイートを受けてかどうかはわかりませんが、一部のイオンの店舗では、トイレットペー

パー売り場に大量陳列され、「こちらの商品（丸富製紙）トイレットペーパーに限りおひとり様10点まで販売いたします。」というPOPが掲げられていました。この対応も人々に安心感を与え、こちらも多くの称賛を集めました。

新型コロナ禍では、広告の世界でも「神対応」がありました。例えば、エステーはミュージシャンの西川貴教氏が出演する消臭芳香剤「消臭力」の新テレビCMをいち早く制作し、放映しましたが、同社の企業スローガンでもある「空気をかえよう」のテーマに則りつつ、人々の不安に寄り添い、励ますようなメッセージに仕立てられていました。なお、同社は東日本大震災の直後にも、他社に先がけて独自のブランドCMを制作、放映して反響を呼びました。

また、2020年のゴールデンウィークの始まりに、朝日新聞の朝刊に「だいじょうぶ。未来は元気だよ。」をメインコピーとする「ドラえもんからのメッセージ」の全面広告が掲載されましたが、多くの人の共感と感動を集め、SNSでも大きな称賛を得ました。

「応える（こたえる）」、「語りかける」コミュニケーションは、新型コロナウイルスが収束した以降の「アフターコロナ社会」においても変わらず、「ニューノーマル」な考え方として定着していくに違いありません。

## 4・3 リスクを減らしてリターンを最大化させる

### 「炎上させない」ことが、最善の「炎上対策」

どの企業においても、顧客との良好な関係をつくることが重要であることは言うまでもありません。しかしながら、「炎上」が起こる機会は急速に増えており、それが企業イメージを損ない、顧客との関係を悪化させてしまうことも多々あります。

起きてしまった「炎上」を収めることは大変ですし、たとえ収まったとしても、「過去ログ」は残り続け、悪評もなかなか消えないため、無傷ではいられません。したがって、最大の炎上対策とは、「炎上を起こさないこと」なのです。重要になるのは、当然のことながら「人々の反発を買わないこと」、「人々に不快感を抱かせないこと」ですが、そのためには、下記の点に気を配ることが重要になります。

① ステマ（ステルス・マーケティング）は行わないこと。また、ステマと批判されかねないような行為も避けること

② 不適切な内容の投稿は避けるよう気を配り、事前チェックを怠らないこと

③ 著作権の侵害やアンブッシュ・マーケティングは避けること

「もっと話題を広げたい」と思い、つい即効性の高い方法を取りたくなってしまうものですが、不適切なやり方をしてしまうと、ネガティブな話題が拡散し、逆効果になってしまいます。

さて、それぞれのポイントについて少し詳しく見ていきましょう。

まず①ですが、ステマ（ステルス・マーケティング）とは「消費者に宣伝と気づかれないように宣伝行為をすること」を示しています。企業から金銭や物品を受け取っているにもかかわらず、あくまで中立的な立場を装って良い口コミや評価を行う行為がこれにあたり、「やらせ」、「サクラ」と言われることもあります。ステマ行為は発覚しやすいですし、一度発覚すると、これまで良好だった口コミもバッシング一色に一転してしまいます。なお、業界ルールに関しては、ＷＯＭマーケティング協議会が定めている「ＷＯＭＪガイドライン」[44]を参照してください。たとえルールを守っていても、「ステマ」と批判されることさえあるので、その点は注意が必要です。例えば、インフルエンサーに商品を紹介してもらう場合、たとえ「ＰＲ」の表記があっても、宣伝色が強すぎると、「ステマ」と言われてバッシングされることもあります。インフルエンサーマーケティングでは、「送り手側が伝えたい情報」より、「受け手が求める情報」を優先して発信することが重要です。

続いて②についてですが、差別発言などの人権侵害、誹謗中傷行為、反社会的な発言を避ける

のはもちろんです。特に、最近ではジェンダー関連、特に女性差別に関して炎上が起きることが増えています。また、人種差別に関する炎上も増えてきました。以前と比べて、許容される表現の基準が厳しくなっており、「これまで大丈夫だったから今回も大丈夫だろう」ということが通用しなくなっています。時代の変化に敏感になる必要があります。

さらに、SNSならではの「お作法」もありますので、その辺りにも注意が必要です。例えば、東日本大震災の際に、それに便乗した宣伝行為がバッシングを受けました。平常時には問題のなかった投稿が、全く同じものでも非常時には炎上することもあります。言葉足らずの投稿が、投稿者が意図しなかった解釈をされてバッシングされることも。投稿者は巧みに「空気を読む」ことが求められるのです。

最後に③についてですが、他社のネタに乗る場合、パクリと二次創作の境界が難しい場合があります。スピード感の問題はありますが、原作者（元ネタとなる投稿者）に許諾を得るなど、丁寧な対応を取ることが必要です。広告の世界と異なって、自社アカウントでの投稿には第三者の審査を得る必要はないため、自社内でのチェック体制を構築する必要があります。アンブッシュ・マーケティングにも要注意です。アンブッシュとは「待ち伏せ」を意味し、イベントの公式スポンサーではないのに、そのイベントに便乗して広告活動を行うといった行為がアンブッシュ・マーケティングにあたります。この行為は、商標法、不正競争防止法、著作権法に抵触する可能性もありますし、そうでなくとも「品のないやり方」としてイメージを下げる恐れもあります。

リターンの高い、すなわち効果の高い方法には、それ相応のリスクも伴いますので、リスクを十分に管理した上でリターンを追求していく必要があります。

なお、炎上した案件に対して「炎上マーケティング」というレッテルが貼られることがあります。炎上マーケティングとは、意図的に炎上を引き起こし、注目を集めることで売り上げや知名度を伸ばす手法です。しかしながら、「炎上案件」に携わった担当者の方に聞いてみると、最初から炎上を狙っていたことはまずありません。「刺激的なことをやった方が高い効果が上がるだろう」、「このくらいまでなら大丈夫だろう」と思ってやったら、見込みが外れて炎上してしまった――というのが大半なのです。極めてリスクの高いやり方なので、「単なる炎上」で終わってしまうことが多く、狙って成功を収めることはほとんど不可能なので、「炎上マーケティング」は決してお勧めすることはできません。

## 「炎上した！」と思ったら

炎上を回避することが第一ではありますが、万が一、炎上してしまったらどうすればよいのでしょうか？図4－2に一連の対応プロセスをフローチャート式に整理しています。

批判的な投稿が拡散していると、つい焦ってしまいがちですが、まずは冷静になって現状把握をすることが大切です。炎上の状況を確認する上では、下記の3点を把握することが重要です。

図 4-2　炎上対応のプロセス

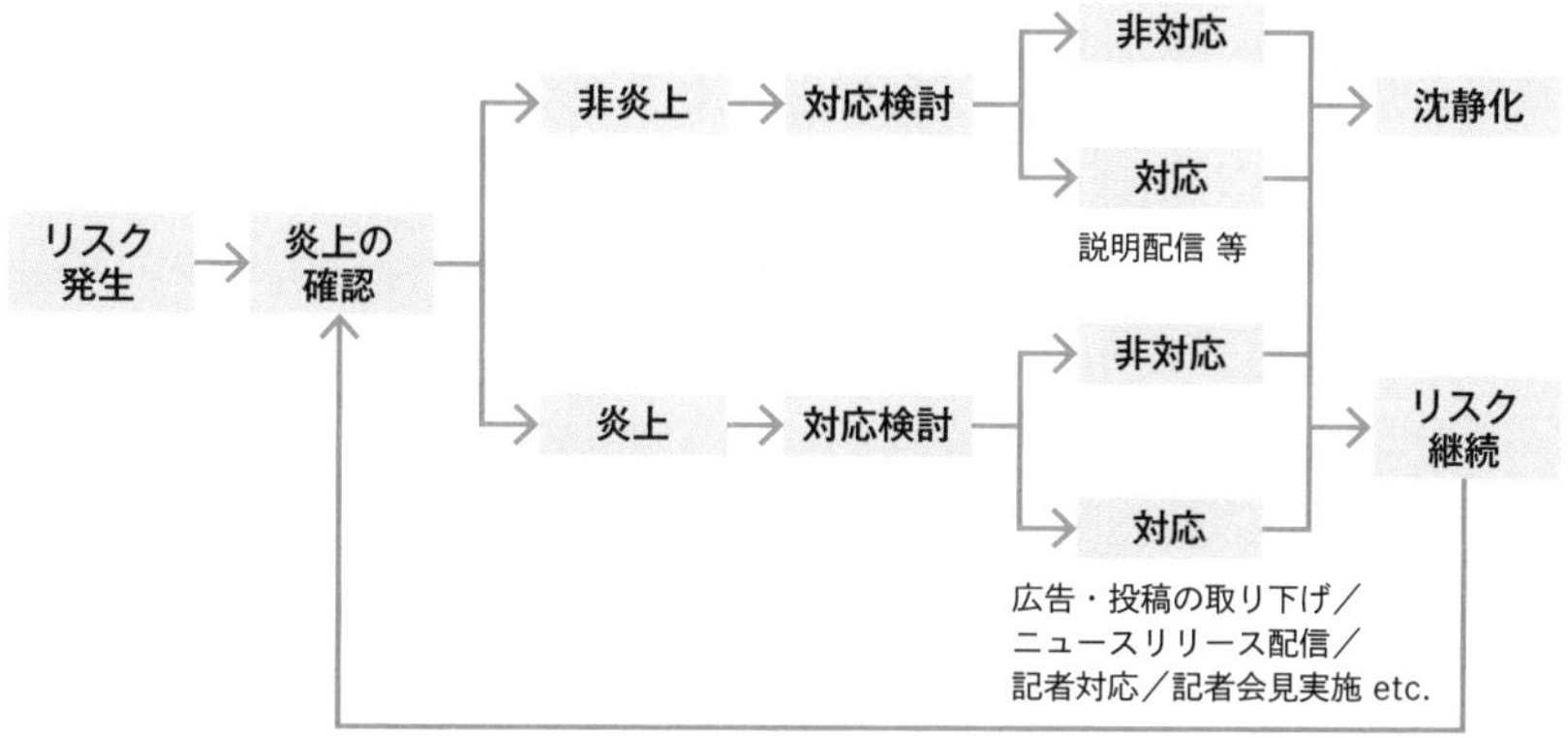

①話題の大きさ（話題量）
②話題の内容
③話題が広がっている範囲

まずは「① 話題の大きさ」についてですが、「炎上した！」と思っていても、実際には炎上と言えるほど話題量がない場合もあります。

「何件以上の投稿があれば炎上と言えるのですか？」という質問をよく受けますが、具体的な基準はなく、ケースバイケースで判断するのが一般的です。数十件から数百件程度の投稿でも「炎上した」と報道されることがありますが、その程度では対応をせずに放置することが多いので、われわれは炎上とは呼んでいません。

話題量が多くても、大半がリツイートだったり、記事の引用だったりした場合は、「炎上」とは言えません。量だけでなく、質、すなわち「② 話題の内容」を調べる必要があります。

4－1で紹介した新型コロナ禍のゴールデンウィーク前に放映された『サザエさん』のように、「炎上した」と言われていても、実際は炎上していないことさえ起こりえます。メディアは刺激的な表現を好むので、その内容を鵜呑みにしてはなりません。

また、大半がオーガニック（自発的）な口コミだったとしても、批判だけでなく、擁護意見が多数出ていることもあります。賛否両論出ていると、SNSユーザーの間で論争が起きて、話題量が急激に増えることもあります。この場合も、「炎上」と言えるかどうかは、なかなか判断が

図 4-3　情報伝播の概念図

（a）

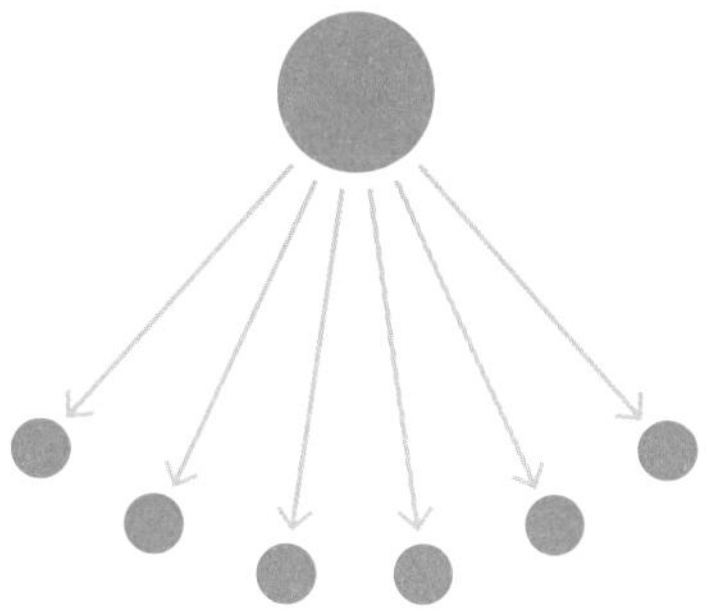

（b）

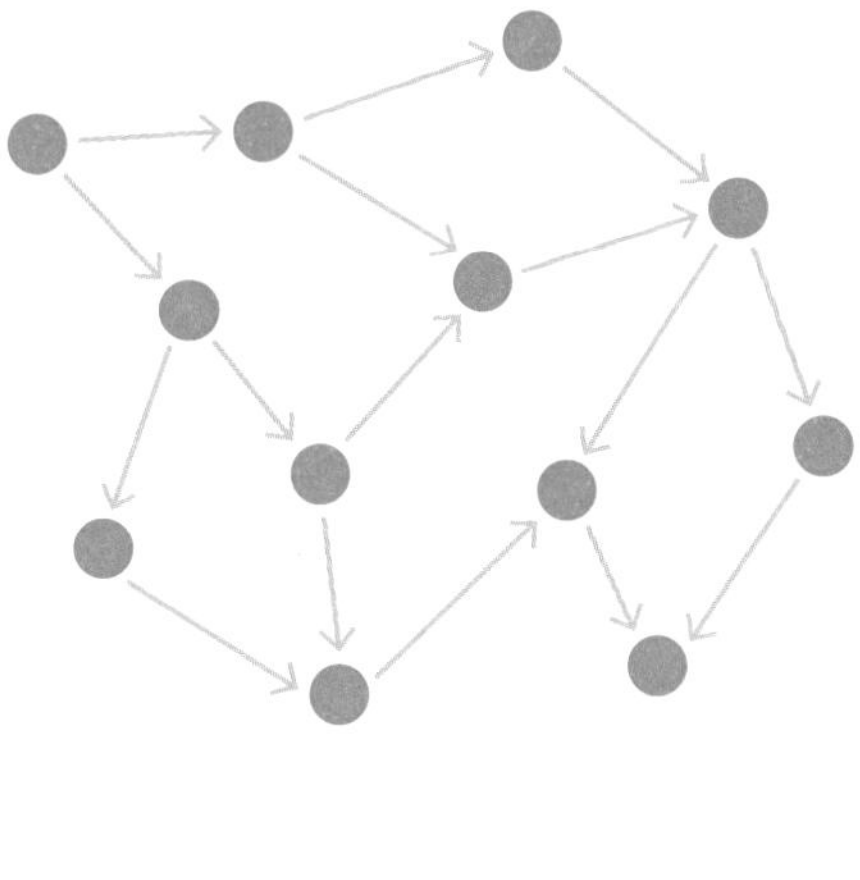

図 4-4　SNS の情報伝播の概念図（実態）

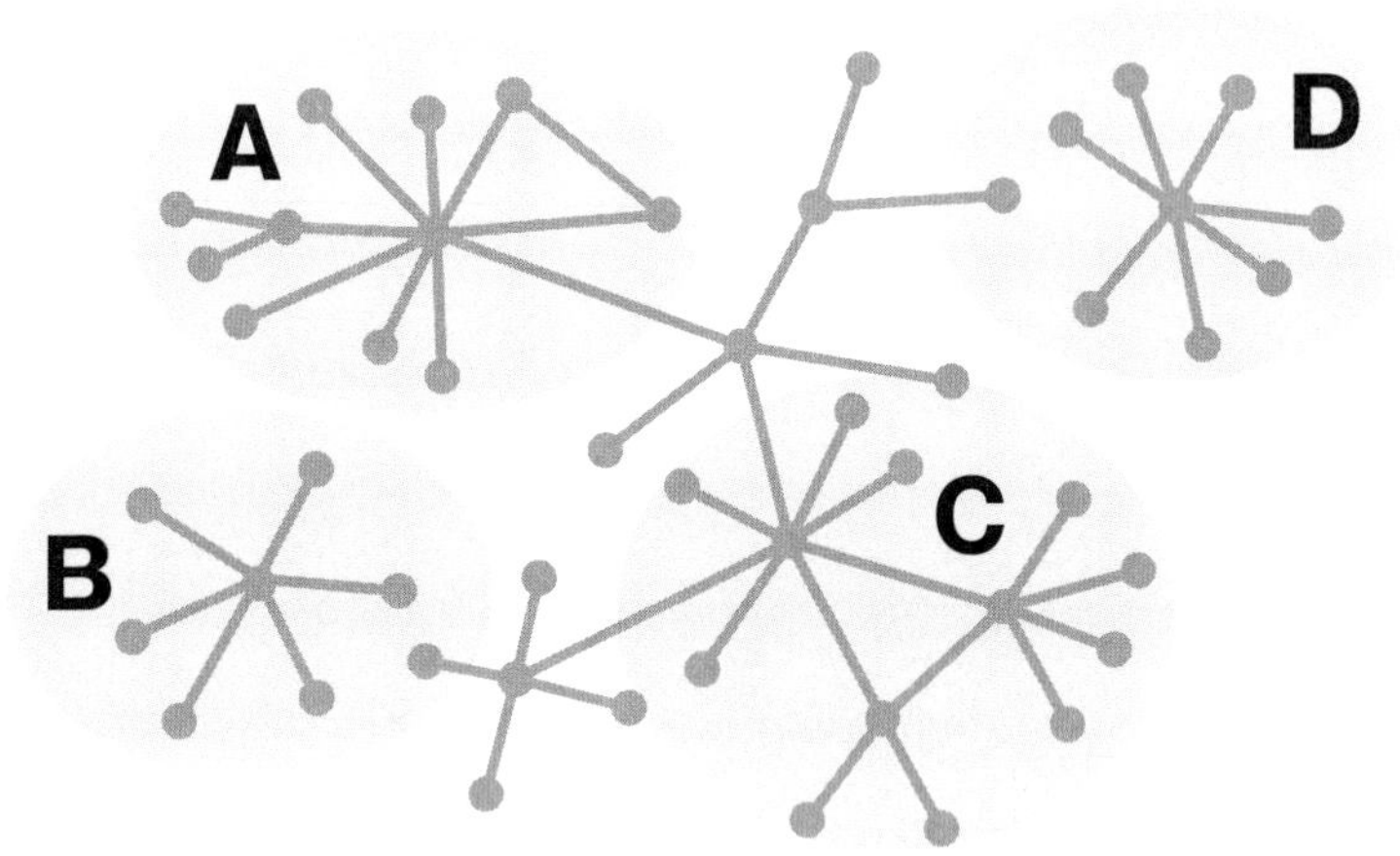

難しいところです。
さらに、炎上かどうかを判断する際には、「③ 情報が広がっている範囲」まで見る必要があります。

炎上に限らず、SNS上の話題の広がり方を見ると、一定の特徴があります。SNS上での話題の伝播は、図4－3のa（197P）のように、特定の情報源から複数の人に一方的に伝わるものでもなければ、b（197P）のように、中心がなく網の目状に広がっていくものでもありません。

実際のSNS上の話題の伝播においては、図4－4に示すように、複数の情報源が起点となりつつ、その情報が伝達し合ういくつかの「かたまり」が形成されることが多いのです（図のA～D）。この「かたまり」をわれわれは「クラスター」と呼んでいます。

ここで注意しておきたいのは、SNS上のクラスターは、「2－3　どうやれば予想を超えて話題を広げることができるのか?」で説明した「ターゲット・クラスター」とは異なるものだということです。「一定の特徴を持つ人々の集まり」という意味では両者は似ていますが、「ターゲット・クラスター」はマーケターが戦略的に設定するものであるのに対して、SNSのクラスターは、実際に話題を伝播し合った人たちの「仮想的なコミュニティー」を示しています。

新型コロナウイルスの流行で「クラスター」という言葉は一般的になりました。話題の拡散を示す「バイラル（viral)」という言葉が、ウイルス（virus）から来ている――ということは、Part1で解説しましたが、SNS上のクラスターは、感染症における「クラスター」と似ていると言ってもいいでしょう。

感染症におけるクラスターは、小規模な複数の患者の集団のことを指しますが、集団内での濃厚接触によってクラスターが形成されます。一方、ＳＮＳではリアルな接触はありませんが、ある情報に関心を示し、それを引用したり、リツイートしたりコメントをしたりすることによって話題が広がっていきます。情報のやり取りは興味・関心が類似した人たちの間で濃厚にやり取りされる、つまり「情報への濃厚接触」が起きるため、それらユーザーの集まりが「クラスター」として形成されるのです。

新型コロナウイルスでは「病院内のクラスター」、「ナイトクラブのクラスター」といったクラスターが形成されましたが、ＳＮＳでは「当該商品・サービスのユーザー」、「特定のインフルエンサーのフォロワー」、「ＣＭタレントファン」、「アニメ・ゲームオタク」といった興味・関心、趣味を共有する集団でクラスターが形成されます（実際には、そこまで明確にクラスターが分かれるわけでもなく、同じクラスターに属していても嗜好は異なっている場合も多いのですが）。

概念的な説明が長くなってしまいましたが、炎上の話に戻りましょう。

「炎上した」と見えるケースも、よく見ると一部の人たちの間で盛り上がっており、その範囲内で情報が拡散されていることがあります。ネガティブな声に乗っているのはどんなクラスターで、どのクラスターに波及しているのかと確認することで、本当に対応すべき層はどこなのか、無視してもいい層はどこなのかを整理することができます。企業の炎上において、ネトウヨ（ネット右翼）やクレイマーが騒いでいるのと、既存顧客やファンが不満を抱いてクレームを投稿し合っているのとでは、深刻度も重要度も異なります。

メディアが報道しているか否か?という視点も重要です。というのも、そこから炎上が起こる場合や、炎上が拡大する場合も多いからです。メディア報道があるかどうかも、必ず事前に調べておくべきですし、SNS上にメディア報道に反応しているクラスターが形成されているかどうかもチェックしましょう。

## 炎上対応の方法

「炎上しているか/いないか」の確認ができたら、続いて対応の検討を行うことになります。

炎上していない場合は対応しない(要するに静観する)場合が大半なのですが、必要に応じて、公式SNSアカウントから補足説明を投稿したりすることはあります。例えば、事実無根の誹謗中傷がなされていた場合や、「商品に有害物質が含まれている」といったようなフェイク情報が流れていた場合などです。ただ、この場合も、下手に企業側から発信をしてしまうと、不必要に「問題が起きている」という情報を広げかねませんので、対応するか否かということも慎重に判断すべきです。

続いて炎上している場合ですが、この時は一般に高度な対応が求められます。

炎上していても、企業側に非がない場合は対応しない(静観する)場合もあります。例えば、韓流スターを広告やインフルエンサーに起用した場合、ネトウヨ(ネット右翼)から「反日企業」

というバッシングを受けることがありますし、そこから不買運動を呼び掛ける声が広がることもあります。これを真に受けて、広告や投稿を取り下げたり、起用をやめたりすると、「圧力に屈した」、「人種差別だ」といったバッシングを受け、余計に炎上するという逆効果が生じてしまう可能性もあります。

対応を行う場合も、まずは広告や投稿を取り下げるのか、取り下げないかという判断が必要になります。取り下げをしない場合も、メディア取材の応対などは必要になりますし、リリース等、何らかの情報配信をした方がいい場合もあります。取り下げる場合も、何らかの釈明を行わないと、「逃げた」という批判を受ける可能性があります。

また、情報発信を行う場合は、どの媒体を用いて発信するのか?という視点が重要です。必要以上に広い範囲に情報を発信してしまうと、炎上を知らなかった人に対して、自分からトラブルの存在を伝えてしまうことになります。広告や戦略PRと違って、「広く伝われば伝わるほどよい」というものではなく、「伝えたい相手に、効率よく伝える」ということが重要です。例えば、SNSのみで話題になっているならば、公式アカウントから謝罪なり説明なりの情報を投稿すればよいでしょう。メディアで報道されているのであれば、ニュースリリースも配信したほうがよいかもしれません。もちろん、ケースバイケースで判断する必要がありますので、「こういう場合はこの媒体で」という明確なルールがあるわけではありませんが。

情報発信を行う場合は、文面にも注意が必要です。表現が不適切だと、さらなる炎上を招く場合もあります。例えば、謝罪をしても、責任逃れをするような文章が入っていたり、ピントがずれていたりすると「謝罪になっていない」という批判を受ける可能性があります。文体にも気をつけないと、「謝っているのに態度が尊大だ」、「上から目線だ」と、さらなる批判を受ける可能性があります。

いずれにしても、謝罪が必要な場合は、たとえそれによって批判されるとしても、臆せずに行動すべきです。謝罪をすべき時に沈黙を続けていると、悪いイメージが定着するだけでなく、メディアやSNSでバッシングが続いたり、事実ではない情報を流されたりする可能性もあります。

「What（何を発信するのか?）」、「Who（誰が発信するか?どのメディアで発信するか?）」、「How（いかに発信するか）」という「話題化の3要素」は、炎上対応においても求められる視点なのです。

さて、最後に対応を行う際の注意点を挙げておきます

## 1. 迅速な対応

重要なのは一連のプロセスを迅速に行うことです。対応までに時間がかかってしまうと、状況が変化してしまう可能性も高く、最悪の場合は炎上が拡大してしまう場合もあります。特に大企業では、多くの人が関わっていることも多く、意思決定、承認のプロセスも何重にもわたり、時間もかかりがちです。リスク対応に関しては、プロセスを簡略化して迅速に対応できる体制を事前に社内で作っておくことが重要です。

## 2. 外部の専門家の活用

リスク対応はある程度はマニュアル化できますが、一定のやり方があるわけではなく、ケースバイケースで対応することが求められます。また、当事者であるがゆえに、冷静に対応できなくなることも多々あります。社内にリスクマネジメントの担当者がいなかったり、判断に迷う場合は、外部の専門家に相談することをお勧めします。最近、リスクマネジメントを行う企業は増えていますし、ＳＮＳのリスク対応、炎上対応に特化した専門家もいます。想定外の出費にはなりますが、炎上が収まらず、企業イメージを毀損してしまう可能性を考えると、リスク対応に予算を付けても十分ペイするでしょう。

## 3. 外部対応と内部対応を並行して遂行

また、リスク対応においては、外部的な対応だけでなく、内部での対応も並行して行うことが必要です。企業の不祥事が炎上につながっている場合は、原因を究明した上で、再発防止策を取る必要があります。不祥事とは言わないまでも、企業側に非がある場合は、やはり企業内部の啓発活動や改革も必要です。謝罪をして一旦収まったとしても、再び同じようなことが起きると信用は失墜します。一方で、徹底した対応を取っていることが見えると、ＳＮＳユーザーの批判的な態度も緩和されます。

炎上対応については、詳しく説明すると本一冊分くらいになるほどですが、ここでは簡単に整理しました。繰り返しになりますが、最善の「炎上対応」は炎上を起こさないことです。万が一、炎上が起きてしまった際には、迅速かつ的確な対応を行って、炎上を最小限にとどめることが重要です。

## 4・4 ポジティブな話題をつくり、「信用」を形成する

### 現代こそ「信用第一」の時代

前節で「炎上を起こさないことが最大の炎上対策である」と書きましたが、炎上を起こさないためには、コミュニケーションのやり方に気を配るだけでは不完全です。

いかにコミュニケーションをうまくやっても、実態が伴わなければ、人々から信用はされませんし、ちょっとしたことでバッシングされるようになります。

「日本資本主義の父」と言われ、新1万円紙幣の肖像にも選ばれた渋沢栄一は次のように語っています。

　事業には信用が第一である。世間の信用を得るには、世間を信用することだ。
　個人も同じである。自分が相手を疑いながら、自分を信用せよとは虫のいい話だ。
　信用は実に資本であって商売繁盛の根底である。

渋沢栄一の時代を超えて、いまだにこの言葉は有用であるだけでなく、コロナ時代、ＳＮＳ時代を迎えて、さらに有用性を増していると言っていいでしょう。

人々から信用される企業になることができれば、ポジティブな話題が生み出され、それによって企業イメージも向上する――という好循環を生み出すことができます。本章の前半で、企業と消費者の関係は、「支え合う」、「応援し合う」という関係へと変化すべきだと書きましたが、お互いを信用しあいながら、そうした関係を築くことこそが、信用される企業になるための第一歩です。

具体的な事例を挙げながら考えてみましょう。

図４－５は、緊急事態宣言期間中、すなわち２０２０年４月16日から５月25日の「サントリー」に関するツイッターの話題量の推移のグラフです。

この期間で最も話題が盛り上がっている４月19日は、同社が医療機関向けに消毒用アルコールを提供するというニュースが大きく話題になりました（発表自体は４月15日ですが、19日に一般のＳＮＳユーザーの投稿が大きく拡散し、話題量がピークに達しました）。話題の内容を見ると、「さすがサントリーですね」、「これからも贔屓にします」といった称賛の声が多数寄せられていました。

図 4-5 「サントリー」に関するツイッター話題量

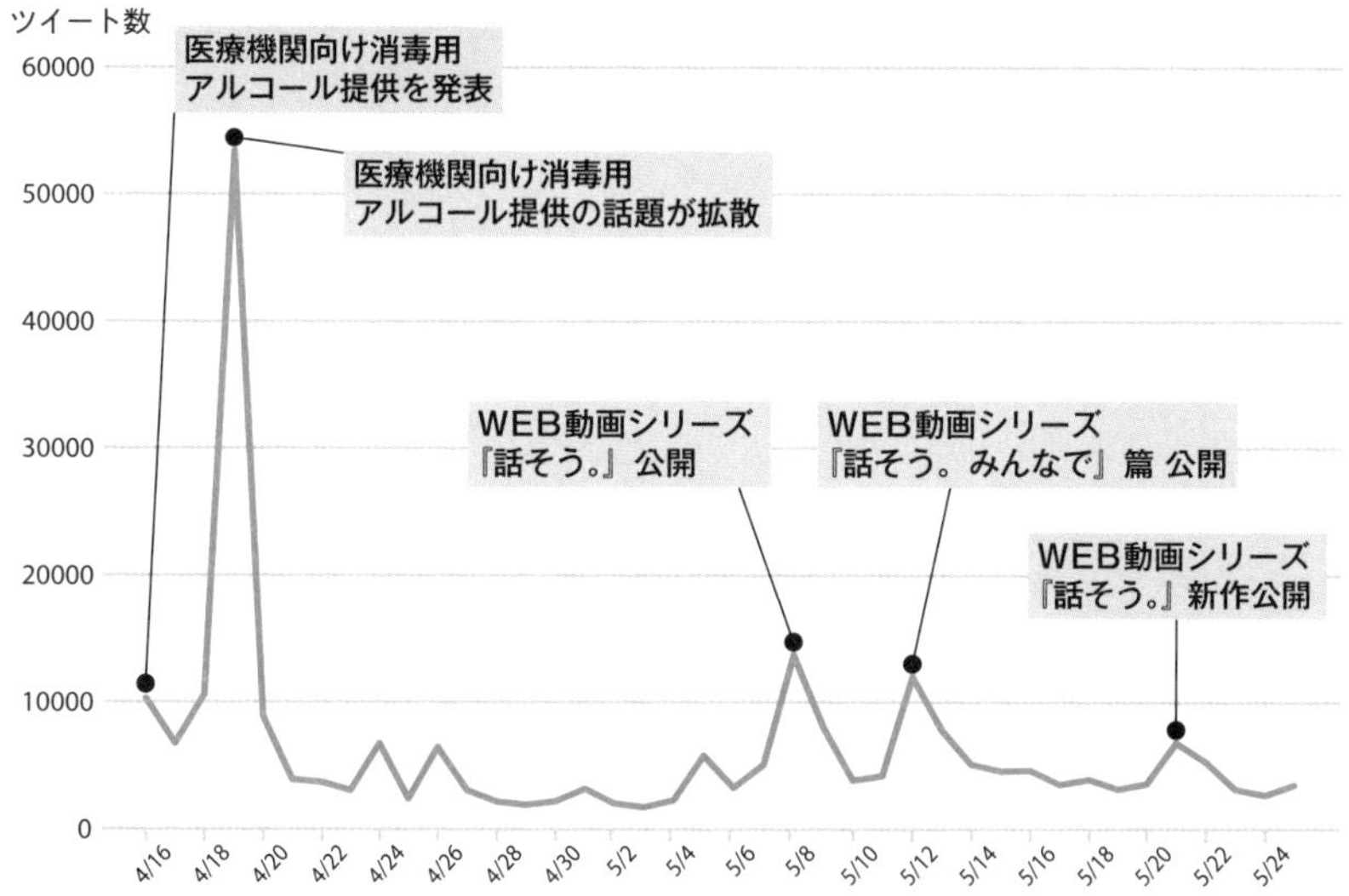


調査方法:BuzzSpreader Powered by クチコミ@係長

その後、5月8日を起点に、WEB動画シリーズ『話そう。』の話題で何度か盛り上がりを見せていますが、「サントリーの話そう。のCMいいな」、「人とつながることの大切さを改めて感じた」等、ポジティブな声で占められていました。

人々が感染の不安に怯えながら自粛生活を送っている中、自社の技術を応用して医療機関の支援を行うという行動と並行して、人々を励まし、元気づけるコミュニケーション活動を行ったことが共感され、ポジティブな話題を集めました。これらの情報を見た人たちには、サントリーに対する信頼感が醸成されたに違いありません。

## 「有言実行」が大切！でも、「他の人に言ってもらうこと」も大切

これまでの日本では、「不言実行」が尊ばれてきましたが、現在では何も言わないと、人々は気づいてくれないし、完全にスルーされてしまいます。良い行為をするだけでなく、そのことはキチンと伝えるべきなのです。つまり、現代で必要なのは「有言実行」なのです。

ただし、自分から語りすぎることは、逆効果を生んでしまうことも多々あります。ここで重要になってくるのが話題化の3要素、特に「Ｗｈｏの要素 ＝ 誰が発信するか？（メディア、インフルエンサー）」です。

「自分から言う」だけでなく、第三者にポジティブに語ってもらい、良い評判を形成していくことが重要になります。特に、この課題に関しては、戦略ＰＲの考え方が重要になります。

図 4-6　SNS とメディアの相乗効果

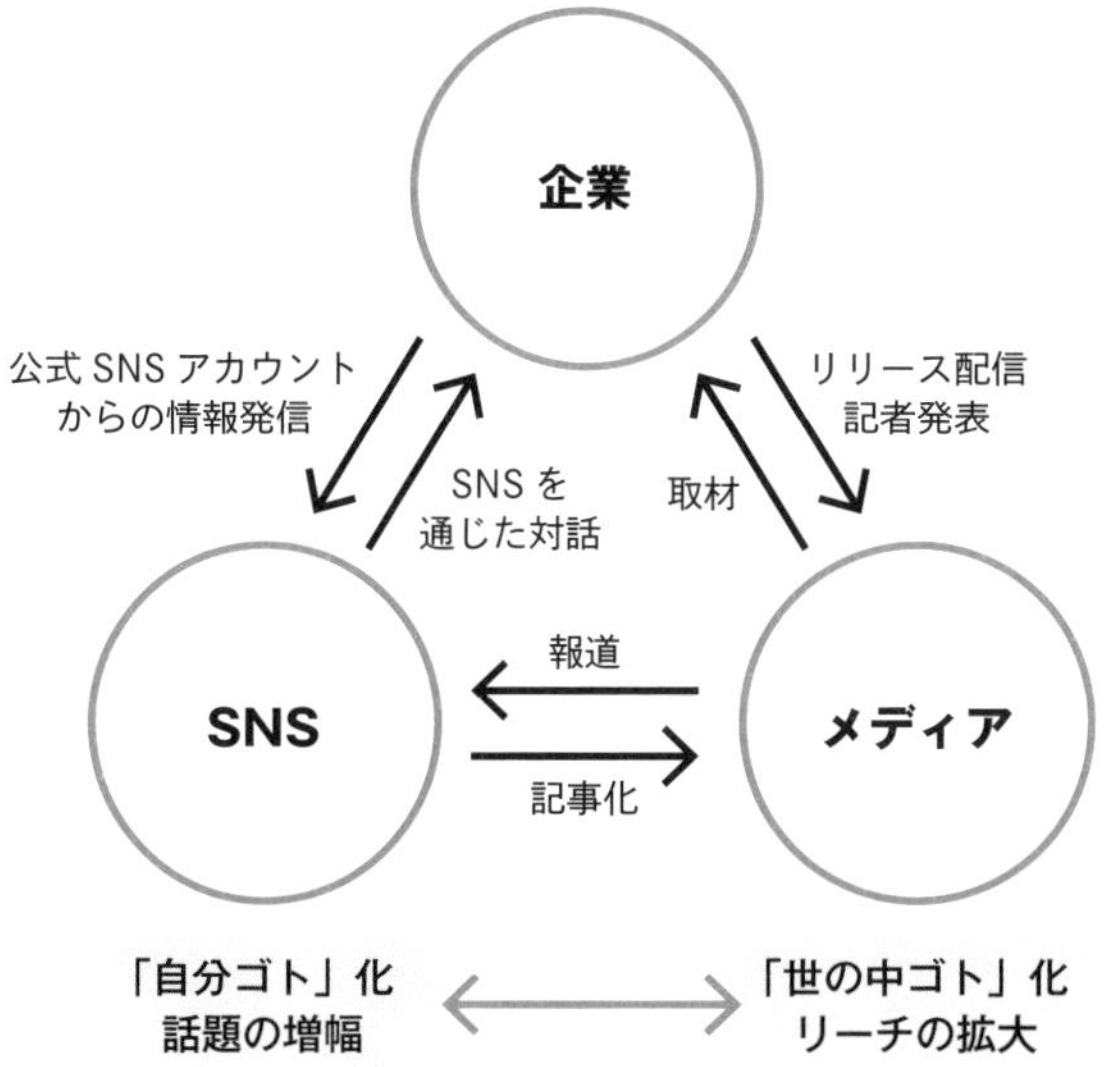

具体的には、企業側から一次情報を発信し、メディアやSNSで二次的に情報を広げていくと同時に、両者でポジティブな話題を形成していく――というプロセスになります（図4－6）。

まず、メディアに対してはニュースリリースの配信や記者発表によって告知します。場合によっては、メディアからの個別取材に対応することもあります。それによって、記事になることで、人々に広く情報が行き渡ります。それが人々の共感・関心を集めることができれば、SNSでも拡散していきます。最近では、メディアの大半は公式SNSアカウントを持っており、情報配信をしていますので、そこから話題が拡散していくことも多いのです。

SNSに関しては、メディア経由以外に、企業自身が公式アカウントから情報配信することで話題化する場合もあります。

例えば、図4－5のサントリーの例では、「医療機関向けに消毒用アルコールを提供」の情報はメディア報道からSNSに波及し、そこから一般ユーザーがツイートして二次的に話題が拡散しています。一方で、WEB動画『話そう。』シリーズに関しては、話題の多くは、サントリーの公式SNSアカウント、出演者の香取慎吾さんの公式SNSアカウントを起点に広がっていきます。もちろん、メディア報道からの拡散もありますが、メインの拡散元は企業、および動画出演者の公式アカウントです。

このように、ネタ（テーマ）によって話題の拡散元は異なっています。

メディアは社会性、つまり「世の中ゴト」が重視される傾向にあり、SNSは個人の関心や嗜好、すなわち「自分ゴト」が重視されるのです。そうしたことを踏まえて、同じテーマでも、メディア向けとSNS向けとで、発信する情報も変えた方が効果は高くなります。ニュースリリースと同じ文面を、公式SNSアカウントから配信している企業も多いですが、多少手間がかかっても、文面や文体を媒体特性に合わせて変えた方がいいのです。

一方で、SNSとメディアの間には強い相関があるのも事実で、お互いに情報は波及し合うことが多いのです。最近は、メディアの記者もSNSから情報を入手することが多いため、SNSで大きく話題になり、人々の関心が高まりつつある事象はメディアでも取り上げられることが多くあります。また、メディアで取り上げられた事象の多くは、SNSでも話題化します。

ポジティブな話題を広げようと思えば、SNSとメディア報道との好循環を作り出すことが大切になります。つまり、ここにおいても、情報波及のメカニズムを把握して、「Howの要素＝いかに発信するか？（情報流通構造）」をしっかりと構築することが重要になります。

続いて、メディアとSNSの役割についてより詳しく見てみましょう。

## メディアの「お墨付き」を得る

まず、メディアについてです。最近、「マスメディアの価値は低下している」という意見が目立ちます。これは半分は正しいですが、半分は正しくありません。テレビの視聴率や新聞の販売部数が低下しているのは事実ですし、マスメディアの報道に対する信頼度も、以前と比べて低下していることもまた事実だと思います。

ネットではマスメディア企業、およびその報道姿勢や報道内容は批判されやすく、「マスゴミ」と揶揄されることも多いのが現状です。

しかしながら、現在においてもSNSで話題になっている情報の多くは、メディア起点の情報であり、「話題の起点」としてのマスメディアの存在は依然として大きいのです。加えて、SNSの世界に限らず、現代社会は不確実な情報、相反する情報に満ちています。そうした中で、依然としてマスメディアは相対的に「信頼を担保する情報源」としての役割、および責任を維持し続けていると言ってよいでしょう。逆に言えば、マスメディアがそうした役割を担えなければ、存在価値を失ってしまうとも言えます。

実際に、『カメラを止めるな!』が大ヒットしたのは、マスメディア、特にテレビ番組で紹介された後のことですし、SNS上の話題量を見ても、テレビで紹介された時に急増し、その後の平常時の話題量も底上げされています（図2－2）。マスメディアによる紹介によって、多くの人が作品の存在を知り、興味を掻き立てられたことに加えて、マスメディアによって「お墨付き」が与えられたことで、作品が多くの人々の知るところとなり、彼らが劇場まで足を運ぶきっかけとなったに違いありません。

メディアで取り上げられることは、「多くの人に知ってもらえる」、「話題が広がる」、「信頼性が高まる」など、様々な効果がありますが、広告とは異なり「お金を払えば掲載してもらえる」というものではありません（もちろん、広告も、お金さえ払えば何でも出稿してもらえるというものではありませんが）。また、たとえメディアで紹介してもらえたとしても、意図した内容で

PR IMPAKT

| | |
|---|---|
| Inverse | 逆説、対立構造 |
| Most | 最上級、初、独自 |
| Public | 社会性、地域性 |
| Actor / Actress | 役者、人情 |
| Keyword | キーワード、数字 |
| Trend | 時流、世相、季節性 |

出典:PR IMPAKT®(電通グループ)

報道してもらえるとは限りません。企業側が「この商品は画期的な商品で、素晴らしい価値を持っている」と思っていても、メディア側がそう思わなければ取り上げてはくれませんし、たとえそう思われたとしても、メディア側の意図と合わなければ取り上げてはくれません。

つまり、メディアで取り上げられるか否か、取り上げるとしてもそれがどういう内容になるかについては、メディア側に委ねられており、企業側でコントロールすることはできません。ただし、企業側の活動によって、よりメディアに取り上げられやすい環境、意図した通りに取り上げてもらいやすい環境を作ることは可能なのです。

電通グループでは、メディアに有効に取り上げてもらい、人々に語ってもらえるような戦略構築のフレームワークとして、ＰＲＩ

ＭＰＡＫＴを提唱しています。

本フレームワークのキーワードは前記の６つですが、頭文字がちょうど「ＩＭＰＡＫＴ」となっていることから、「ＰＲ ＩＭＰＡＫＴ」の名称がつけられています。

特に、「信用をつくる」という目的においては、「Public（社会性、地域性）」の要素が重要になります。例えば、メーカーが海洋汚染問題に対応してプラスチックを使わない製品を発売したり、ＬＧＢＴ運動の高まりに合わせて、多様なジェンダーに対応する商品やキャンペーンを提案したりするといった展開が当てはまります。こうした展開はメディアでも好意的な報道がされやすく、評判形成の面でも有効性が高いのです。

もうひとつ、これに「Trend（時流、世相、季節性）」が加わると、話題の流通も促進され、幅広く良い評判が形成されやすくなります。

「Trend（時流、世相、季節性）」を活用した事例としては、すでに解説した改元関連の一連の施策がまさにこれに当てはまります。また、金融庁が発表した「老後２０００万円必要」という報告書は物議を醸しましたが、これに応じて金融機関が老後の資産形成のプランや金融商品を提案するのもそうですし、受験シーズンに「受験生応援〇〇」といった商品やキャンペーンを展開するのもこの事例に当てはまります。事象そのものは必ずニュースで報道されますから、それに絡めた企業の活動は、合わせて紹介される可能性も高いのです。

新型コロナ禍で、サントリー、資生堂、宝酒造などが消毒液を医療機関に提供する支援活動がメディアで報道され、人々からも支持を集めたのは、医療支援という「Public（社会性、地域性）」

と、新型コロナ禍という「Trend（時流、世相、季節性）」の2つの要素が掛け合わされていたからです。企業が自社のリソースを生かして社会活動を行う動きは世界的な潮流になっており、海外企業でも同様の支援が行われています。いまや、「利他主義」を意味する「アルトルイズム（Altruism）」が、企業活動におけるキーワードとなっています。

新型コロナ関連以外でも、この2つの要素を有効活用している企業はいくつも出てきています。ここでは、エアウィーヴの事例を紹介しましょう。2017年に「睡眠負債」という言葉がトレンドになり、多くのメディアでも取り上げられ、ユーキャン新語・流行語大賞トップ10にも選ばれました。睡眠負債とは、日々の睡眠不足の積み重ねが心身に悪影響を及ぼす現象のことですが、エアウィーヴは「睡眠負債の解消」というテーマでコミュニケーションを行っています。また、2019年には東京五輪の選手村に同社の商品が供給されることが、2020年には読売巨人軍の「ジャイアンツ寮」にエアウィーヴが導入されることがニュースになりましたが、これもトレンドをしっかり捉えてPR効果を高めています。生活者やアスリートに対する睡眠を通じた健康支援という「Public（社会性、地域性）」の要素と、「睡眠負債」やスポーツイベントといった「Trend（時流、世相、季節性）」の両者をうまく捉えているわけです。

## SNS上に仲間をつくる

続いてSNSについてです。SNSでは、メディア以上に論調が変わりやすく、企業や人に対する評判も非常に移ろいやすいものとなっています。昨日まで称賛されていた企業が、今日は突然バッシングされてしまうということもありえます。そのような場で、確固たる評判や信用を形成していくことが難しいのは事実ですが、だからこそ、そこで安定した評判を得るための努力をすべきなのです。さて、そのためには、いくつか秘訣があります。

1．SNS上の空気を読みながら、継続的にポジティブな情報発信をすること
2．SNS上にファンをつくること
3．信頼されているインフルエンサーを味方につけること

公式SNSアカウントを保有している企業は、継続的に情報発信をして、SNS上に居場所を作っておくことが重要です。ただし、アカウントを開設して、一方的に伝えたい情報を発信するだけでは、居場所は作れません。「空気を読む力」と「空気に合わせて情報を発信する力」が必要で、それによって、ポジティブな印象を作っていくことが重要です。また、そのためには「水平型のコミュニケーション」が重要になってきます。上から目線ではなく、仲間や友達と同じ目線に立って、親しまれるようなコミュニケーションを行うことが求められるのです。

企業がひとつの「人格」として、人々と積極的に関わっていく動きは、世界的に加速しています。2020年5月にアメリカ合衆国のミネソタ州でアフリカ系アメリカ人男性のジョージ・フロイド氏が白人警察官に首を押さえつけられ死亡した事件をきっかけに、人種差別撤廃を訴える

運動「ブラック・ライブズ・マター（Black Lives Matter）」が巻き起こりました。この運動に対して、ナイキやアディダス、ネットフリックス、ツイッター、スターバックスといった大企業は、次々と賛同の意を表明しました。また、こうした動きや人々からも支持を集め、メディアでも多数報道されました。

政治的な動きに、企業が意見を表明したり、参加や支援を表明したりすることにはリスクも伴いますが、企業が「人格」を持った存在となってきている中、沈黙していること自体がリスクともなりえる時代になっています。

日本企業は、まだこのような行動は求められていない段階ですし、政治的な言動におけるリスクも大きいのが現状ですが、いずれ、米国と同じような状況になる可能性も十分に考えられます。こうした変化にも着目した上で、「世の中とどう関わっていくのか？」ということに常に気を配るべき時代が来ているのです。

本章で紹介した『コトラーのマーケティング４・０』の中では、デジタル時代に顧客エンゲージメントを強化する方法のひとつとして、「ソーシャルＣＲＭ」を挙げています。そして、ソーシャルＣＲＭはソーシャルメディアを通じた顧客とのカンバセーションという形を取るとしています。情報を一方的に発信するだけでなく、フォロワーと対話をしたり、質問に答えたりすることが重要になってきます。

さらに、それを続けることで、「ファン」が生まれ、定着していきます。良質なファンを抱えておけば、フェイク情報が流れたり、炎上した際にも、彼らが誤りを訂正したり、擁護をしてくれます。そして、企業自身が沈静化をはかろうとするよりも、第三者からフォローされた方が、より効果が上がることが多いのです。

また、ファン以外にも、影響力のあるインフルエンサーを味方に付けておくことが重要です。インフルエンサーはポジティブな情報を広げてくれると同時に、「権威づけ」もしてくれる貴重な存在です。

自分の例を挙げると、私は映画鑑賞が趣味ですが、いままでは鑑賞する作品を選ぶ際に、評価サイトのレビュー、ＳＮＳの声を参考にしてきましたが、最近は自分が信頼している映画評論家の意見も参考にしています。つまり、「映画ファン一般の意見」と「自分と価値観の近い専門家の意見」の双方を参考にして、総合的に判断しています。たとえ、口コミサイトで批判的な意見が少なからず出ていても、映画ファンや評論家などのインフルエンサーが好意的な評価をしていれば、それを信用して劇場に足を運びますし、それで失敗することもほとんどなくなりました。最近は映画だけでなく、書籍、語学の教材（およびそれを使った勉強法）、家電製品などを選ぶ際にも、同様のやり方を取るようになりました。


ここまで信用をつくるための方法について書いてきましたが、こうしたことを実現し、定着させるにはそれなりの時間もかかりますし、小手先ではできないことなので、地道に取り組む必要があります。繰り返しになりますが、そこで重要なのは、行動と伝達（情報発信）の両方の対応をしっかりと行うことです。

## 4・5 人々の「キモチ」を捉えて、継続的に話題をつくり出す

### 「意味のある話題」をつくる

「話題化」の議論に戻りましょう。Part3で、話題の3要素をいかにつくるのかを整理しましたが、ここでは方法論的な視点から論じたいと思います。

これまでも述べてきたように、「話題化」といっても、重要なのは、瞬間的に「バズらせる」ことではなく、〝ブランドと関連する領域で〟、〝自発的に〟かつ〝継続的に〟、人々に話題にしてもらう、すなわち「バイラルさせる」ということです。

例えば、新商品のマーケティング活動において、ローンチ時とは別な切り口のネタをいくつか投入していくことで、複数の「盛り上がりの山」を生み出すことが可能になります。ローンチ前から消費者の気持ちを盛り上げ、ローンチした後には、反応を見ながら新たな燃料を投下する。こうした仕掛けを戦略的に行うことで、ロングヒットを狙うことが可能になります。

映画『カメラを止めるな！』では、「超低予算」、「ネタバレできない面白さ」、「監督の情熱」、「盗

作疑惑」、「賞レース」などの様々な切り口の話題が次々と持ち上がりました。アニメ映画『天気の子』では、公開3週間前に金曜ロードショーで映画『君の名は。』を放送し、新海誠ファンの気持ちを盛り上げていきました。

また、商品のコアファンの心に響く訴求をするだけでなく、様々なクラスターが集まりやすい、乗っかりやすいネタを仕込んでおくことで、話題の量を増え、商品に関心を持ってもらうきっかけを生み出すことができます。

詳細は後述しますが、映画『天気の子』の公開に際しては、新海誠ファン、過去の作品のファン層だけでなく、楽曲を担当しているミュージシャンRADWIMPSのサントラファン層やネタツイート層など、様々な切り口のツイートで盛り上がりました。すでに紹介した「吉野家」の新商品のローンチに関しては、大盛り志向・ヘルシー志向のどちらもが盛り上がれるような商品、キャンペーン展開が仕掛けられています（「2−2　話題になる商品、キャンペーンはどこが違うのか?」を参照ください）。

マーケティング担当者にとって、SNSはダイレクトに反応が見える、無視できない存在になっています。SNSで話題になったことが、ネットニュース、そしてマスメディアに取り上げられ、さらなる話題を呼ぶのは、これまで論じてきた通りです。

自社アカウントの活用以外にも、SNSで話題を広げる手法も浸透しています。その代表的な手法には、リーチ効率がいい「SNS広告」、話題拡散に効く「バズ動画」、特定ターゲット間の注目を高める「インフルエンサーマーケティング」があります。

ところが、実際これらの施策を行おうとする時、悩ましい問題を抱えることになります。すなわち「話題化、つまりバズ施策を行うだけで本当にいいのか？」という問題です。

残念ながら、「バズった」からといって、商品やサービスの売り上げが必ずしも上がるとは限りません。バズの量と売り上げは相関する場合も多いのですが、絶対ではありません。因果関係が不明なことも多々ありますし、時にはネガティブな話題が増えてブランドを傷つけてしまい、売り上げにマイナスの影響を及ぼすことさえあります。

話題量を増やすことだけをプロモーション目標にして、やみくもにバズ施策を行うと「バズったけども売れない」というジレンマに陥るのです。

そうした状況もあり、マーケターからは、「ＳＮＳ上の話題化施策をプロモーション計画の中でどのように位置づけ、限られた予算を配分していけばいいのか頭を悩ませている」という声もよく聞きます。

では一体、ＳＮＳ上の「話題」をマーケティングにどのように活用したらいいのでしょうか。

最初にやるべきことは、話題化の手法の話に入る前から、ＳＮＳでの「話題のされ方」を確認しておくこと。ＳＮＳの投稿内容を分析することは、「己を知る」上で非常に有効です。こう言うと、「エゴサーチ[46]ならもうやっているよ！」という方も多いかと思います。しかしながら、大切なことは、エゴサーチの結果に一喜一憂することではなく、話題のされ方を知っておくことです。

重要なのは、自社の商品や商品カテゴリーが、

「誰に、どんな風に、話題にされているのか（あるいはいないのか）？」

「話題の内容はポジティブなのか、ネガティブなのか？」

「ポジティブ（あるいはネガティブ）な話題の中身はどのようなものなのか？」

といったことを把握することなのです。

ＳＮＳ上には、何らかの好意や興味、もしくは不満といった感情が発露しています。「自社の商品やサービス」、「イメージキャラクターとして起用しているタレント」を調べるほか、新商品の場合は「競合他社」や「商品のカテゴリー」についても、誰がどんなことを話題にしているか調べてみてください。どんな層の人たちが関心を持っている（持ちそう）か、グループ分けすると概ね何種類のクラスターに分かれるのか、競合と比べてどのあたりを取りこぼしているか——といった当たりをつけることができるでしょう。

「私の担当している商品やサービスは、なかなか話題にならないんです」とおっしゃる方とお会いすることも多々あります。例えば、掃除用品、洗剤などの日用品は、商品名を入れてわざわざツイートする機会はそんなに多くないかもしれません。

その場合は、商品が使われる「シチュエーション」で検索してみることをおすすめします。

例えば、「大掃除」というキーワードで検索して、大掃除のシチュエーションで、どのような感情が発露しているかを見てみます。すると「年末を穏やかに過ごすための11月からの準備」に関心を持つ、計画的に掃除をしたい層もいれば、「まだ間に合う、駆け込みカンタン大掃除」という話題に関心を持つ、忙しくて掃除ができない層もいることがわかります。

また「家事」というくくりで分析してみると、「ワンオペ家事」などの社会現象化しているキーワードや、「ホームパーティの前の掃除」といった顧客層の感情が読み取れるかもしれません。「花粉症対策」といった季節的な事柄が紐づいてきたりもします。

私自身、新型コロナで在宅勤務になった際に、ＳＮＳ上で友人や元同僚が自宅の大掃除をしているのを見て、それに影響されて自分も大掃除をしました。そして、その際には、彼らが紹介している掃除のやり方を真似たり、推奨している商品を使ってみたりもしました。

さて、シチュエーションをより深く捉えるために、ツイッターだけでなく、ブログやヤフー！知恵袋などを見てみるのもいいでしょう。

「自社商品→競合商品→商品カテゴリー→商品を使用するシチュエーション」と、ＳＮＳでの話題のされ方について視野を広げて調べていけば、ＳＮＳから商品やサービスにまつわる感情を拾っていくことができるはずです。そして、そこから得られた人々の感情に基づいてネタを考え、実際に発信することで、多くの人に興味を抱かせ、共感させることが可能になります

## 人々の「関心」を構造的に把握する

「どんな人たちをターゲットにすればいいんだろう?」

「どのようなメッセージを届ければいいんだろう?」

「(送ったメッセージに対して)人々はどんな風に反応しているんだろう?」

これまで話題化させるための施策を考えたことがない人は、わからないことが多すぎて、どこ

から手をつけていいのか、途方にくれてしまうかもしれません。逆に、このことさえ整理できれば、自社ブランドのSNSアカウントを使ったアプローチがいいのか、インフルエンサーマーケティングを選んだ方がいいのか、広告出稿はどうするのか――といった手法が、おのずと決まってきます。

「商品への関心が強く、ローンチ時にすぐ買ってくれるコアターゲット層はここ」、「放っておいたら動かないけれど、うまくアプローチすれば関心を持ってくれそうな層はここ」というファンの構造が見えたら、コミュニケーションプランはぐっと立てやすくなるのです。

まず、「商品に関心を抱いているのは、どのような層の人たちか？」を大きくグループ分けしていく作業から着手すると、そこから先が進めやすくなります。商品のどんな側面に「期待」を抱いて発言しているかに注目するとよいでしょう。

消費者には、「失敗したくない」、「期待どおりのものを味わいたい」という心理があります。特に昨今では、ネットによる情報量が急増したことによって、商品を購入する前に事前に評判を調べ、精査することができるようになりました。失敗したくないから、たとえネタバレになってしまったとしてもレビューを読んでから映画館に行く、遊びに行く場所を事前にインスタグラムで調べて「どういう場所なのか？」を知ってから出かける――といった行動が増えているということです。

こうした傾向、消費者心理を踏まえても、人々が「何を期待しているのか？」をSNSで把握していくことは有益なプロセスとなります。どんな期待を抱く人たちがいるのか、クラスターごとに名前を付けて整理しておきましょう。商品についてよく理解している人をメンバーに入れてSNS分析を行うと、そのクラスターを動かす「文脈」も発見しやすくなります。

例として、映画『アラジン』、『天気の子』のツイートから作品に対する話題をそれぞれ分析し、話題のクラスターを可視化した図を紹介しましょう（図4－7）。

網掛けの円がそれぞれクラスターを指しており、その中の細かな点はそれぞれツイートを示しています。線がたくさん出ている点は、話題の起点になっているツイートを示しています。

どちらも大ヒットした作品であり、どちらの話題の構造が良い、悪いという話ではなく、話題の構造、クラスターの形成の仕方に違いがある、ということを感じていただければと思います。

まず、『アラジン』は、ディズニー公式からの発表に反応する形で話題が起きています。ランプの魔人ジーニー役の「青いウィル・スミスについて語りたい層」、「吹き替え版声優の山寺宏一のファン層」、「スペシャルイベントの招待キャンペーンに当選したい層」などのかたまり（クラスター）が形成されています。

一方、『天気の子』の場合は、「野田洋次郎（楽曲を担当したRADWIMPSのボーカル）のファン層」、「新海誠監督のファン層」など、興味・関心の異なるクラスターが存在しつつ、その層を超えた交流があることがわかります。「映画をネタにした二次創作で楽しみたい」というミーハー（一般）層もいれば、作品をより深く味わうためにロケ地の聖地巡礼をしたり、作品世界やシーンの検証をして報告したりする、「オタク（マニア）層」もいます。

ちなみに、「考察したい」、「深く探究したい」という感情に応えると、コアファンの話題量を

図 4-7 『アラジン』と『天気の子』のＳＮＳ上の話題クラスター
（公開前の Twitter のツイートデータで比較）

『アラジン』

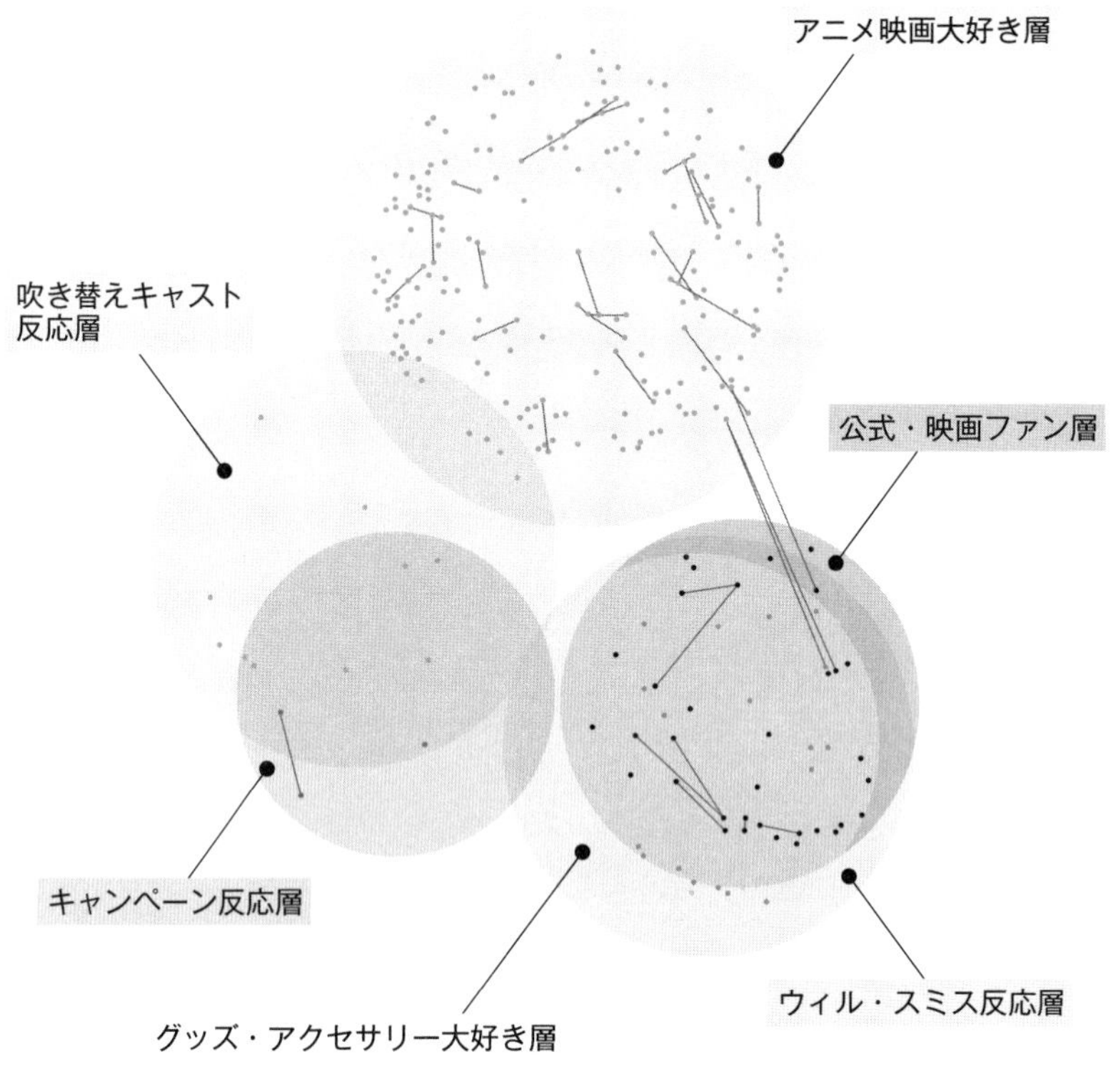

『天気の子』

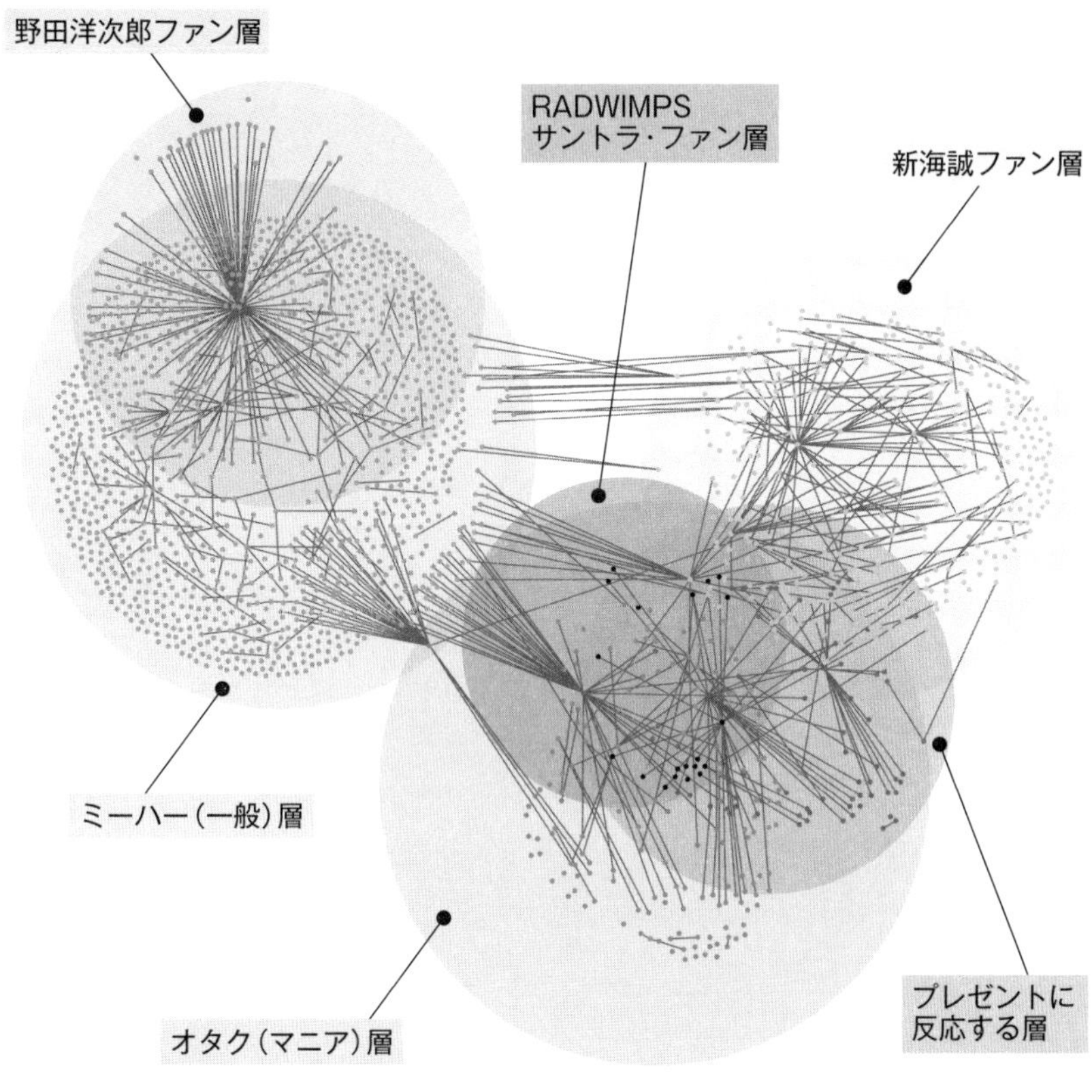


調査方法:くちこみデザイナー®(電通)

増やすことができます。

このように、既存の「話題の構造」をクラスター別に把握しておけば、それぞれのクラスターに合った情報を追加で投入していくことで、戦略的に話題の増幅をはかることができます。

テレビ番組の事例になりますが、2019年4月〜9月まで日本テレビ系列で放送されたテレビドラマ『あなたの番です』は、ネット上で大盛り上がりを見せ、ヒット作品となりました。本作品の話題が盛り上がっていたのは、犯人予想だけでなく、各シーンの「検証」でした。この盛り上がりは、製作陣があらかじめ「検証したくなる」仕掛けを多々入れていたからだと言われています。

2020年7月からTBS系で放映された『半沢直樹』の新シリーズにおいても、SNS上では番組の感想をつぶやく「一般層」から、「セリフに反応する層」、「出演俳優をネタにする層」、「自分の会社員生活と重ね合わせて語る層」、「原作（小説）との違いを比較する層」、「モデルとなった企業や人物について語る層」、「専門分野（金融やIT）の視点から語る層」など、多種多様な人々による、多種多様な話題が拡散しました。

広告においても、こうした現象は起きています。例えば、auの「三太郎」シリーズCMでは、「一寸法師」が「隠れキャラ」としてCMに出演している、とネットで話題になりました（しかも公式に発表する前に視聴者に気づかれてしまって、慌てて発表を早めたそうです）。

コンテンツ関連に限らず、「どのクラスターの、どのような期待に応えるのか?」、「そのクラスターの構成員の期待を裏切らないためには何に気をつけたらいいのか?」という視点を持つと、アプローチ方法や発信するメッセージ内容を判断しやすくなります。生活者の期待、気分を捉えた上で企画することで、より成果を得やすい施策を打つことができるようになるのです。

## インフルエンサーを特定し、深掘りする

これまでは、話題のクラスターを俯瞰的に見てきましたが、それぞれのクラスターの中で話題の中心となっている2つ（あるいはそれ以上）のクラスターの橋渡し役を果たしている「インフルエンサー」について考えてみます。

Ｐ226～227の図（図4－7）の説明の際に、「線がたくさん出ている点は、話題の起点になっているツイートを示しています」と書きましたが、「話題の起点になっている」というのは多数引用リツイートがなされていることを示しています。そして、発信元となっているユーザーは「インフルエンサー」であることが多いのです。

話題の起点になっているツイートに対して、「どのような内容なのか？（Ｗｈａｔ）」ということと同時に「誰がツイートしているのか？（Ｗｈｏ）」もあわせて把握しておくことが重要なのです。

実際の事例だとややわかりにくいので、簡略化したものを図示しておきましょう。ツイッター上のツイート、リツイート、引用関係を図式化すると、図4－8のようになります。

いくつかの「かたまり」、つまり「クラスター」が形成されますが（図のＡ～Ｄ）、それぞれの

図 4-8　SNS 上の情報伝播と話題の起点の概念図

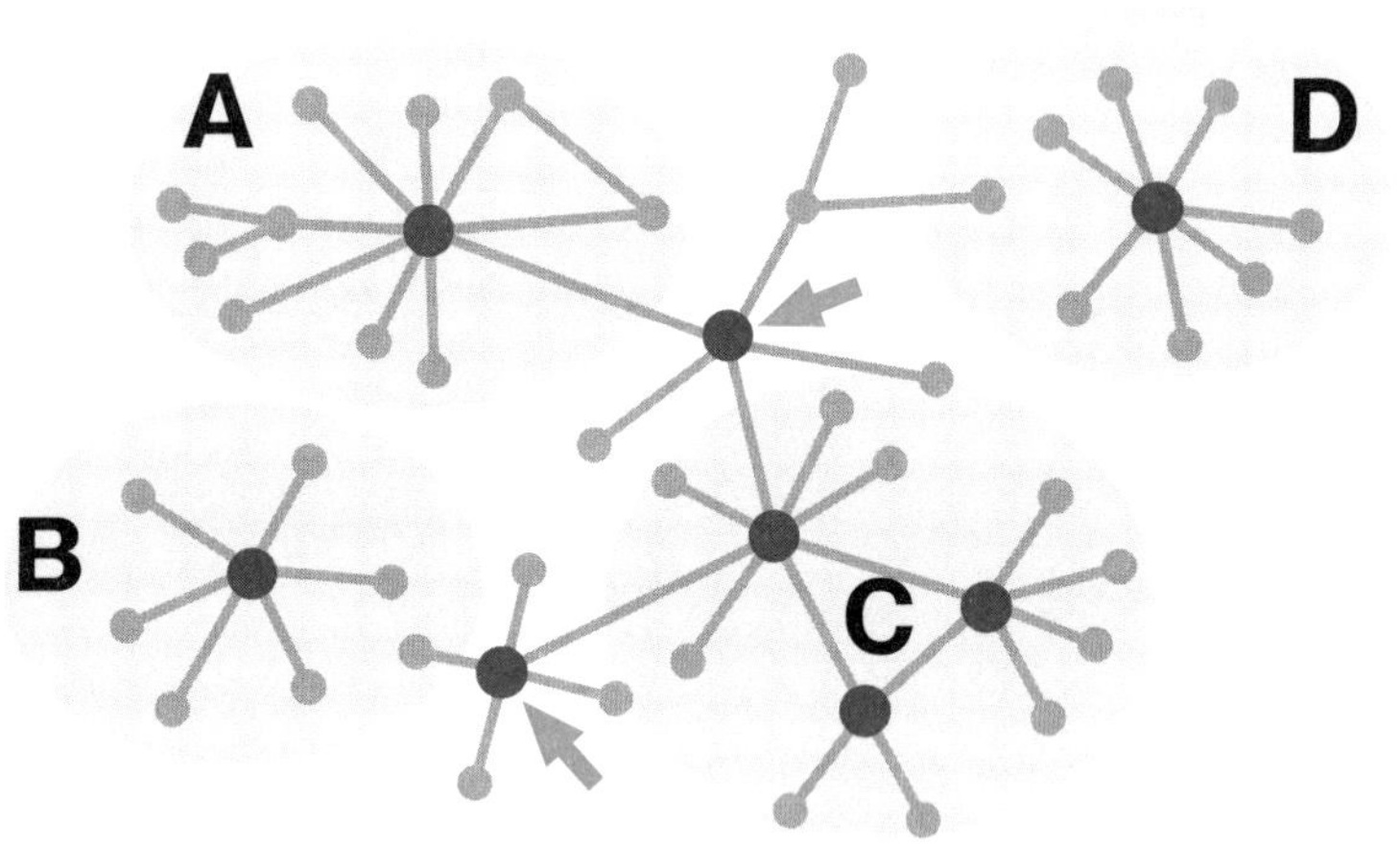

クラスターは「ＣＭタレントのファン」、「商品に関心を持っている層」など、話題内容、つまり興味。関心領域に一定の傾向が見られます。そして、それぞれのクラスターの中には、中心となるインフルエンサーが存在することが多いのです。例えば、「ＣＭタレントのファン」のクラスターには、「タレントの公式アカウント」、「芸能系ニュースサイト」、「教祖的なカリスマファン」[47]などです。こうしたコアなインフルエンサーの存在を把握し、どのインフルエンサーが何に関心を持っていて、どのような情報を自ら進んで広げてくれるのかを知ることができれば、さらに話題を広げるためのやり方も見えてくるでしょう。

彼らが話題にしている内容を知ることができれば、さらに話題を広げるためのヒントが見えてきます。

また、クラスターの間を横断的に情報伝播させる、つまり橋渡しをするインフルエンサーも存在しています（図４－８の矢印）。このインフルエンサーは、２つ、あるいはそれ以上の領域に関心があり、影響力を及ぼしています。

例えば、このインフルエンサーが「ＣＭタレントのファン」から流れてきたツイートをリツイートすると、「商品に関心を持っている層」の人がそれをさらにリツイートして、商品に関心を持っている層」の間で話題が広がっていく――といったことが起きます。要するに、このインフルエンサーが別のグループへと情報を拡散させるきっかけをつくるのです。こうした役割を果たすインフルエンサーは、フォロワー数はさほど多くなかったり、一般的な影響力はさほど大きくなかったりする場合もありますが、そうした場合でも、別のグループに情報が波及するきっかけをつくる存在として重要なのです。

必ずしも計画通りにはいかないものですが、戦略立案の際には、想定されるような情報伝播の「構造」を思い描いて、どういうインフルエンサーを活用すればそれが実現できるかを考えるといいでしょう。

さて、「インフルエンサー」を活用する際に重要なのは、そのインフルエンサーの人となりを知ることだけでなく、「インフルエンサーの先にどのような人がいるのか?」ということまで把握することです。

インフルエンサーが話題にしてくれても、フォロワーがその情報に関心がなければ、その情報はシェアされないまま埋もれてしまいます。逆に、フォロワーが関心を持ってくれれば、情報をシェアして広げてくれたり、人々に推奨してくれたりします。インフルエンサーは「きっかけ」であり、そこから人々の行動が喚起されることが重要です。

同じインフルエンサーが情報発信をしても、その後の反応によって情報の広がり方は大きく異なります。図4-9は「インフルエンサーを起点とした情報の広がり方」を図示したものです。

左側の図(a)は、インフルエンサーから情報発信したものがフォロワーには到達しても、リツイートはされていない場合です。この場合、フォロワー以外の人が投稿を見る可能性は少なくなります。

一方で、図4-9(b)はフォロワーがリツイートしている事例です。こちらの図では、「フォロワーのフォロワー」にも情報が広がっています。つまり、「二次拡散」が起きているというこ

図 4-9　インフルエンサーを起点とした情報の広がり

（a）

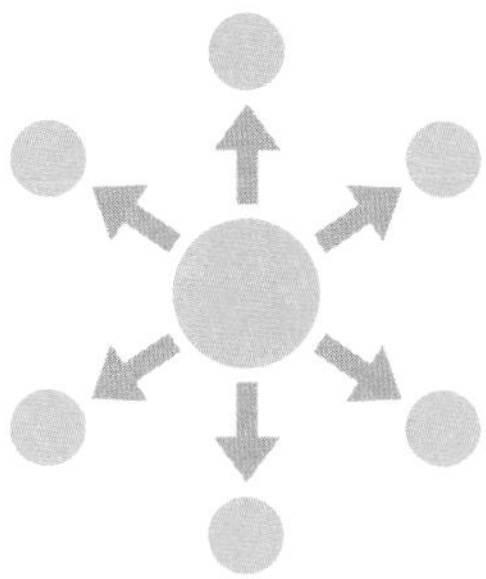

（b）

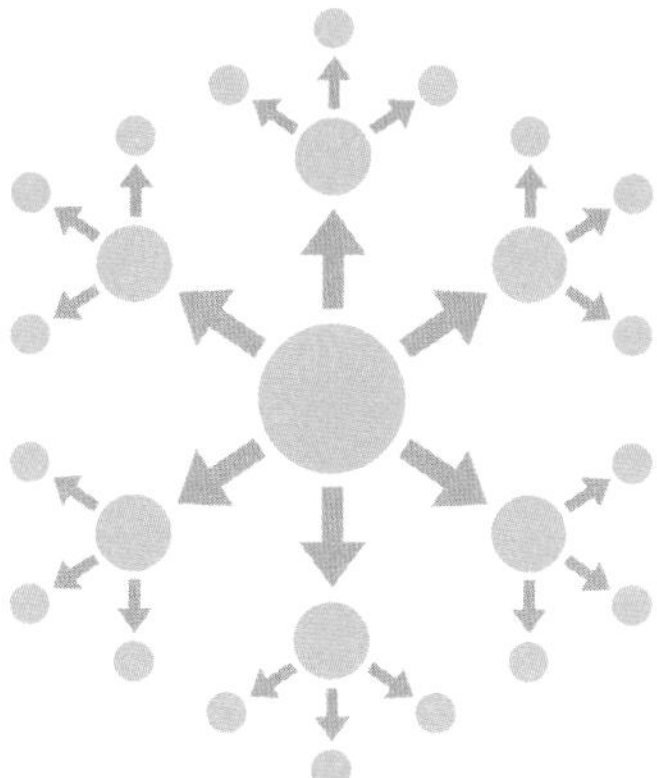

とになります。図示はしていませんが、さらに、「フォロワーのフォロワー」がそれをリツイートすれば、「三次拡散」が起こることになります。

「有名なインフルエンサーに紹介してもらったから、大きな効果はあるだろう」と安直に考えず、インフルエンサーから情報を受け取った人の反応や、その先にある情報の広がりまでも考えておくことが重要なのです。

では、どういう投稿であれば、話題が拡散されやすいのでしょうか？

ある一人のインフルエンサーのツイートが、どの程度の反応を得ているかを見てみましょう。図4－10は100万以上のフォロワーを持つある著名インフルエンサーの数日間のツイートがどれくらいのリツイート、「いいね」を集めたかをマトリクスで表示したものです。同じ人のツイートと言っても、リツイート数は100以下のこともあれば、3000近くあることもあります。「いいね」に関しても、1000件以下のこともあれば、1万5000になることもあります。このばらつきの大きさは、他のインフルエンサーでも同様の傾向が見られます。

「①Whatの要素＝何を発信するのか？（ネタ、メッセージ）」の要素の解説で、「何を語るかよりも、誰が語るかの方が重要だ」と書きましたが、「同じ人が語っても、語り方や語る内容によって反響は大きく異なる」というのもまた事実なのです。

ちなみに、「いいね」やリツイートの多い投稿は、画像や動画が入ったもの、世の中のトレンドに乗ったもの、そして何よりもフォロワーの関心が高いネタ、つまりはそのインフルエンサー

図4-10　ある個人インフルエンサーのツイートの
リツイートと「いいね」数の分布

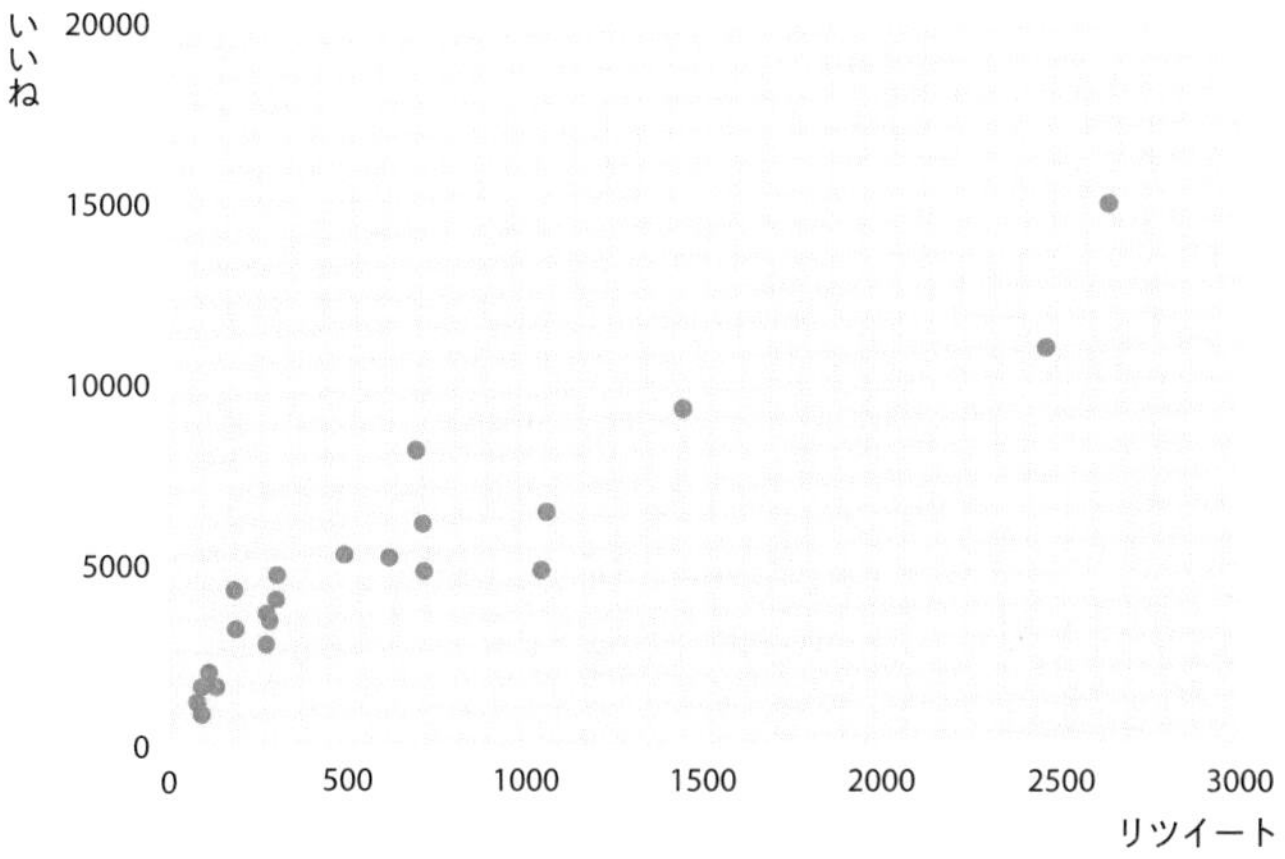


Twitter公式データを元に作成

の専門領域に関する投稿です。

一方で、日常生活の単純なつぶやきや、インフルエンサーの関心領域からずれる投稿は拡散されにくい傾向があります。そうした投稿は、熱心なファンからすると関心は高いのかもしれませんが、他の人にシェアしたくなるような内容ではないので、当然と言えば当然なのですが。

さて、「クラスター間の橋渡しをするようなインフルエンサー（図4－7の矢印）も存在する」と書きましたが、このようなインフルエンサーは、別のクラスターに情報を波及させてくれる存在として貴重です。

このようなインフルエンサーは、マルチな領域で活動している存在であることが多いのです。現在では複数の領域にまたがるインフルエンサーが増えていますし、そうしたインフルエンサーの影響力は非常に大きくなっています。

例えば、渡辺直美さんはメディアでは「お笑い芸人」という肩書が使われることが多いですが、SNS単体で見ても日本有数のインフルエンサーになっており、話題を多くの領域に広げる力を持っています。

同様に、キングコングの西野亮廣氏、オリエンタルラジオの中田敦彦氏も出自は「お笑い芸人」ですが、芸能人という枠組みを超えて、実業家としての側面も持っています。つまり、芸能とビジネスの二つの領域の橋渡しをして、双方に影響力を及ぼす力を持っているということになります。

逆に、ユーチューバーのヒカキン氏、はじめしゃちょー氏は、テレビCM、テレビ番組、映画にも出演し、ユーチューブを視聴していない人にも知られている、「芸能人」としての側面もあります。

このように、複数の顔を持つインフルエンサーは、領域を超えて情報を広げてくれる存在として、重要な役割を果たしており、だからこそ、最近そのようなインフルエンサーが存在感を増しているのです。

今後、さらにインフルエンサーのボーダーレス化は進んでいくでしょう。インフルエンサーを起点として話題を広げていくためには、名目上の「肩書」に固執することなく、それぞれのインフルエンサーの関心領域がどこにあり、どの領域でどの程度の影響力を持っているのか、フォロワーがどのような人たちで、彼らがどういう情報を欲しているのか、そして、どのような情報を仲間に広げたがっているのか？　というところまでしっかりと見極めたうえで、活用方法を検討する必要があるのです。

## タピオカブームに見る「話題の継続」の秘訣

最後に、大ブームを巻き起こした「タピオカ」についてデータを見ながら考察してみたいと思います。

タピオカブームは、過去にも2度起きており、２０１８年頃から起きたブームは「第三次タピオカブーム」と言われています。「ブームは一過性のものですぐに終わる」と主張する人も多かったのですが、意外に（と言っては不適切かもしれませんが）ブームは長続きしているというのが私の実感です。２０２０年に入ってからは、沈静化の兆しもあり、閉店するお店も見られていますが、人気店は根強く残り続けています。

なぜ、時代の変化が激しく、新しい情報が次から次へと出てくる慌ただしい現代においてブームは長続きしたのでしょうか？　話題量を見ながら考えてみましょう。

２０１９年の「タピオカ」に関する話題量は、図４－11のようになっています。ブーム開始時からじわじわと話題量が増えていますが、３～４月に話題量が急増しています。ここでは、各社が新商品を発売したり、新店舗を出店したことが話題になっています。特に、タリーズやマガジンハウスの雑誌『Hanako』のような大手企業の参入のニュースが話題量を押し上げています。ブームになるにつれて、「タピオカは高カロリー」、「タピオカは太る」、「ヤクザの資金源になっている」といったネガティブな情報も大きく拡散し、論争化していますが、そうした話題の拡散もタピオカブームを人々に実感させる役割を果たしました。

その後も、新商品、新店舗、イベントの情報が出てきたり、個人アカウントから「安くタピオカミルクティーをつくる方法」といったツイートがされたり、「タピオカを飲んだ」といった報告ツイート、タピオカをネタにした様々なツイートがなされました。他に、ユーチューバーの動画や、原宿にできた「東京タピオカランド」なども話題化しており、多種多様な人たちが、多種多様な情報を発信しています。

ブームの要因については、様々な人が分析していますが、話題化という点から見ると、「企業、

図 4-11　「タピオカ」に関する話題量推移48
（日本／週別）

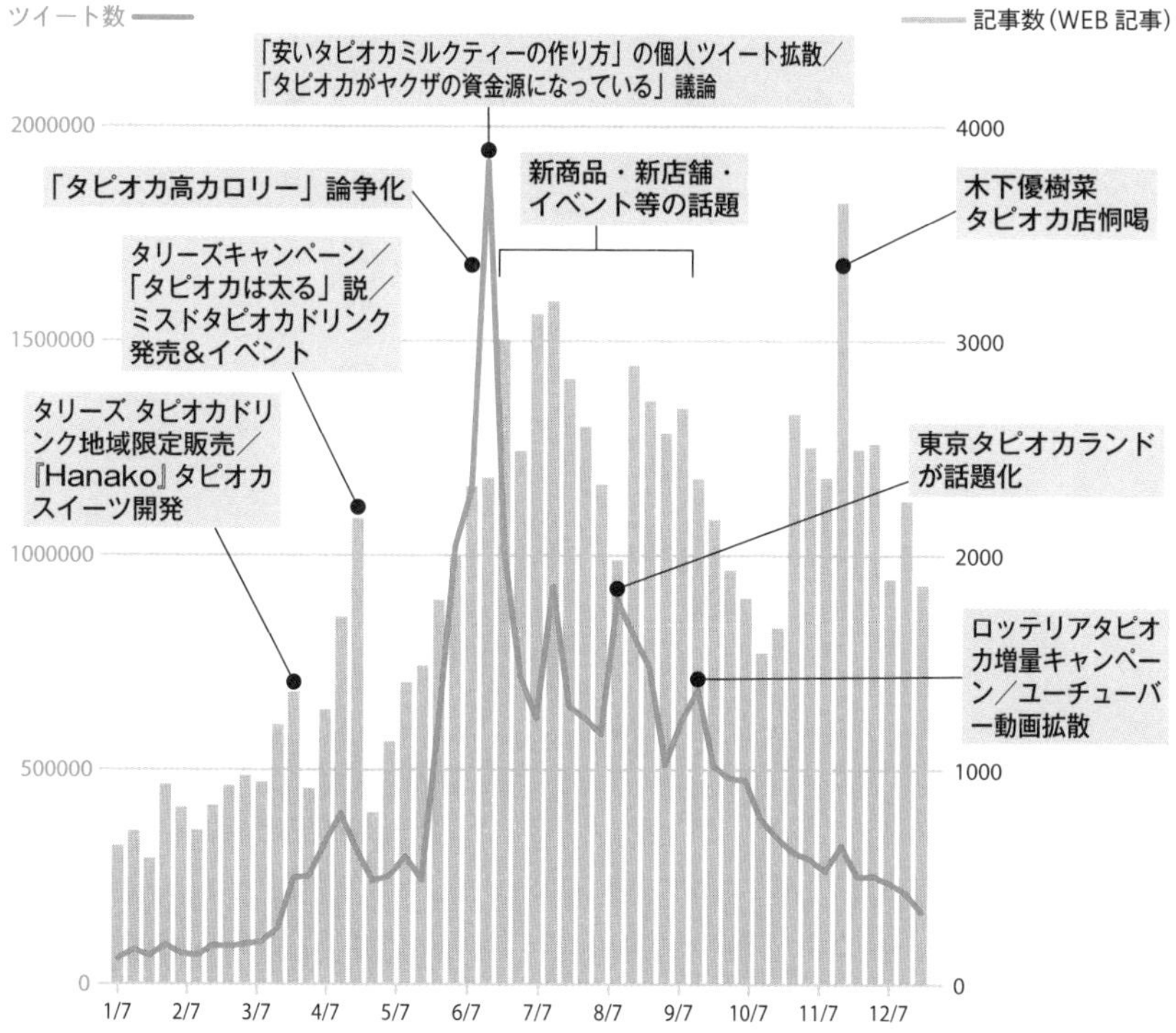


調査方法:Meltwaterのソーシャルメディアモニタリング

メディア、芸能人、個人インフルエンサー、一般の生活者を問わず、多くの組織や人々が、様々な話題を発信し、相乗効果でブームが起き、次々と新しい話題が投入されることで、ブームが持続した」ということになるでしょう。

タピオカブームに関しては、誰か特定の「仕掛人」がいるわけでもなければ、特定の企業が牽引しているわけでもなく、特定のインフルエンサーが話題を広げたわけでもありません。様々なソースから情報が発信され、それを受容した人々は関心を抱き、実際にタピオカを飲んだり食べたりして、SNSでその様子を投稿したり、友達に推奨したりして、さらにそれを見た人の関心が高まり……といった循環が生み出されたことが、ブームを牽引したと考えられるでしょう。

継続的に話題をつくり出すためには、SNS上で様々な話題のクラスターが発生するような、多様なネタ（What）があり、それに紐づいて話題を広げてくれる複数のインフルエンサー（Who）が存在することが必要条件になります。そして、時系列に沿って、新たな文脈が付け加わったり、新たなインフルエンサーが参入して話題が再活性化したり、新しい層に情報が波及していったり（How）することで、話題が長続きすることになります。

# 4・6 「話題のきっかけ」を創り出す

ここまで継続的に話題を創り出す方法について論じてきましたが、話題の長期的な持続だけでなく、「話題の絶対量が少ないので、話題量の底上げを図りたい」、「瞬間的でも大きな盛り上がりをつくりたい」、すなわち「話題量を増やす」という課題も持っている人も多いのです。そこで、ここからは話題のきっかけを創ることによって、いかに話題を増やしていくのか——を考えたいと思います。

## 広告を起点に情報拡散を狙う

手堅く話題量を増やすには、広告を起点に話題を発生させることが有効です。ただし、広告を大量出稿すれば話題になるかというと、必ずしもそうではありません。

語源にさかのぼって考えてみましょう。「広告」という言葉は、文字通りに解釈すると「広く告げる」という意味です。一方で、英語では「広告」は“Advertising”あるいは“Advertisement”と言いますが、Ad-は「その方向へ」、vertは「向きを変える」という意味で、語源的には「人々の注意を向けさせること」という意味があります。

要するに、日本語では「情報を広く送り届ける」という送り手側の物理的な行為を意味するのに対して、英語では人々の意識、あるいは態度の変容をもたらすための営みであることを意味しているのです。

「広告」に関する意味の違いは、メディア環境の違いに起因していると思われます。英語圏に限らず、海外では民族や地域によってメディアが細分化しており、「ここに情報を流せば、全国津々浦々に行き渡る」というメディアが存在しないことが多いのです。つまり、広告を出稿しても「広く告げる」ことには限界がありました。一方で、日本はマスメディアの存在が大きく、キー局やＮＨＫの番組の多く、あるいは全国紙は日本全国津々浦々に到達しています。これらに広告を出稿すると、かなりの範囲に「広く告げる」ことが可能だったのです。しかしながら、日本においても、広告によって「広く告げる」ことは徐々に難しくなりつつあります。特に、若者層のマスメディア離れが起きており、マス広告では彼らを十分に捉えることが難しくなってきています。

「人々の注意を向けさせる」という英語的な意味の方が、現代の日本の広告の役割を言い当てているように思えます。さらに現代的な意味を付加して拡大解釈をすれば、これからの広告は「人々に注意を向けさせ、行動を起こさせるための方向づけをする」という役割を担う（べき）存在―ということになるでしょう。

それでは、「人々に注意を向けさせ、行動を起こさせる」ためにはどうすればよいのでしょう？ひとつは表現に工夫を凝らす、つまり「Ｗｈａｔをしっかり考える」ということです。これについては、すでに前章（3－1「普通の人」でもできる表現開発（Ｗｈａｔの要素））で詳しく説明していますので繰り返しませんが、その上で、「Ｗｈａｔに合わせてＨｏｗを構築する」ことで話題が加速されるという点は補足しておきたいと思います。

つまり、広告出稿を行ったメディアから直接的にメッセージを送り届けるのではなく、それを人々に話題にしてもらったり、別のソースからも多角的に情報を発信したりすることで、最終的に多くの人にメッセージを到達させ、そこからさらに行動を喚起していく仕組みをつくることです。具体的には、下記のようなことを行います。

1．メディア特性を踏まえた出稿を行う
2．広告コンテンツを流通しやすい場所に置く
3．複数のソースから情報を発信する
4．話題が広がりそうなキーワードやハッシュタグを設定する

「1．メディア特性を踏まえた出稿を行う」という点ですが、「意見表明などの世論を喚起するメッセージを発信する時は新聞広告を活用してみる」、「最小限のコストで話題化を狙いたい時にはＯＯＨ（屋外広告）の特殊な使い方をしてみる」といったことです。

Ｐａｒｔ3で紹介した、ゴディバのバレンタインデーの新聞広告「日本は、義理チョコをやめよう」、このメッセージが話題になったのは、新聞というメディアであったからこそです。

ＯＯＨ（屋外広告）の事例では、２０２０年1月バーガーキング秋葉原店に掲出されたバナーがあります。近くのマクドナルド秋葉原昭和通店が閉店になり、同社が閉店告知の看板を店頭に出した後、競合であるバーガーキングは下記のメッセージを含むバナーを店の前に掲出しました。

私たちの2軒隣のマクドナルドさんが今日で最終日を迎えます。
たがいに良きライバルとして、アキバを愛する仲間として
ちかくにいたからこそ、私たちも頑張ることができました。マクドナルドさん
のいないこれからを思うと寂しさでいっぱいです。どうかみなさん、
勝手なお願いですが、今日は彼のところに行ってください。ずっと背中を追い続けた
チャレンジャーの私たちから、スマイルを込めて、お疲れさまでした

このバナーは、一見すると競合に対するねぎらいの意を伝えたものだと見えますが、縦読みを（本書では右から左に読んで下さい）すると「私たちの勝チ」となっており、実は裏の意味が込められていたのです。最初に話題が広がったのは、マクドナルドのバナーとバーガーキングのバナーの写真を並べて投稿したツイートで、縦読みのネタバレはされておらず、気づかずにリツイートした人も多かったようですが、縦読みに気づいた人がそれを指摘して、話題はさらに拡散しました。ＳＮＳで大きく拡散したのは、場所が限定された屋外広告であったからこそ——という要素もあります。

前章でも述べたように、既存のメディアでも新しい使い方、メディア特性に合わせた使い方をすれば、そこでの広告はデジタルでも拡散していくものです。

「2．広告コンテンツを流通しやすい場所に置く」というのは、すでに多くの企業が実行していることですが、テレビＣＭ動画を動画共有サイトにアップしたり、自社の公式サイトや公式ＳＮＳアカウントで配信したりと、コンテンツをマルチユースすることで流通しやすくするというやり方です。権利関係の問題はありますが、可能な限り複数のチャネルで展開して、広告にアクセスする動線を十分に確保しておくことが望ましいのです。

「3．複数のソースから情報を発信する」という点ですが、単純に広告を出稿するだけでなく、それに合わせて多種多様な情報ソースから情報発信することで、より多くの人に広告を到達させることができます。これまでも、ＣＭ発表会を行ったり、プレスリリースの配信などで、メディアに取り上げてもらおうとしていましたが、現在では発表会をオンラインでリアルタイム配信して、直接その様子を消費者に送り届けたり、自社サイトやＳＮＳアカウント、動画共有サイトなどのデジタルメディア上で話題にしたりする例も見られるようになりました。さらに、企業やブランド、あるいはＣＭの出演タレントの公式ＳＮＳアカウントから告知を行ったりすることもできます。

広告を告知する情報ソースを網羅的に挙げたのが図4－12です。

必ずしもこれらすべての情報ソースが活用できるとは限りませんが、あらゆる手段を検討した上で、話題の広げ方を考えるべきでしょう。

図 4-12　広告に関して告知する情報ソース

**メディア・戦略 PR**

- CM 発表会 配信動画
- ニュースリリース
- メディア報道
- メディア公式 SNSアカウント

**自社メディア**

- 企業・ブランド 公式サイト
- 企業・ブランド 公式 SNSアカウント
- その他　企業関連 SNSアカウント（経営者、他ブランド等）

**タレント・アーティスト 等**

- タレント 公式サイト・SNSアカウント
- 所属事務所 公式サイト・SNSアカウント
- BGM ミュージシャン 公式サイト・SNS アカウント
- クリエイター、声優等 その他関係者 公式サイト・SNS アカウント

**その他**

- コラボ先コンテンツ 公式サイト・SNS アカウント
- コラボ先企業 公式サイト・SNSアカウント
- 個人インフルエンサー SNSアカウント

なお、「アタックZERO」のケース（「2-2　話題になる商品、キャンペーンはどこが違うのか?」で紹介）では、CM発表会をリアルタイムで動画配信しつつ、ダイジェスト版を事後に期間限定で公開しています。さらに、同商品の公式SNSアカウント、出演タレントの公式アカウントでも告知がなされ、メディアの記事でも取り上げられ……と、多数のソースから情報が発信されたことで、ツイッターとWEB記事の両方において、商品発売、CM発表日の4月1日に話題のピークをつくることに成功しています。

情報が広がるには、その情報が「シェアしたい」と思えるような内容であることが重要ですが、同じ内容でも「4．話題が広がりそうなキーワードやハッシュタグを設定する」ことで、より情報を流通しやすくすることができます。

広告の世界の話ではありませんが、近年、性暴力やセクハラ被害を告白、共有し合う「#Me Too」運動がさかんになっています。さらに、そこから派生して、映画関係者からセクハラ撲滅を訴える「Time's Up（時間切れ）」という運動も出てきました。

また、前にも紹介した、米国発の人種差別撤廃を訴える「ブラック・ライブズ・マター（Black Lives Matter）」運動においても、「#BlackLivesMatter」、「#BlackOutTuesday」というハッシュタグが活用され、大きく拡散しています。

ハッシュタグにも活用できるようなキーワードがあることで、人々が賛同を表明したり、自分たちの体験や意見を共有したりしやすくなり、さらにそれがSNS等で拡散しやすくなるのです。

広告の話に戻ると、SNSでも流通しやすいキャッチコピーがあれば、それをそのまま使ってもいいでしょう。そうでない場合や、別のメッセージを流通させたい場合は、別途キーワードを開発、設定するということも重要です。

「アタックZERO」では、広告のコンセプト自体に「#洗濯愛してる会」というハッシュタグ形式のキーワードが使われており、それが告知の際にも使われ、広く流通するキーワードとなっています。なお、「アタックZERO」に関するツイートにおいて、使われたハッシュタグ上位三位は下記のようになっています。

1位　#驚きの肌ざわり
2位　#アタックZERO
3位　#洗濯愛してる会

一位の「#驚きの肌ざわり」はフォロー&リツイートキャンペーンの際に利用されたハッシュタグです。

他の商品を見てみましょう。2019年のツイートを見てみると、日清のカップヌードルに関するツイートに使われたハッシュタグとして「#アオハルかよ」が上位に来ています。これは、漫画『ワンピース』とのコラボCMのキャッチコピーです。また、アサヒビールのスーパードライに関するツイートでは、「#ビールがうまいこの瞬間がたまらない」というハッシュタグが上位に来ています。これもキャッチコピーですが、句読点と改行は省略されています。

広告においては、キャッチコピーが人々の興味、関心を喚起し、共感を呼ぶ上で重要な役割を果たしますが、SNSにおいては、ハッシュタグが同様の役割を果たすと同時に、話題拡散のトリガーとして機能します。SNSでの拡散を狙う場合には、ハッシュタグとしても活用できるようなキャッチコピーを開発することも重要になります。

以上、広告を起点として話題を広げていくための方法論を述べてきましたが、ターゲットへの訴求という点から整理しておきます。図4－13はPart2で紹介した図（図2－10）の再掲ですが、従来型ではマス広告への出稿だけで、メインターゲットだけでなく、一般生活者もかなりの程度カバーすることができました。現在では、広告出稿で到達できる範囲が限定されるようになってきており、「周辺クラスター」に情報を波及させるためには、このような方法論を取る必要があるのです。したがって、この手法を取る場合は、周辺クラスター（＝サブターゲット）が接触している情報ソースを設定し、彼らに「刺さる」メッセージを訴求していくための綿密なプランを立てる必要があります。

広告を行わない場合、あるいは広告がコミュニケーション施策の中心にない場合も、同様の考え方は成立します。つまり、中心となる施策や情報ソースを設定し、そこから情報拡散をさせるのです。例えば、先述したスターバックスの場合は商品や店舗が核となる施策となっており、そこを起点として情報拡散が起きています。

以上、説明してきたように、分散的に情報発信するよりは、コアとなる施策を設けてそこから話題を広げていく方が、ターゲットに効率的に訴求することができ、コミュニケーション効率も

図 4-13 「話題化の構造」の新旧比較（再掲）

従来型ヒットの構造

新しいヒットの構造

より高まるのです。

## マスメディアでも進む「広告の話題化」

視点をメディア側に移して、マスメディアの取り組みを紹介したいと思います。マスメディア側でも新たな広告手法を開発する取り組みが進められています。Ｐａｒｔ３で紹介した新聞の号外を活用した広告展開などはそのひとつですが、テレビＣＭに関しても新たな動きが見られます。

２０１９年11月24日に『サザエさん』のアニメ放送50周年を記念して、フジテレビ系列局でサザエさん一家の20年後を描く実写ドラマ『磯野家の人々～20年後のサザエさん～』が放映されました。本番組は、番組自体が話題になっただけでなく、番組中に放映されたＣＭも大いに話題になりました。番組中に流れたスポンサー9社のＣＭすべてが、『サザエさん』のアニメキャラクターを活用したコラボレーションＣＭだったのです。ＴＶＩＳＩＯＮ ＩＮＳＩＧＨＴＳ社の調査によると、番組中に流れたその他のＣＭよりもコラボＣＭはテレビ画面注視度合いが約12％高く、番組本編と同じくらいよく見られていたそうです。[49] 実際に、ＳＮＳ上では「サザエさんすごい、ＣＭが見応えある」、「ＣＭまでサザエさんだからトイレ行くタイミングとかない」といったポジティブなコメントが多数投稿されていました。

これ以前にも、特別なタイミングに特別なＣＭを放映する手法はありました。例えば、正月三が日には、新春向けの「特別ＣＭ」が多数放映されます。その中でも、大きな話題を集めたのが、

2018年1月3日に新海誠監督のアニメ映画『君の名は。』の地上波初放送（テレビ朝日系）の際に、一夜限りで流されたソフトバンクのCMです。こちらも、サザエさん同様に番組本編と連動したCMで、登場人物の「白戸家の人々」がアニメ本編さながらに、それぞれ入れ替わってしまうという設定でした。

その後、2019年6月30日に同じ新海誠監督の新作『天気の子』の公開に合わせて、本作は再び同じテレビ朝日系で放映されましたが、その時にも、『天気の子』のスポンサー企業のコラボCMが放映されました。それだけではなく、提供クレジットでは『君の名は。』の本編に出てくる「入れ替わってる⁉」のセリフとともにスポンサーであるロッテとソフトバンク、サントリーと日清食品、日清食品とソフトバンク、ミサワホームとバイトルのロゴが入れ替わって表示されました。こちらも、SNSはじめネット上で大いに話題になりました。

マスメディアは、デジタルメディアと比べると、到達力に優れている反面、複製がしづらい、（コンテンツを閲覧するのに）時間や場所の制約が大きい、といったデメリットがあります。このような新しい試みは、それを逆手に取ったものと言えるかもしれません。つまり、「その瞬間しか見られない」という希少価値を演出し、広告効果を最大限に高めていく、というやり方です

このように、時代の変化の中でマス広告の役割は変わってきており、新しい表現のあり方、露出の仕方が模索されています。マス広告を出稿する際も、リーチやフリークエンシーといった「到達」という視点だけではなく、そこを起点とした「話題化」も考えることで、広告の新たな活用方法が見えてくると言って良いでしょう

## コラボレーションは「話題化」の有効策

広告やプロモーションの世界では、コンテンツやキャラクターとのコラボレーションは以前からありましたが、SNS時代になってコラボレーションの有効性はさらに高まっています。メディアが多様化、細分化した現在において、強いコンテンツやキャラクターは、メディアを横断して流通し、多くの人々とコミュニケーションを取ることのできる存在なのです。

例えば2019年のアニメ映画『天気の子』は、複数の大手企業と大規模なコラボレーションを行い、大きな話題を集めました。これまでも企業の広告、キャンペーンでコンテンツやキャラクターとタイアップする事例は多数ありましたが、最近では相互に協業することによって、お互いに相乗効果を上げていく取り組みが多く見られます。『天気の子』では、広告やキャンペーンでのタイアップに留まらず、映画作品の中で企業や商品が露出したり、企業側でも作品の世界に踏み込んだコミュニケーションを行うことで、作品の認知・興味喚起や集客に貢献しています。テレビ番組では、先述のように『サザエさん』が50周年で大手企業9社とコラボテレビCMを制作、放映した事例がありました。

アニメ作品とのコラボレーションは、『3月のライオン』と生活用品メーカーのライオンやサッポロ一番、漫画『ワンピース』と日清食品のカップヌードル、『ポケモン』と吉野家、キリンビバレッジ「午後の紅茶」と『BanG Dream！（バンドリ！）』など、枚挙にいとまがありません。

大ヒットした『鬼滅の刃』に至っては、ローソン、くら寿司、築地銀だこ、ダイドーブレンドなど、ひとつのコンテンツで多くの企業とコラボレーションしています。これまでのコラボレーションは、知名度、ブランドの世界観、ターゲットとの親和性が重視されました。

最近ではこれまで想定できなかったような意外なコラボレーションも増えています。例えば、『進撃の巨人』とすき家（なぜ、人食い巨人の物語が牛丼チェーンと?･）、『ルパン三世』と大和証券（なぜ、泥棒のキャラクターが証券会社と?･）、『天才バカボン』とBMW（なぜ、日本のギャグマンガがドイツの高級車ブランドと?･）などがあります。こうしたコラボレーションは、その「意外性」こそが、情報拡散の原動力になっています。

元々アニメ、キャラクター、ゲームはSNS上での情報拡散力が非常に強く、企業や商品単体では情報訴求が難しい層に情報を到達させ、話題化させることが可能になります。

企業とコンテンツだけでなく、企業と企業の間でのコラボレーションも増加しています。件数のみでなく、コラボレーションのやり方も多様化しており、共同で商品開発を行ったり、広告やキャンペーンを展開したり、SNSの公式アカウントの投稿で相互に紹介しあったりと、多種多様な展開がされるようになりました。

例えば、キリンビバレッジの「午後の紅茶」と江崎グリコの「ポッキー」は、2015年から毎年2月に食べ合わせ企画を展開したり、つなげて楽しめるパッケージデザインの商品を同時発売するコラボレーションを行っています。商品レベルのコラボレーションだけでなく、コラボCMの制作やコラボサイトを立ち上げて情報発信したりと、広告・プロモーションレベルでも協業しています。なお、本プロジェクトは、2019年時点で第5弾まで継続されており、長期的な取り組みとなっています。

SNS起点のコラボレーション事例としては、シャープとタニタの公式アカウントが行った「シャープさんとタニタくん」があります。両者ともに「軟式アカウント」として、人気を誇る企業の公式アカウントですが、きっかけは2012年にタニタ公式ツイッター担当者が、ツイッター上でコラボしてくれる企業がないかとつぶやいたところ、シャープのアカウントが応じて、交流が始まりました。そして、アカウントを擬人化した四コママンガ『シャープさんとタニタくん』の単行本が発売され、SNSの外まで話題が広がりました。

面白いことに、このコラボレーションが実現した2012年は、家電量販店のビックカメラとカジュアル衣料のユニクロの共同出店による商業施設「ビックロ」が誕生した年です。また、同年にサントリーのコーヒー「BOSS」とソフトバンクモバイル（当時）がコラボレーションし、それぞれのCMキャラクターである「宇宙人ジョーンズ」と「白戸家」が共演するコラボCMが放映されています。なお、このCMは複数作られたほか、その後も「ボス電当たる！」キャンペーンで両社はコラボレーションを行っています。

2012年には「企業間コラボ元年」と言ってよいほど、企業同士の多種多様なコラボレーションが始まっていますが、実はこの年からSNS上での連帯が世界的に進みました。

2010年には、フェイスブックの創業者、マーク・ザッカーバーグを描いた映画『ソーシャル・ネットワーク』が公開され、マーク・ザッカーバーグはタイム誌の「今年の人」に選出されています。翌２０１１年には中東での市民による大規模な民主化運動「アラブの春」をはじめ、市民運動が各国で活発化し、大きな運動へと発展しましたが、ＳＮＳが市民の連携を加速させたと言われています。このように、２０１０年代前半というのは、世界的に個人間、組織間の連携が模索された時代だったと言えるかもしれません。

昨今では、意外性のあるコラボレーションも増えてきました。Ｐａｒｔ2で紹介した吉野家とライザップのような、過去には組み合わせが考えにくかった異業種間のコラボレーションもそうですが、競合している同業種同士がコラボレーションするという現象さえも起きています。

例えば、２０１９年に集英社の『週刊少年ジャンプ』と講談社の『週刊少年マガジン』が共同で立ち上げた「少年ジャンマガ学園」というサイトがあります。本サイトは期間限定で、両社の人気マンガを無料で読むことができました。また、サイト上で「読書感想文コンクール」、「中間・期末テスト」等の企画を展開したり、渋谷駅に全長30メートルの巨大広告「巨大学園画」を掲出したりと、広告、キャンペーン上でもコラボレーションしました。なお、この施策はマンガに触れてこなかった若者世代の獲得を目指しており、パイを奪い合うことより、パイを大きくすることを優先した戦略的なコラボレーションでした。この施策は22歳以下、２ヶ月限定だったにもかかわらず、１００万以上の登録者を集めるのに成功しています。

また、ＳＮＳ起点で起きた事例として、吉野家、ガスト（すかいらーく）、ケンタッキー・フライドチキン、モスバーガー、松屋フーズの五社の参画によって実現した「外食戦隊ニクレンジャー」があります。きっかけは、２０１８年7月に吉野家のツイッターアカウントから「ボッ企画」として投稿された、『肉関連企業を5社集めてニクレンジャーを結成する』ボツ理由↓5社も巻き込むなんて実現不可能。お蔵入りさせるのがもったいないから投稿だけしてみた」というツイートです。これに、上記の4社が自発的に乗っかって自主的にヒーロー画像を投稿してコラボレーションが実現しました。なお、上記の吉野家公式アカウントのツイートは2398件のリツイート、3547件の「いいね」数を集めましたが、コラボレーションが実現し、5人が揃った戦隊のイラスト画像を投稿した同社のツイートは、6591件のリツイート、1・1万件の「いいね」数（2018年7月時点）を集めています。また、この「ニクレンジャー」を活用したフォロー&リツイートキャンペーン、モンスターストライクとのコラボキャンペーンも行われました。

本施策は、SNSでの話題拡散やWEB記事での紹介に留まらず、『めざましどようび』（フジテレビ）、『スッキリ』（日本テレビ）、『王様のブランチ』（TBS）など、キー局各社の情報番組で取り上げられ、ネットの世界を超えた大きな波及がありました。「競合企業同士が、SNSで自発的にコラボレーションした」という新しさと意外性がニュース価値を創出したと言えます。

そろそろまとめに入りましょう。

少し難しくなりますが、複数の行動主体の意思決定を解明する数学理論「ゲーム理論」においては、「プレイヤーが拘束力のある合意を形成する制度的な枠組みがあるか否か」が、協力的な意思決定が行われるか否かを分けるとされています。

昨今の企業間のコラボレーションの取り組みが、「ゲーム理論」で説明できるかはさておき、世界的な「ネットワーク化」が合意形成を促進し、企業間でもコラボレーションが促進される結果をもたらしているといえるかもしれません。

さて、企業同士のコラボレーションのメリットとして、左記のようなことが考えられます。

① 情報発信面での協業による情報の到達範囲の拡大
② ①の相乗効果による「話題化」の促進
③ 顧客の相互獲得による、販売増
④ 新規顧客の取り込みによるパイの拡大

コラボレーションを実現するには、相互の利害の調整や、多くの関係者を巻き込んだ合意形成など、時間も手間もかかるのが一般的ですが、それでも「競争するよりも協力し合った方がメリットが大きい」という判断が働くからこそ、多くの業種で多種多様なコラボレーションが実現しているのです。

ここでは広告、およびコラボレーションを活用した「話題のきっかけ」のつくり方を説明しました。広告、コラボレーションに限らず、「起爆剤」となるような施策をつくること、そしてそこを起点に話題が広がる仕組みをつくることによって、訴求ターゲットを拡大することが可能になるのです。

## 4・7 「話題」をマーケティング戦略の立案に活用する

### 目的は「話題化」だけではない

「話題化」は本書のテーマではありますが、それはマーケティング活動の一部にすぎませんし、マーケティングの最終目標でもありません。

ＳＮＳ上の人々の声を聞くこと、つまり「ソーシャルリスニング」の重要性についてはこれまで何度も述べてきましたが、これまではコミュニケーション施策への活用を中心に解説してきました。しかし、ＳＮＳ上の「声」を活用する方法は、かなり多岐にわたっており、マーケティング戦略の立案のあらゆる局面で活用することができます。

「マーケティングの４Ｐ」で見ると、「プロモーション（Promotion）」についてはこれまで述べてきた通りですが、それ以外の「商品（Product）」、「価格（Price）」、「流通（Place）」のいずれに関しても、ＳＮＳ上にはユーザーの声が行き交っていますし、その中には、マーケティング戦略の立案に有用な知見も多数含まれています（ただし、ユーザーの声を真に受けて、一喜一憂することは、必ずしも望ましいことではありませんが）。

ＳＮＳをマーケティングの一連のプロセスに有効活用している事例として、ニューヨーク発のコスメブランド「Glossier（グロッシアー）」があります。同ブランドは、企業自身が商品を企画・製造し、直接顧客に販売するＤ to Ｃ（Direct to Consumer）型のビジネスモデルとして急成長を遂げています。

同社の創業者兼ＣＥＯのエミリー・ワイス氏は、ファッション誌「ＶＯＧＵＥ」社の社員時代にファッション、コスメ系の人気ブログ「INTO THE GLOSS」[50]を運営していました。このブログ上でユーザーと交流する中で、「ユーザーの声を取り入れたコスメブランドを立ち上げたい」と思い、グロッシアー創設に至りました。つまり、「顧客の声を聞く」ということが、創業当時からブランドの本質的価値だったのです。

実際、ブログやＳＮＳを通して顧客との対話や意見交換を行い、顧客のニーズに沿った商品を開発しています。また、同社が開設しているインスタグラムは多数のフォロワーを誇っていますし、ユーザーがＳＮＳに自社商品を投稿しやすい仕組みをつくっており、ユーザーとのやり取りや、ユーザーのＳＮＳへの商品投稿自体がプロモーションとしても機能しています。要するに、商品開発、販売、プロモーション、ＣＲＭまでのマーケティングの一連のプロセスをユーザーとヴァーチャル上で「協業」することで、ブランドを成功へと導いているのです。

日本においては、ここまで一貫したプロセスが取られているブランドは私が知る限りはありませんが、ロッテの「雪見だいふく」や外食チェーンの松屋が行っている「復刻メニュー総選挙」のように、プロモーション（Promotion）と商品（Product）――ただし、復刻メニューですが

——という、商品戦略の一部をユーザーの声を活用する手法は見られるようになってきています。今後、商品やサービスの開発、改善、ブランドコンセプトの構築、価格設定や流通対策など、様々なマーケティングプロセスで、ＳＮＳ上のユーザーの声を活用する取り組みは進んでいくでしょうし、グロッシアーの事例のように、マーケティングの全体のプロセスに活用する動きも出てくると思われます。

## ＳＮＳの声を商品（Product）戦略に活用する

より具体的に、商品やサービスのコンセプト開発にＳＮＳの声をどう活用できるかを、事例を交えながら考えてみましょう。

図４－14は、栄養補助食品ブランド、「カロリーメイト」と「クリーム玄米ブラン」に関するツイッター上の人々の声（ツイート）を分析したもの、具体的には、商品に関するオーガニック（自発的）なツイートに関して、共起語（同時に語られている単語）をマッピングしたものです。

カロリーメイトに関しては、「ご飯」、「常食」、「栄養」といった用語が目立つことから、「日常の食事の代替」として、「栄養の補給ができる食品」と捉えられていることがわかります。また、「地震」という単語も出ており、災害時用の非常食としても捉えられていることがわかります。

一方の、クリーム玄米ブランは、「ダイエット」、「プロテイン」、「タンパク質」、「サラダ」、「ヨーグルト」といった言葉が目立つことから、「ダイエットや健康促進に有用な食品」として捉えら

図 4-14　栄養補助食品に関する口コミ比較

(a)カロリーメイト

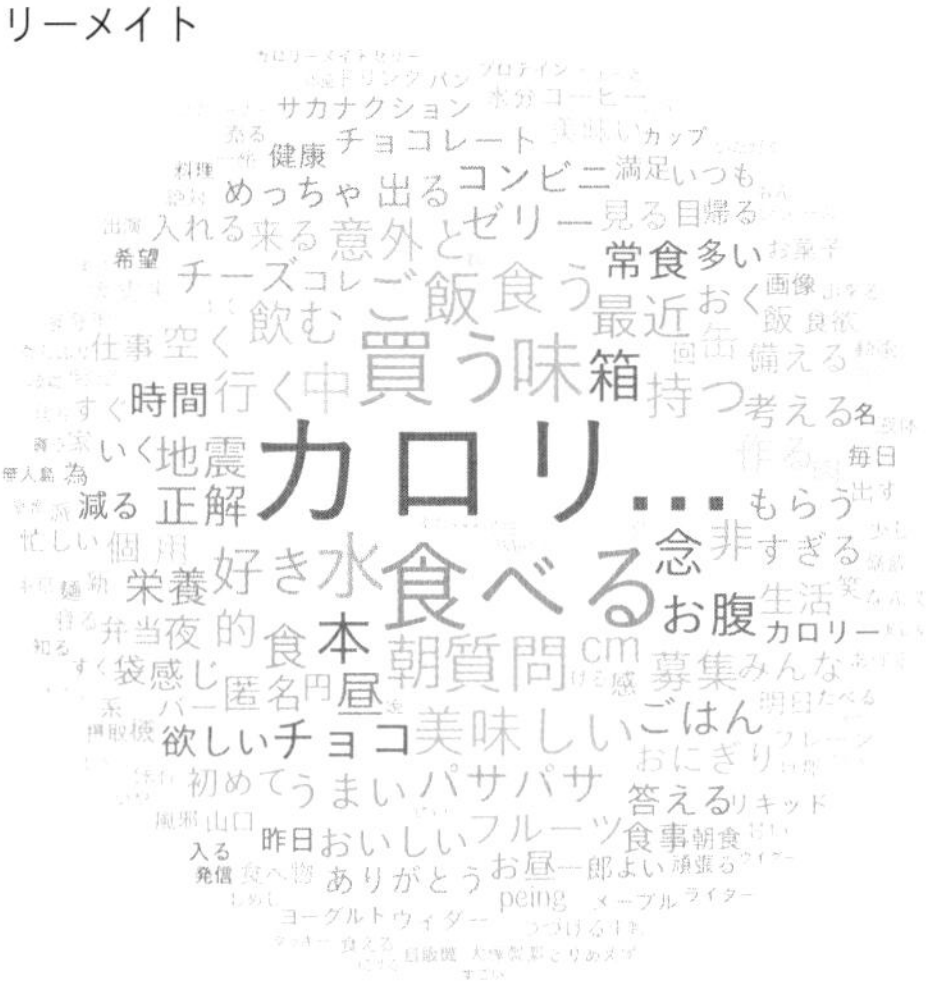


(b)クリームブラン

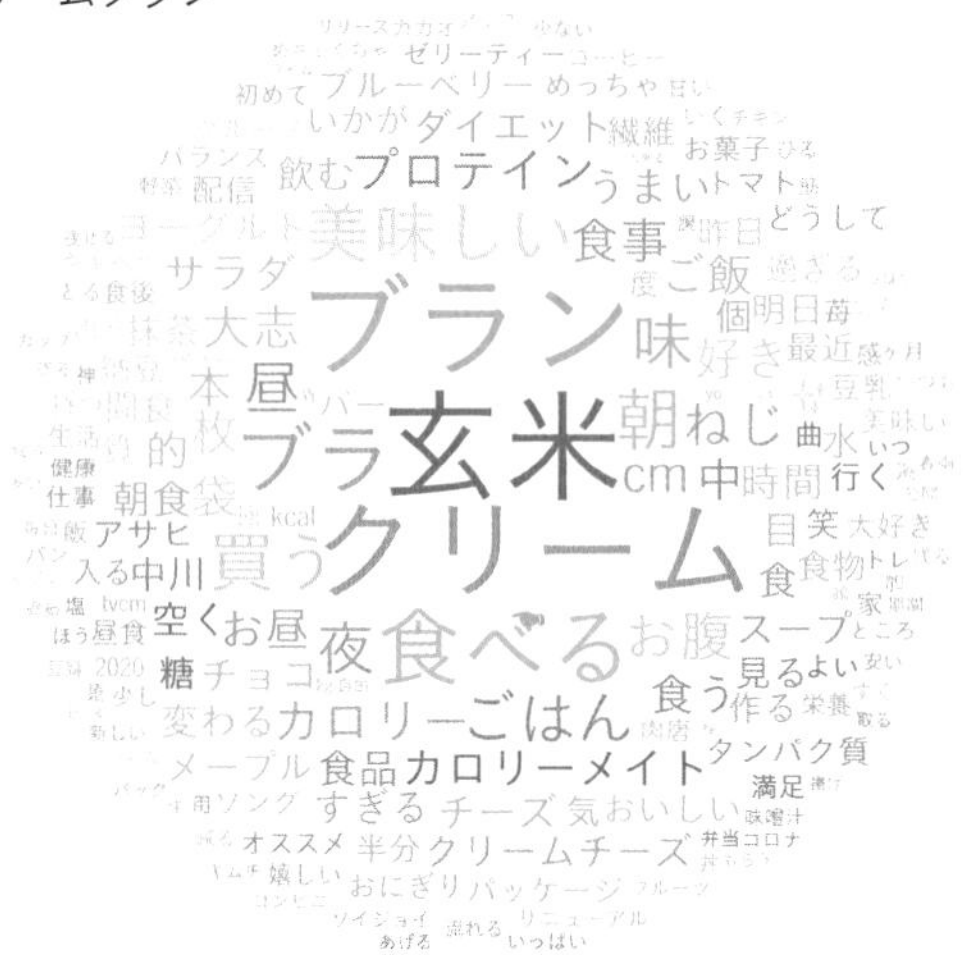


出典:Crimson Hexagon(現在は、Brandwatchの名称でサービスを提供)

れていること。また、「間食」、「お菓子」といった用語も出てきており、カロリーメイトと比べると、主食というよりは「間食」として位置づけられていることがわかります。もちろん、こうした話題は、元々の商品のコンセプトや、そこから派生した広告、プロモーションによって形成されているところもありますが、送り手（企業側）が意図しなかったような意外な用語が出てくることもあります。こうした分析を行うことで、企業と顧客の間で、商品に関して、どこで意識が一致していて、どこがズレているのか?を知ることができるのです。

この事例のように、人々が自社製品についてどのように語っているか?より具体的には、どこが評価されているのか?競合商品とは語られ方がどう違うのか?を知ることができれば、ブランドコンセプトをより明確にすることもできますし、ターゲット戦略や、キャッチコピーの開発等のプロモーション活動にも応用することができます。

こうした手法は、すでに「人々がどう語っているのか?」というところを起点にするため、ユーザーニーズを外すことなく的確な戦略を立案することが可能になるのです。

## 4・8 「短期」と「長期」の合わせ技

### 理想的な話題のつくられ方とは？

いよいよ、本書も最後となりました。

本書では、ＳＮＳを中心とする「話題」という視点から、そのデータをマーケティング活動に活用する方法について、俯瞰、展望してきました。

ここまでお読みになった方はお分かりだと思いますが、単純に話題を増やすことが重要なのではなく、コミュニケーション主体にとって望ましい話題が形成されること、そしてそれを通じて、企業、商品、ブランドに対する新たなファンや顧客が増えていき、それによって、さらに良好な話題が自然に形成されていくことが重要なのです。こうした話題の形成の仕方、すなわち理想的な話題の作られ方を図で示すと、図４－15のようになります。

長期的には、商品やサービスの力によって、あるいは恒常的な顧客サポート、地道な広報活動を展開することによって、話題量が自然に増えていく――というのがひとつ。

加えて、広告やキャンペーンを展開したり、バズ施策を打ったりすることで、瞬間的に大きな

図 4-15　話題化の理想形

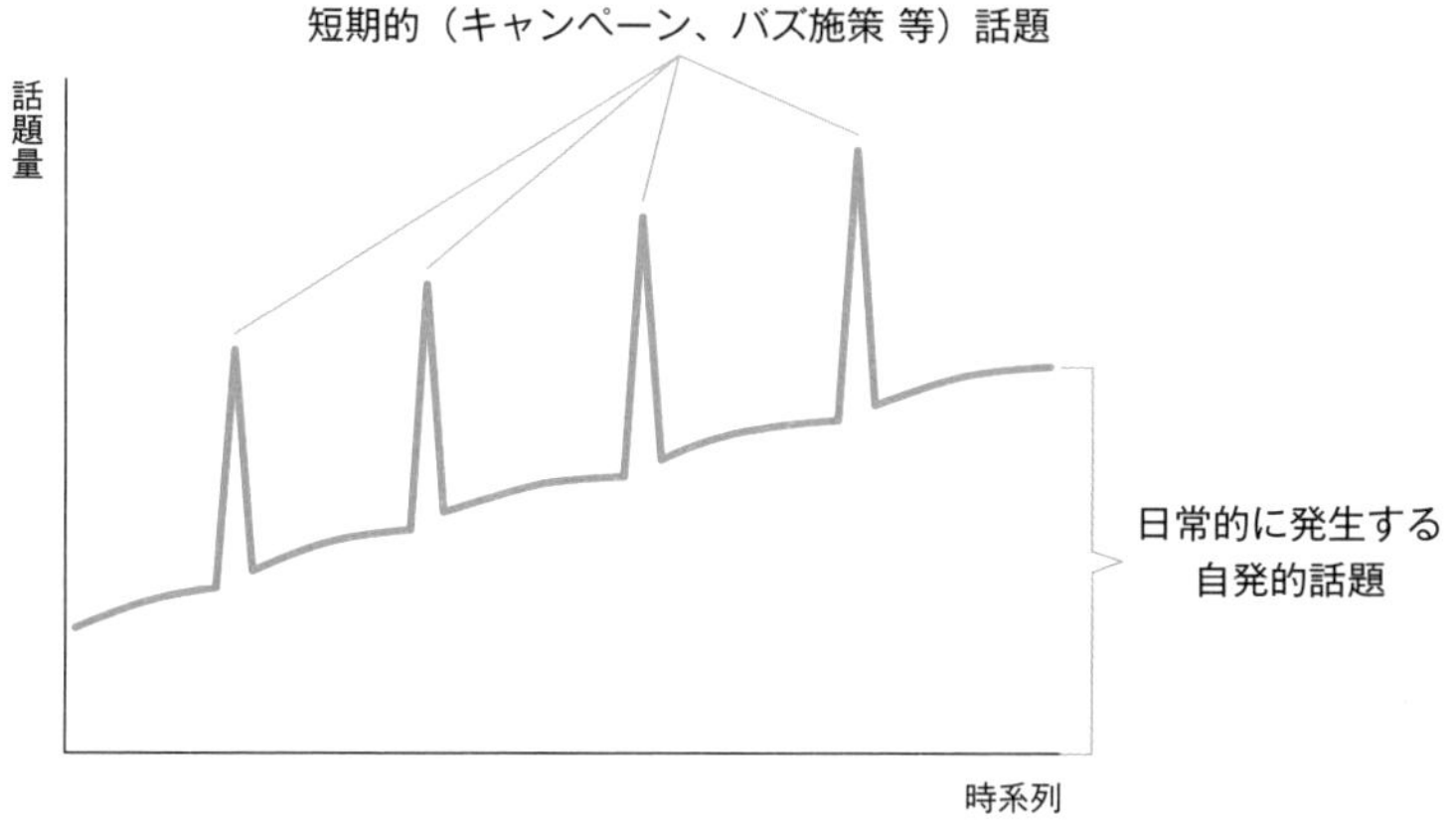

話題の盛り上がりの山が生まれます。それが短期効果だけで終わらず、日常の話題の底上げにも貢献する。そうしたことを続けると、ポジティブな話題が右肩上がりで増えていく――というものです。

ただし、この図はあくまでも「理想モデル」を示したもので、実際の話題量はここまで綺麗な形になることはまずありませんし、必ずしもそこを目指す必要もありません。ただ、概念モデルはしっかり理解しておきつつ、実際の話題量の推移を見ていくことで、施策の課題が見えてくるようになりますし、それによって解決策を見つけることも容易になります。

例えば、フォロー&リツイートキャンペーンを行えば、話題量は急激に増え、公式SNSアカウントへのフォロワーも増加します。ただ、それが一時的なもので終わってしまうと、話題量は底上げされることなく、終了時にはキャンペーン前と同様の話題量に落ち着いてしまいます。フォロワーが減少してしまうこともあります。

せっかく増やしたフォロワーが狙うターゲットから大きくずれていたり、その後のSNSでの情報発信がおざなりになったりすると、一時的な効果に留まってしまいますので、キャンペーンの作り方と事後フォローの仕方は事前にしっかりと考え、プランを練っておく。さらには新規フォロワーをターゲットにした情報発信を継続的に行い、しっかりフォロワーのケアをして、彼らの「ファン化」を進めていくことも必要になります。

## 「フロー」を「ストック化」するコミュニケーションを

これを概念的に理解してもらうために、「フロー」と「ストック」という用語を使って説明したいと思います。

「フロー」と「ストック」というのは、元々は経済学の用語です。シンプルに説明すると、「フロー」というのは一定期間に流れたお金の量、「ストック」というのはフローの結果、蓄積されたお金の総量を示しています。

コミュニケーション活動においても、「お金」を「情報」と置き換えて、「フロー」と「ストック」の両方の面から考えるといいでしょう。

企業コミュニケーションにおいては、新商品の発売時、リニューアル時、あるいは、ボーナス期、年末商戦期など、商品が売れるシーズンに集中的にコミュニケーション活動を行うのは、今も昔も変わりません。広告やキャンペーンはシリーズとして続くことはあっても、基本は単発の施策、つまりは「フロー型」の施策です。

しかしながら、最近では、それ以外の時期も含めて、継続的に情報発信を行ったり、顧客とコミュニケーションしたりすることが容易になっています。企業やブランドのSNS公式アカウントのフォロワーや友達、企業のユーチューブ公式チャンネルの登録者、DMやメールマガジンの会員は、「ストック型」（蓄積型）のコミュニケーションチャネルの場になっています。サブスクリプションサービスの会員のメンバーは、ストック型の顧客であると同時に、ここもストック型のコミュニケーションチャネルとして活用できます。

現代では、コミュニケーション戦略を構築する際に、「フロー」と「ストック」の両方を視野に入れながら、双方を連携させて考える必要があります。

先に挙げたフォロー&リツイートキャンペーンは、「フロー」の施策ではありますが、フォロワーを「ストック」しているという側面もありますので、「フローをストック化する」という役割を果たしているとも言えます。

公式SNSアカウントからハッシュタグを付けて投稿することも、実は「フローをストック化」しています。『シェアしたがる心理～SNSの情報環境を読み解く7つの視点～』[51]という書籍の中では、人々の情報探索のやり方が「ググるからタグるへ」と変化していると述べられています。つまり、検索エンジンにキーワードを入力して情報を検索するやり方から、ハッシュタグを付けてSNS上にシェアされたコンテンツを探すやり方へと変化しているということです。逆に言えば、ハッシュタグをつけて投稿することは、「ユーザーが後から情報を検索した時に、見つかりやすくする」ということなのです。

「ストック化」を行う上で、自社サイト等のオウンドメディアや、公式SNSアカウントのような、自社でコントロールできる媒体の活用が重要になります。例えば、企業の公式サイトにニュースリリースや広告コンテンツをアーカイブすると同時に、それらの付加的な情報や、カスタマーサポート情報を掲載、蓄積していくことで、顧客と直接的、継続的にコミュニケーションできるプラットフォームを構築することができるのです。

最終的には、SNSを通じたアクティブサポートやフォロワーとの対話を行うことで、顧客のニーズを満たし、顧客との緊密な関係を構築し、維持、強化していくことが重要になるでしょう。

## 「長期」から「短期」まで一貫した視野を持つ

SNSの登場以降、企業は、リアルタイムに情報を発信したり、顧客と直接的に対話することが可能になりました。

そうした中で、顧客の動きをリアルタイムに把握し、それに合わせて顧客とのコミュニケーションを図る「リアルタイムマーケティング」という手法が普及していきました。

私自身、この「リアルタイムマーケティング」の黎明期から、広告主企業に提案を行い、体制作りと運用支援を行ってきたのですが、既存のやり方の応用で対応しようとして、いくつかの壁にぶつかりました。

ひとつはスピードの問題です。「リアルタイム」と銘打っているだけあって、即時に対応できることがポイントなのですが、既存のPDCAサイクル、および担当者間の承認プロセスを採用していては、どうしてもスピードが鈍ってしまい、担当者の過重労働も生じてしまいます。

日々顧客の言動や世の中のトレンドを追いかけ、それに応じてプランを策定し、実施し、効果検証をした上で、さらに効果的なプランを策定し——といったプロセスを延々と繰り返すことになるため、息をつく暇もなくなってしまいます。

そうした状況に対応するために、「高速ＰＤＣＡ」という言葉も使われるようになりましたが、人間の情報処理速度、対応速度に限界がある以上、高速化にも限界がありますし、無理にやろうとすると、担当者の労働時間、労働力は過当なものになってしまいます。

もうひとつの問題が、「長期的な視野を見失いがちになる」という点です。日々の対応に追われていると、つい「何のためにこの仕事をやっているのか？」という視点を忘れてしまうことがあります。また、ＳＮＳ施策はリアルタイムで効果が可視化できるだけに、「バズる」ことが重要な指標になってしまいがちです。「バズった」ことがブランドイメージの向上や売り上げの増加、あるいは顧客満足度の向上に結び付いているとは限らず、場合によっては、企業が目指していたブランドイメージとは逆行してしまう可能性もあります。

後者の問題から考えてみましょう。短期的な施策、つまりはリアルタイムマーケティングにおいても、長期的な戦略に基づいて考える必要があるということです。

図４−16にある通り、マーケティング・コミュニケーションにおいては、期間という点から大きく分けて、長期的な施策、中期的な施策、短期的な施策がありますが、期間によらず、すべての施策が首尾一貫した戦略のもとに実行されることが重要になります。

もちろん、短期的に次から次へとネタをつくり出す必要がある中、エンターテインメント系の企業でもない限り、自社、あるいは商品、ブランドの世界に限定していては、いずれ情報発信するネタは切れてしまいます。人々の興味を引くために、たまには、時事やトレンドのネタに乗っ

図 4-16　期間と施策

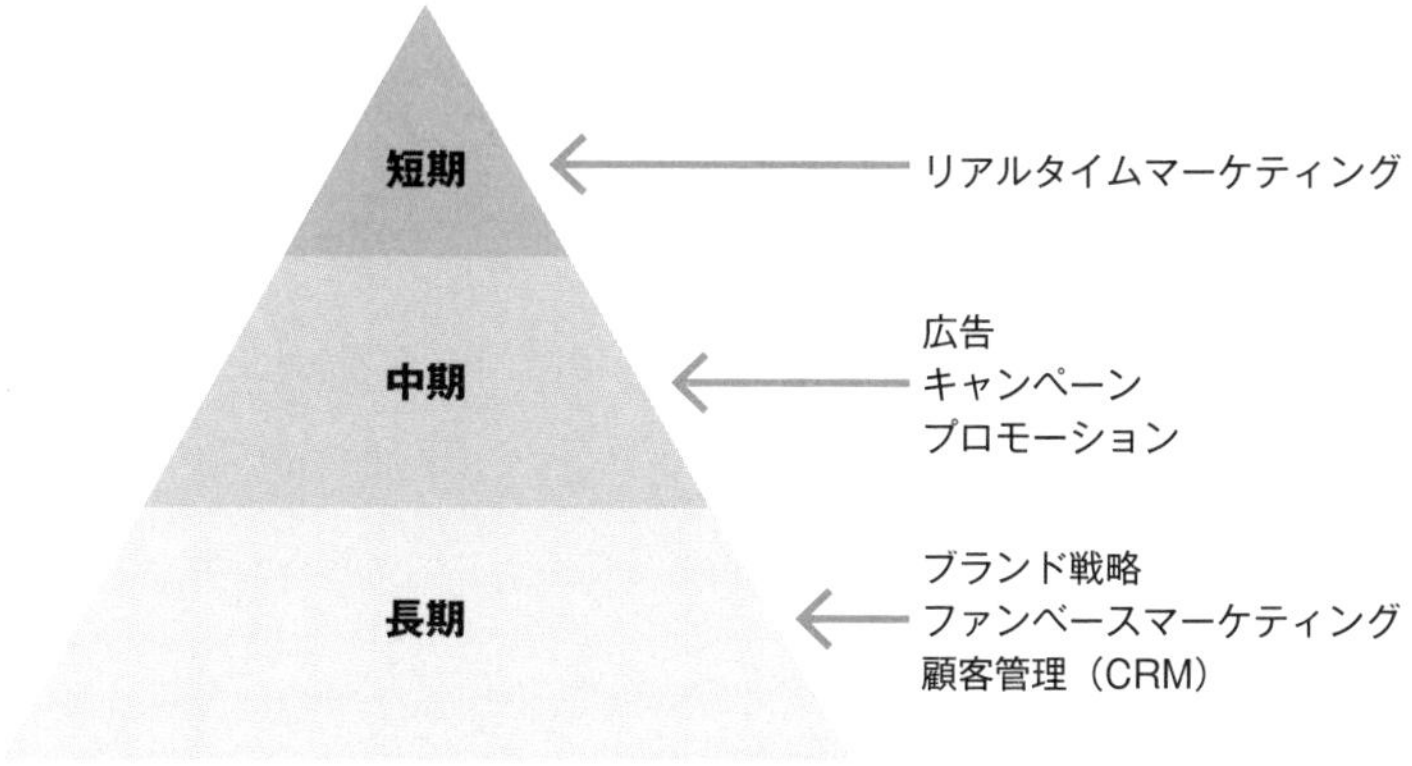
短期
リアルタイムマーケティング
中期
広告
キャンペーン
プロモーション
長期
ブランド戦略
ファンベースマーケティング
顧客管理（CRM）

た投稿をすることもあるでしょう。ただ、そういう場合も、常に長期的な戦略を頭の片隅に置いておき、随時それを参照し、そこに立ち戻っていく必要があります。

次に、前者のスピードへの対応の問題ですが、短期施策においては、中期施策や長期施策で取るようなＰＤＣＡのプロセスは捨て去る必要があります。リアルタイムマーケティングの普及によって、注目を集めているのが「ＯＯＤＡ（ウーダ）ループ」[52]です。本手法は、アメリカ空軍のジョン・ボイド大佐により提唱され、朝鮮戦争の際に活用された手法で、元々は軍事的な方法論でした。その後、ビジネスの世界にも応用され、予測不可能な状況下で、迅速に判断を下す必要がある時に、威力を発揮します。

ＰＤＣＡが、

**Plan**
（計画）
⬇
**Do**
（実行）
⬇
**Check**
（評価）
⬇
**Act**
（改善）

というプロセスを取るのに対して、ＯＯＤＡループは、

Observe
（観察）
⬇
Orient
（状況判断、方向づけ）
⬇
Decide
（意思決定）
⬇
Act
（行動）

というプロセスを取ります。

OODAループにおいては、Observe（観察）から始まりますが、公式SNSアカウントの運用を例に取ると、SNS上で人々が商品やサービスに対してどのように語っているか、トレンド化している話題は何かを観察します。そして、SNSの情報の海の中で、どのような情報を発信するのか、あるいはアクティサポートの場合は、誰に対してどのように語りかけるかを検討します。Decide（意思決定）からAct（行動）

図4-17　OODAループ

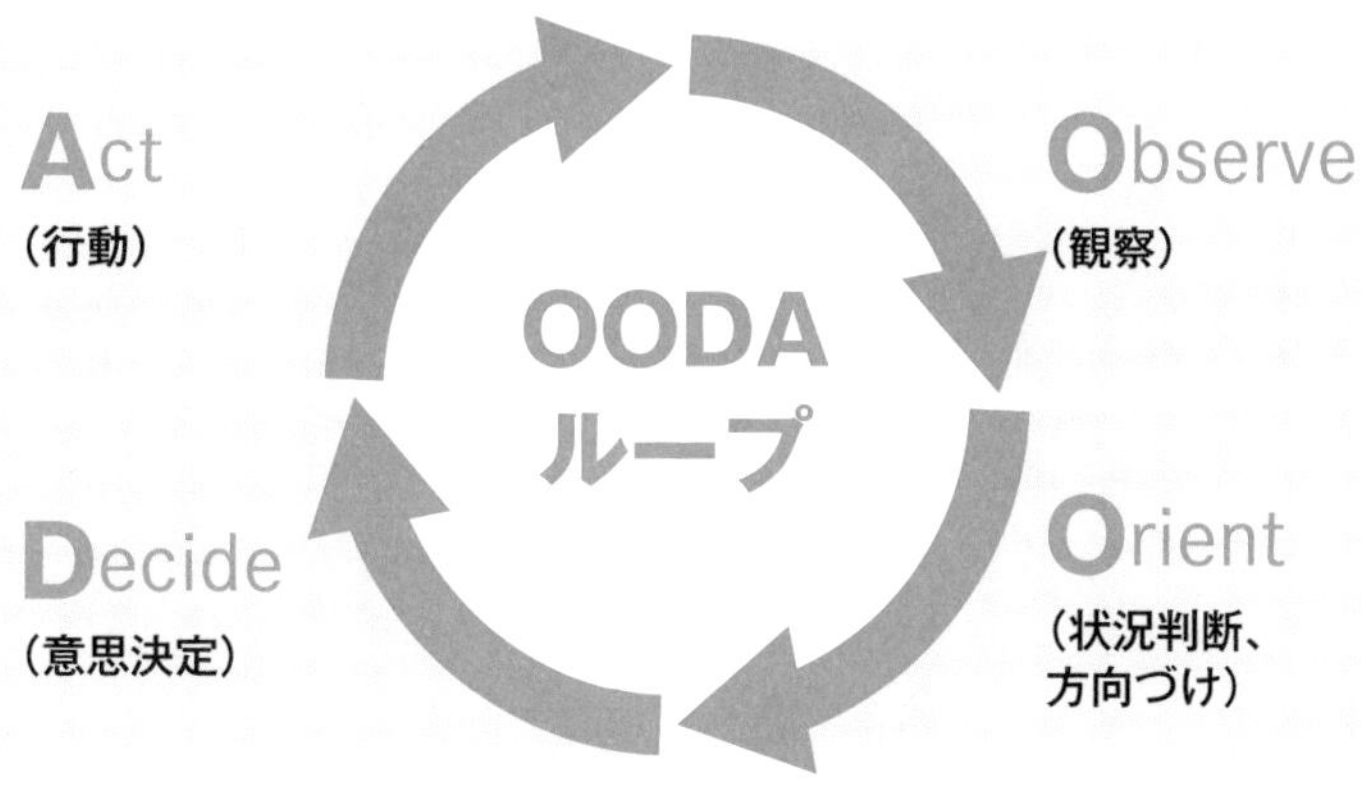

のプロセスにおいては、承認プロセスを簡略化する必要があります。理想的なのは、担当者に一任して、担当者の判断のみで、迅速に対応できるようにすることです。

「軟式アカウント」が成功を収めているのは、担当者の裁量で機動的かつ迅速に動くことが可能である点が大きいのです。もちろん、それはリスクと背中合わせであって、担当者の能力に負うところが大きいのも事実ですが。

日々のOODAループによるリアルタイムマーケティングによって、「小ヒット」を積み上げたり、顧客と日々対話を行ったりすることによって、フォロワー、ファンを増やし、長期的には、顧客を囲い込んでゆき、LTV（ライフ・タイム・バリュー）の向上を図っていくことが重要になります。

短期施策、中期施策、長期施策は首尾一貫している必要がある一方で、求められる資質、および取るべきプロセスには大きく異なる部分もあります。一人の担当者がすべてのスキルを身に着け、計画し、実行していくことは容易ではありませんが、自分の強みが発揮できるところを見つけ、その領域で戦えばいいのです。現代は、多様な経験、スキルを持った人が、自分の強いフィールドで戦う環境が整っています。そして、社内、あるいは社外も含めたチームを編成することで、相互に補うことができれば、大きな強みを発揮することができます。

先が見えない不確実な時代は今後も続くでしょうが、逆に言えば、そんな時代だからこそ、新たな時代を創り出すチャンスに溢れていると言ってもいいでしょう。

# おわりに

「情報が流通していく様子をデータから読み解いて、コミュニケーションプランニングに活用する」ということは、近年広く行われています。私が当時かかわっていたチームでは、２０１５年くらいから、いち早くこの領域をテーマに体系的に整理して、プランナーに役立つようなフレームワークを構築する取り組みを行ってきました。そこで得られた知見、構築された手法に関して、「いつか世の中で広く活用できる形にまとめたい」と思っていたのですが、本書の出版によって、やっとのことでその願いが達成されることになりました。

ただ、本書の執筆には、実は１年間以上という長い時間がかかってしまいました。日々の仕事に追われ、十分な執筆時間が取れなかったこともあるのですが、執筆している間に世の中の状況が変わっていき、書籍の内容を幾度も見直さざるを得なくなった——といったことも大きかったのです。

特に、新型コロナウイルス感染症の拡大の影響は多大でした。人々の情報、メディアへの接触行動、働き方、価値観やライフスタイル——等々、あらゆるものが変わってしまい、これまで執筆してきた内容がアフターコロナ社会でも通用するのかどうか、思い悩むことも多々ありました。

そうした中、経営学者の入山章栄氏が登壇されたオンラインセミナーに参加する機会があったのですが、そこで入山氏は「企業経営の本質は、新型コロナによって何も変わらない」、「企業は新型コロナ出現前から変化にさらされており、新型コロナによってその変化が加速しているが、変化の方向が変わったわけではない」といったことを仰っていて、深く考えさせられました。

経営の本質は変わらないとしても、企業コミュニケーションの領域では変わるところも多々あるのは事実でしょう。ただ、「変わらないところ」、「変化が加速しているところ」をしっかり捉えることができれば、アフターコロナ時代にも通用するような有用な知見が提供できるに違いない。そう思いながら、色々と試行錯誤しつつ、必要とあれば軌道修正をし、加筆訂正を加えながら執筆を進めてきました。

本書で紹介している事例や、考察しているトレンドについては、時を経るにしたがって古くなったり、当たり前のものになったりするかもしれません。ただ、大きな変化の流れには沿ったものになっており、アフターコロナ時代にも有用な知見は提供できているという自負はあります。

これからも、日本社会は急激かつ大きな変化にさらされ続けると思います。本書で語った内容がいつまで通用するかは、その変化の中で実証されていくことになるでしょうが、いずれにしても、本書が先の読めない時代の何らかの指針になり、皆様にとって新たな時代を切り開くための武器となれば、著者としてはこれに勝る幸せありません。

# 謝辞

本書の執筆にあたり、多くの方々から多大なるご協力を戴きました。紙幅に限りがあり、全ての方々にこの場でお礼を申し上げることはできませんが、特にお世話になった方にこの場を借りて、お礼を申し上げます。

事例紹介にご快諾いただいた、株式会社花王様、株式会社吉野家様、およびご確認いただいた株式会社電通の担当営業の皆様、ありがとうございました。

株式会社電通ソリューション開発センター（現ソリューションクリエーションセンター）の皆様、貴重なご助言、データのご提供等、様々なご協力をいただき、ありがとうございました。また、調査データの掲載にご快諾いただいた、同社「日本の広告費」チームの皆様、ありがとうございました。

ツール・データのご提供、およびデータ掲載にご快諾いただきました、メルトウォーター社、株式会社ホットリンク社、株式会社ブレインパッド社の皆様、ありがとうございました。

最後になりますが、本書の企画が立ち上がった時、企画を実現に導いていただいた『宣伝会議』編集長の谷口様、執筆に思いのほか時間を要する中、長きに渡って温かく支えていただいた、編集ご担当の浦野様、篠崎様、ありがとうございました。

本書を多くの人に読んでいただき、参考にしていただくことで、ご協力いただいた多くの方のビジネスにも好ましい影響をもたらすことを、何よりも願っております。

## 脚注・参考文献および記事

1　グーグル（Google）、アマゾン（Amazon）、フェイスブック（Facebook）、アップル（Apple）の米国の巨大ＩＴプラットフォーマー4社のことを指す。

2　『ファンベース　支持され、愛され、長く売れ続けるために』（ちくま新書）佐藤尚之（著）

3　『僕らはＳＮＳでものを買う』（ディスカヴァー・トゥエンティワン）飯高悠太（著）

4　「クチコミ接触者の購買転換率調査を実施」（アジャイルメディア・ネットワーク）
https://agilemedia.jp/info/20190218release.html

5　ツイート数は、公開前1週間（7日間）を起点に4ヶ月間の期間でデータを取得。

6　元々は、新聞や雑誌の「定期購読」に由来した言葉で、商品やサービスを購入するのではなく、利用期間に対して一定の対価を支払う方式を示す。「定額サービス」の意味で利用されることも多い。

7　物・サービス・場所などを、複数の人で共有・交換・利用する社会・経済的な仕組みのこと。

『カメラを止めるな！』曽我真臣、１００日連続で劇場へ！〝皆勤賞〟授与、監督の上田慎一郎から嬉しいプレゼントも」［映画ランド］
https://eigaland.com/topics/?p=87192

8 『口コミで戦うしかなかった』『カメラを止めるな！』上田監督の〝ＳＮＳ戦術〟〔片渕陽平、ITmedia〕
https://www.itmedia.co.jp/news/articles/1808/31/news022.html

9 上田監督自身が出演されたAbemaTVの番組内の対談に関するツイート

10 『カメラを止めるな！』はなぜ爆発的にヒットしたか、考えられることを考えてみる」〔境治、Advertimes〕
https://www.advertimes.com/20180926/article277510/

11 『カメラを止めるな！』の感染経路をＴｗｉｔｔｅｒ分析で追ってみた」〔境治、Yahoo!ニュース〕
https://news.yahoo.co.jp/byline/sakaiosamu/20180810-00092617/

12 『クイーン』ブーム、手放しで喜べない理由　公開５週目の異常事態」〔岩崎賢一、withnews〕
https://withnews.jp/article/f0181216000qq000000000000000W07q10501qq000018491A
参考：20世紀フォックス映画の星野有香氏、柳島尚実氏のインタビュー記事、セミナー、および「映画『ボヘミアン・ラプソディ』配給会社が驚いた『異変の始まり』」〔岩崎賢一、withnews〕

13 『ボヘラプ』熱狂の裏に緻密なデジタル戦略とファンマーケ」
https://withnews.jp/article/f0181201000qq000000000000000W07q10101qq000018415A

https://xtrend.nikkei.com/atcl/contents/18/00159/00007/

14 『非道に生きる』（朝日新聞社）園子温（著）

15 「吉野家の牛丼に新サイズ『超特盛』と『小盛』が登場」
https://www.yoshinoya.com/news/2019/0304/

16 「花王『アタックＺＥＲＯ』発売５ヶ月で、累積出荷数量が４５００万本突破！」
https://prtimes.jp/main/html/rd/p/000000914.000009276.html

17 「花王のアタック新ＣＭ　洗濯好き男子５人登場で最高位」［小川仁志、日経エンタテインメント！］
https://style.nikkei.com/article/DGXMZO45308770X20C19A5000000/
「花王『アタックＺＥＲＯ』の洗濯男子が愛される理由」［関根心太郎、東洋経済オンライン］
https://toyokeizai.net/articles/-/282384
「売れる！ＣＭキャラクター探偵団　第４回　〝イケメン５人〟のＣＭで主婦の心を奪った『アタックＺＥＲＯ』」［北川聖恵、日経クロストレンド］
https://xtrend.nikkei.com/atcl/contents/18/00143/00004/?P=2

18 「花王大研究　アタックＺＥＲＯはこうして生まれた　第１回　クチコミがライバルの20倍　アタックＺＥＲＯの大型マーケ戦略を検証」［北川聖恵、渡貫幹彦　日経クロストレンド］
https://xtrend.nikkei.com/atcl/contents/18/00192/00001/?P=1

19 「洗濯の常識を変える　花王『アタックＺＥＲＯ』のマーケ戦略」［北川聖恵、日経クロストレンド」

20 https://xtrend.nikkei.com/atcl/contents/watch/00013/00330/
「花王大研究　アタックZEROはこうして生まれた　第5回　日本コカも注目？　花王で『スモールマス』をつくった男を直撃」［安倍俊廣、日経クロストレンド］

21 https://xtrend.nikkei.com/atcl/contents/18/00192/00005/
『キーパーソン・マーケティング：なぜ、あの人のクチコミは影響力があるのか』（東洋経済新報社）山本晶（著）

22 広告、特にデジタルマーケティングにおける「3Bの法則」とは、美人（Beauty）、赤ちゃん（Baby）、動物（Beast）を写真・画像に使うと、目を引きやすく、好感も持たれやすく、より効果が高まるといわれている。動物（Beast）の中でも、猫はデジタルコンテンツで最もよく使われている。

23 「直火焼きの〝違い〟を実感できる『BIG KING』11月6日（金）より期間限定発売！～他社のビッグなバーガーとの〝違い〟をお得に実感できる『BIG割』も実施～」

24 『100万回シェアされるコピー：いますぐ使えるウェブコピー「4つのルール」』（誠文堂新光社）橋口幸生（著）

25 「新元号発表を伝える全国25紙の号外に『検索窓』の企業広告を掲載」［広告朝日］
https://adv.asahi.com/campaign/12358201.html

26 「ハズキルーペが常識を変えた？ クリエイターが語る2018年CM事変」［泊貴洋、日経

クロストレンド〕
https://xtrend.nikkei.com/atcl/contents/watch/00013/00199

27 「会長が総指揮を執り、タレントと一緒に作り上げた―ハズキルーペＣＭ制作の裏側」〔ブレーン編集部、Advertimes〕
https://www.advertimes.com/20180712/article273007/

28 『the four GAFA 四騎士が創り変えた世界』（東洋経済新報社）スコット・ギャロウェイ著

29 「本紙調査・２０１７年のＴＶ通販市場は？ ６％増の５７９２億円まで拡大」〔通販新聞ＯＮＬＩＮＥ〕
https://www.tsuhanshimbun.com/products/article_detail.php?product_id=4278&_ssd=1
「主要上位の30社売上合計、微増の５８２０億円に〈本紙調査 ２０１８年のテレビ通販市場は？〉 専門局は横ばいもキー局通販順調」〔通販新聞ＯＮＬＩＮＥ〕
https://www.tsuhanshimbun.com/products/article_detail.php?product_id=4910

30 「日本でファンによる「応援広告」が急増したワケ 渋谷や新宿などターミナル駅で起きた〝異変〟」〔小沢あや、東洋経済ＯＮＬＩＮＥ〕
https://toyokeizai.net/articles/-/318995

31 『個人インフルエンサーの影響力：クラウト、ソーシャルスコアがもたらす革命的マーケティング』（日本経済新聞出版）マーク・W・シェイファー（著）

32 戯曲『シラノ・ド・ベルジュラック』（光文社古典新訳文庫）エドモン・ロスタン（著）

33 映画『シラノ・ド・ベルジュラック』（1990年、ジャン＝ポール・ラプノー監督）
34 『ツイッター軟式革命』（グリーンキャット） 吉川漂（著）
「ニホンモニター2019タレントCM起用社数ランキング」
https://prtimes.jp/main/html/rd/p/000000015.000027092.html
2019年1月～11月のCM出稿状況から、タレントごとに起用社数を算出。渡辺直美さんは16社で2位（12社）を引き離してトップに立っている。また、女性芸人としての年間トップはランキング集計開始以来初となっている。
35 「トヨタイムズ」（トヨタ自動車）
https://toyotatimes.jp/
36 「中高生が思い描く将来についての意識調査2019」（ソニー生命保険）
https://www.sonylife.co.jp/company/news/2019/nr_190806.html
37 『トリプルメディアマーケティング：ソーシャルメディア、自社メディア、広告の連携戦略』
（インプレス） 横山隆治（著）
『R3コミュニケーション—消費者との「協働」による新しいコミュニケーションの可能性』
（宣伝会議） 恩蔵直人、ADK R3プロジェクト（著）
38 「スターバックス」、「スタバ」を含むツイート、ウェブ記事の話題量
39 『ファンベース 支持され、愛され、長く売れ続けるために』（ちくま新書） 佐藤尚之（著）
40 「4月26日のサザエさんが不謹慎だと言った人は11人しかいなかった話」（鳥海不二夫）

https://note.com/torix/n/n0f3c61300ac4

41 『コトラーのマーケティング４・０：スマートフォン時代の究極法則』（朝日新聞出版）フィリップ・コトラー、ヘルマワン・カルタジャヤ、イワン・セティアワン(著)、恩藏直人(監修)、藤井清美(訳)

42 『リッスン・ファースト！ ソーシャルリスニングの教科書』（翔泳社）スティーブン・Ｄ・ラパポート(著)、電通ソーシャルメディアラボ(翻訳)

43 Key Opinion Leaderの略で、元々は医療業界で多方面に影響力を持つ医師を指すことが多かったが、近年は、影響力の強いオピニオンリーダー一般を指すことも多い。「インフルエンサー」と比べると、特定領域において専門知識や強い影響力を持っている存在というニュアンスが強い。

44 ＷＯＭＪガイドライン（ＷＯＭマーケティング協議会）
https://www.womj.jp/85019.html

45 サントリー以外には、宝酒造、資生堂も消毒用アルコールの生産、供給を行うことを発表している。また、トヨタ、ホンダ、日産などの自動車メーカーは、感染者用の移送車両の提供など多方面での支援を、ソニーが新型コロナウイルス支援に約１０８億円の資金や技術を提供することを発表している。

46 自分の名前、ハンドル名、商品・サービス名、企業名などをインターネットで検索し、自身・自社の評判を確認すること。

47　ファンの間で多大な影響力を持つカリスマ的なファンのこと。熱狂度が高かったり、情報収集、発信力に優れていて、いち早くタレント情報をつかんで発信したりすることから、ファンのコミュニティーの中でインフルエンサーの役割を果たしている。

48　ツイート数はサンプル値からの推計値。

49　「サザエさん一家がCMの中に!?サザエさんコラボCMはTwitterで話題になっただけでなく視聴質も高かった」（TVISION INSIGHTS、PR TIMES）
https://prtimes.jp/main/html/rd/p/000000002.000051361.html

50　「INTO THE GLOSS」
https://intothegloss.com

51　『シェアしたがる心理～SNSの情報環境を読み解く7つの視点～』（宣伝会議）天野彬（著）

52　『OODA LOOP：次世代の最強組織に進化する意思決定スキル』（東洋経済新報社）チェット・リチャーズ（著）、原田勉（訳）
『米軍式　人を動かすマネジメント――「先の見えない戦い」を勝ち抜くD―OODA経営』（日本経済新聞出版）田中靖浩（著）

◎著者

## 西山 守（にしやま・まもる）

マーケティングコンサルタント

電通にて、20年間にわたって調査研究、マーケティング、戦略PR等の業務に従事。ソーシャルメディアマーケティング、特にソーシャルリスニングに関しては、ソーシャルメディアの黎明期から継続的に取り組み、ソリューション開発や市場開拓を行ってきた。2017年よりマーケティングコンサルタントとして独立し、SNS上の口コミデータの分析、デジタルPR等に関するコンサルティング活動を行っている。著書に、『情報メディア白書』（共著）、『クロスイッチ―電通式クロスメディアコミュニケーションのつくりかた』（共著）、『リッスン・ファースト！ ソーシャルリスニングの教科書』（翻訳）、『炎上に負けないクチコミ活用マーケティング』（共著）など。

◎編集協力

## 濱窪大洋（はまくぼ・たいよう）

電通カスタマーエクスペリエンス・クリエーティブ・センター CXソリューション推進部長。1999年電通入社。クリエーティブ局にてコピーライター・CMプランナーとして大手飲料メーカーや光学機器メーカーのブランドコミュニケーション開発を担当した後、2010年よりWEBインテグレーション領域へ。2012年～2014年まで電通と外資デジタルエージェンシーのジョイントベンチャーに参画。電通帰任後、GMとしてデュアルファネル®でクライアント企業の課題を解決するためのソリューションを開発とPeople Driven Marketing®の推進を経て、2021年より現職。2015年、PRアワードグランプリ　マーケティング部門最優秀賞受賞。

**話題を生み出す「しくみ」のつくり方**
**情報拡散構造から読み解くヒットのルール**

発行　2021年3月25日　初版第一刷発行

著者　西山 守
編集協力　濱窪大洋
発行者　東 彦弥
発行所　株式会社宣伝会議
〒107-8550 東京都港区南青山3-11-13
TEL.03-3475-3010(代表)
https://www.sendenkaigi.com/
印刷・製本　萩原印刷

ISBN 978-4-88335-508-2

宣伝会議 の書籍

## 手書きの戦略論
「人を動かす」7つのコミュニケーション戦略

磯部光毅 著

コミュニケーション戦略を「人を動かす人間工学」と捉え、併存するコミュニケーション戦略・手法を7つに整理。その歴史変遷と考え方を〝手書き図〟でわかりやすく解説。各論の専門書に入る前に、体系的にマーケティング・コミュニケーションを学べます。

■定価2035円（税込）　ISBN 978-4-88335-354-5

## 「欲しい」の本質
人を動かす隠れた心理「インサイト」の見つけ方

大松孝弘、波田浩之 著

ヒットを生み出したければ、ニーズを追いかけるのではなく、インサイトを見つけよう。インサイトの定義や見つけ方、ビジネスでの生かし方を豊富な事例とともに解説。著者が600件以上の案件で培ったフレームワークとメソッドを体系的に公開する。

■定価1650円（税込）　ISBN 978-4-88335-420-7

## なんだ、けっきょく最後は言葉じゃないか。

伊藤公一 著

人の心を動かすには、言葉を磨くしかないんだ――電通で中堅コピーライターのための「コピーゼミ」を主宰していた著者が説く、もう一段上のコミュニケーション力を身につける方法。「コピーの人格を意識して書く」など、ここでしか読めない独自のノウハウを公開する。

■定価1760円（税込）　ISBN 978-4-88335-511-2

## 言葉ダイエット
メール、企画書、就職活動が変わる最強の文章術

橋口幸生 著

なぜあなたの文章は読みづらいのか。理由は、ただひとつ。「書きすぎ」です。伝えたい内容をあれもこれも詰め込むのではなく、無駄な要素をそぎ落とす、「言葉ダイエット」をはじめましょう。すぐマネできる「文例」も多数収録。

■定価1650円（税込）　ISBN 978-4-88335-480-1